Evelyn Schinckel

Herbstleuchten

Deko-Ideen mit Farbpower

BLOOM's

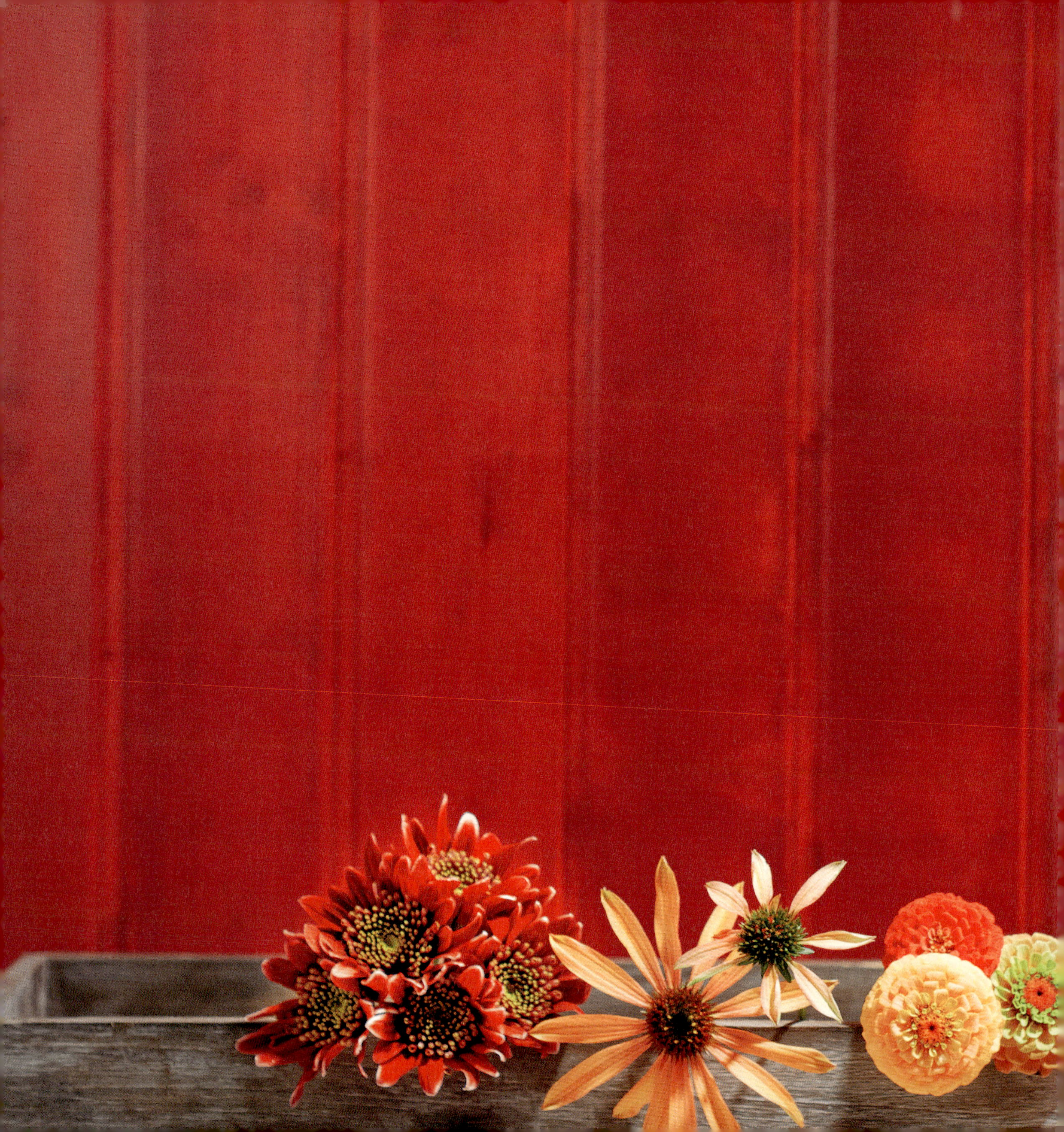

Inhalt

005 WILLKOMMEN

006 GOLDENES GETREIDEGLÜCK

024 SCHMÜCKENDES HERBSTLAUB

042 LEUCHTENDE PHYSALIS

057 IM REICH DER HEIDE

078 FRÜCHTE IN SZENE GESETZT

100 KÜRBIS-KREATIONEN

128 IMPRESSUM

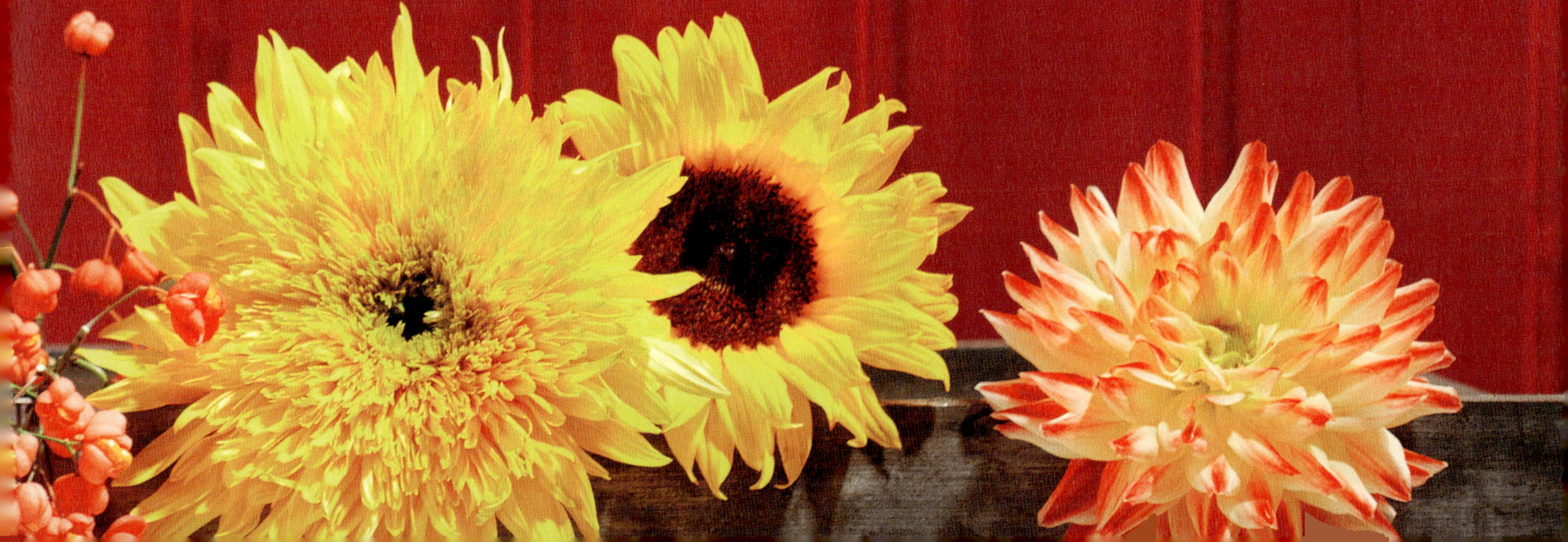

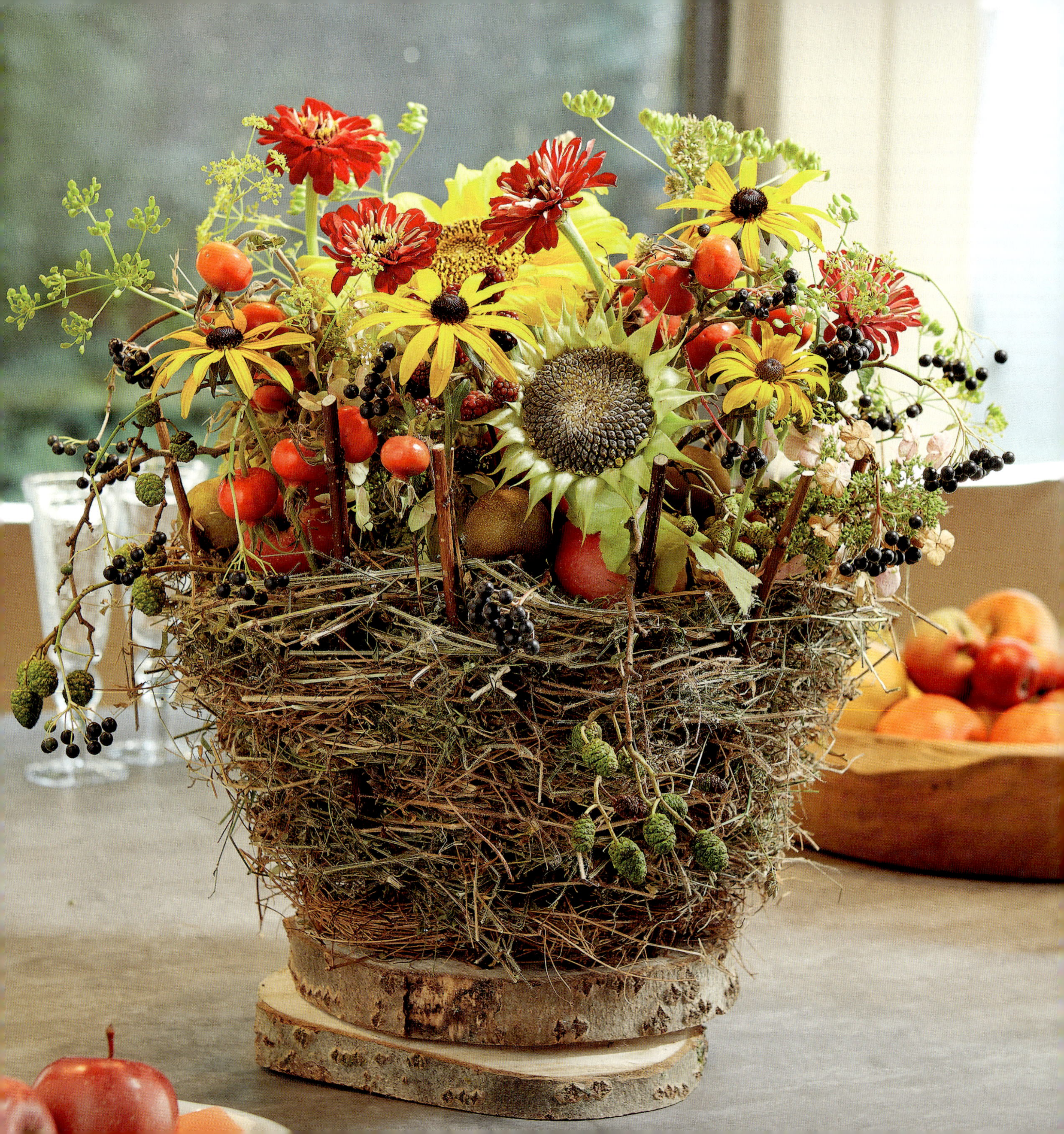

Willkommen

MIT FARBENPRACHT DURCH DEN HERBST

Wie gerne ich Herbsttage bei einem ausgiebigen Spaziergang in der Natur genieße! Die kühle Luft, die einem um die Nase weht, die Farbpower der Blumen und Pflanzen, das Rascheln der Blätter bei jedem Schritt – herrlich.
Auch die Temperaturen sinken langsam, weshalb wir es uns gerne daheim gemütlich machen. Besonders schön ist es da, das Spezielle dieser Saison einzufangen und im eigenen Zuhause durch leuchtende Blüher und Fundstücke aus der Natur wieder aufzugreifen. Du liebst die strahlende, goldene Jahreszeit auch so sehr? Dann ist dieses Buch genau richtig für dich. Gesammelte Früchte wie Hagebutten, Kastanien oder Zieräpfel werden zu großartigen Dekorationen verarbeitet und Schritt-für-Schritt-Anleitungen helfen dir, anspruchsvolle Ideen im Nu umzusetzen. Herbstlaub mit seinen Rot-, Gelb- und Brauntönen sieht einfach wunderschön aus. In diesem Buch gibt's die Anleitung, wie das natürliche Material für außergewöhnliche Arrangements verwendet werden kann. Ich nehme dich außerdem mit in die Welt von Erika, Physalis und Co. und zeige kunstvolle, blütenreiche Kreationen mit Kürbis. Eine Halloween-Party steht an? Gruselige Fratzen aus der kugeligen Riesenbeere lassen sich mit nur wenigen Handgriffen schnitzen. Ich erkläre, wie es geht! Auch für ein Erntedankfest gibt's die passende Inspiration mit Ähren, Stroh und bunten Blumen.

Ich wünsche dir viel Freude beim Blättern, Genießen und Nachmachen!

Evelyn Schinckel

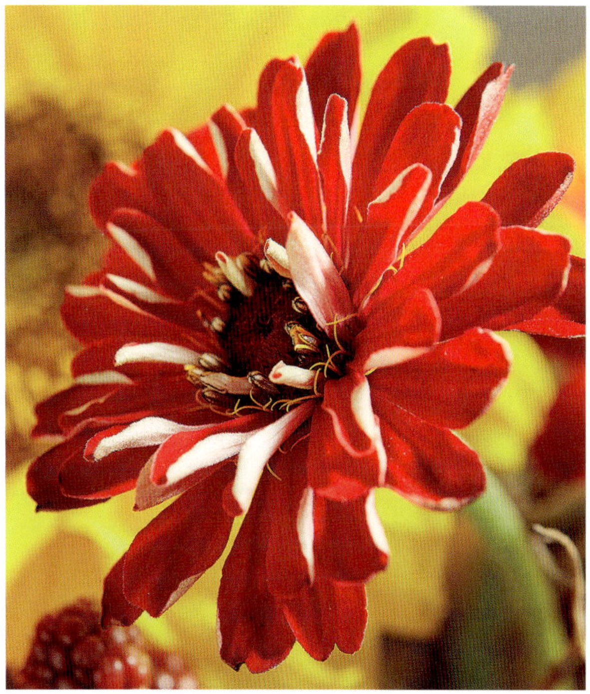

ÄHRENNEST

Für das Grundgerüst Wickeldraht crashen und mit Clematisranken durchweben. In das lockere Geflecht Glasröhrchen zur Wasserversorgung klemmen. Die Blumen dort einstellen und Physalis und Vogelbeeren mit Heißkleber auf die Ranken kleben.

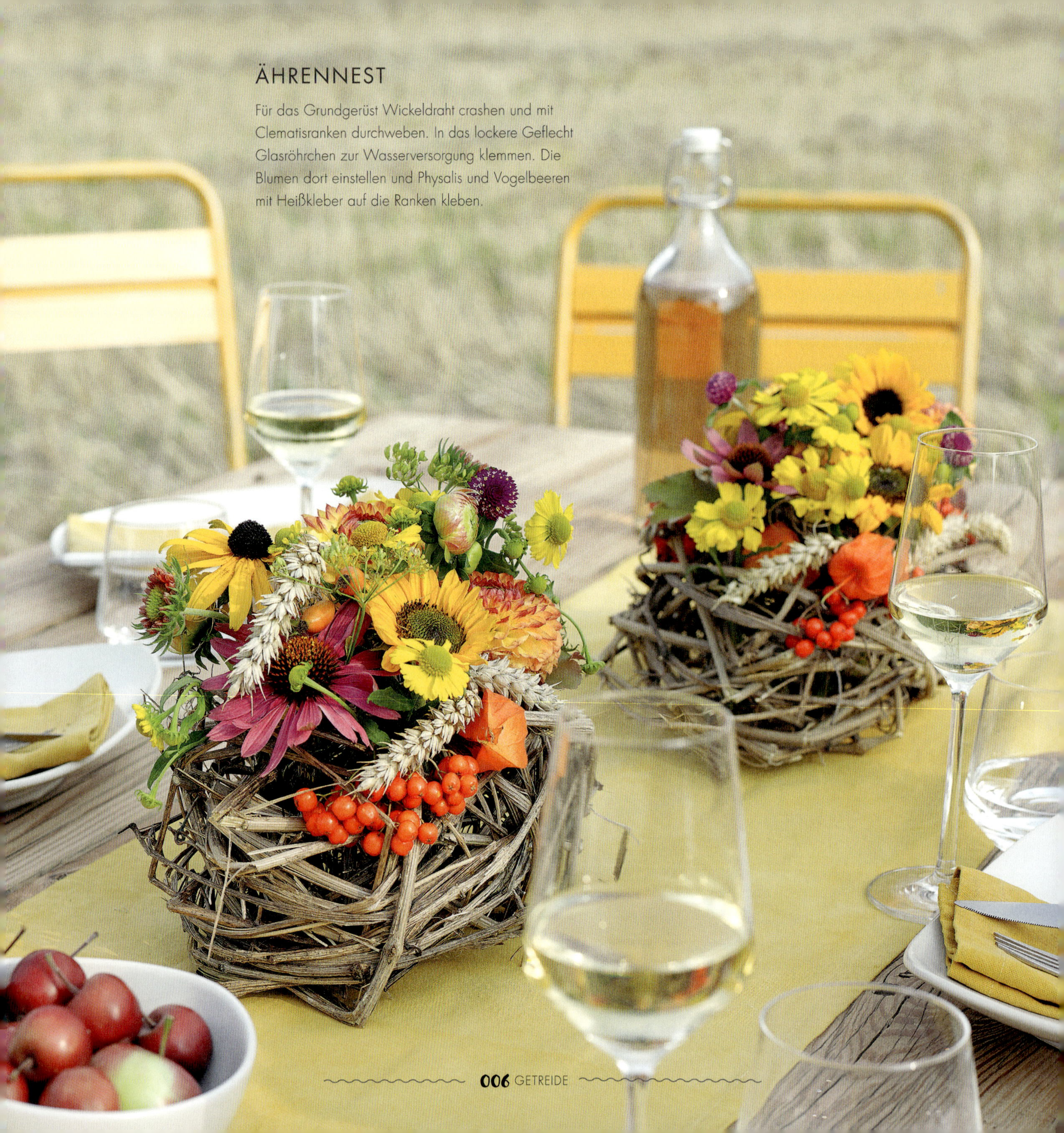

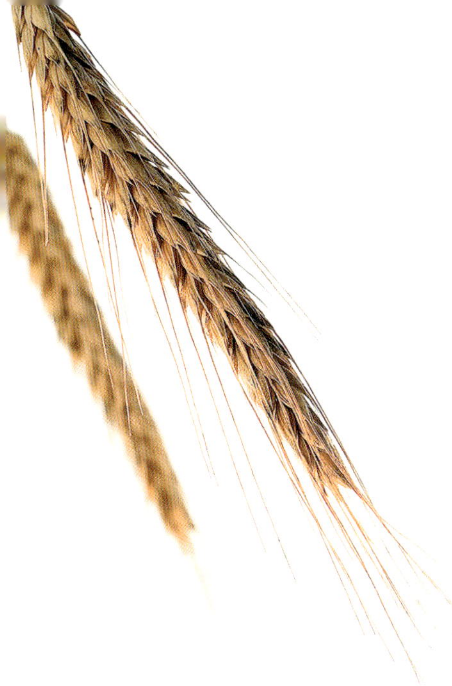

Goldenes Getreideglück

Erntezeit ist die Zeit zum Kreativwerden! Denn sobald die Pflanzen und Früchte des Feldes eingefahren sind, landen sie bei uns in üppigen Gestecken und Nestern. Besonders toll lassen sie sich in Kombination mit farbenfrohen Blühern in Szene setzen.

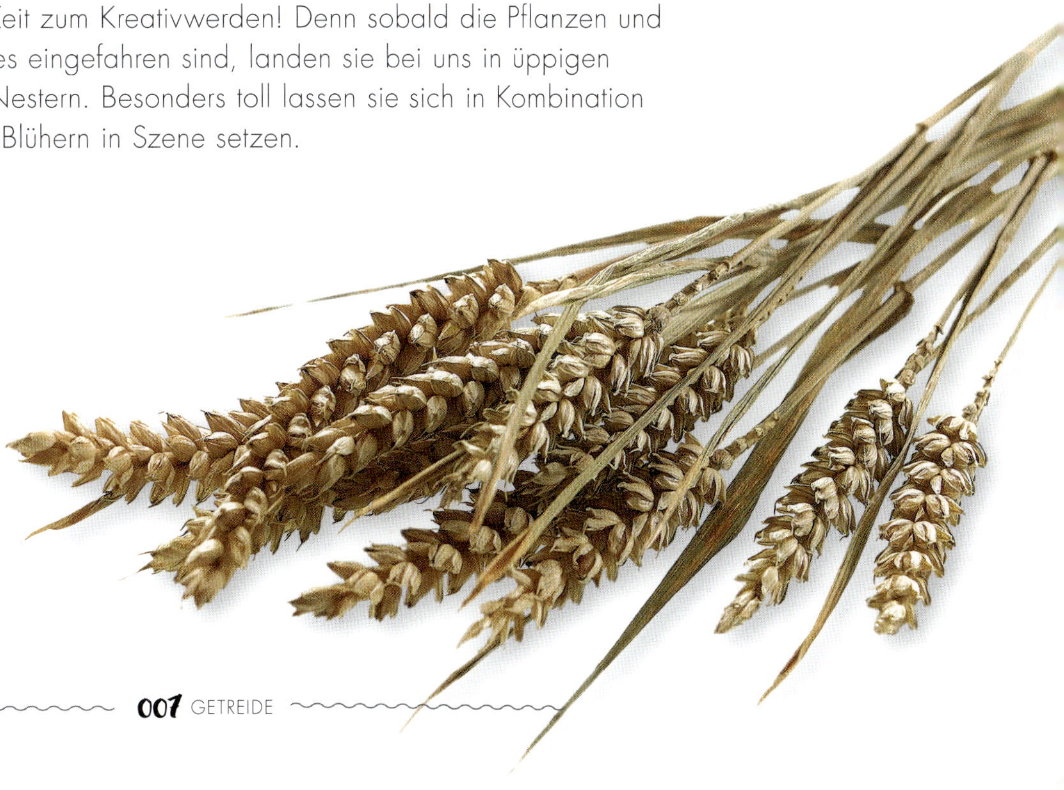

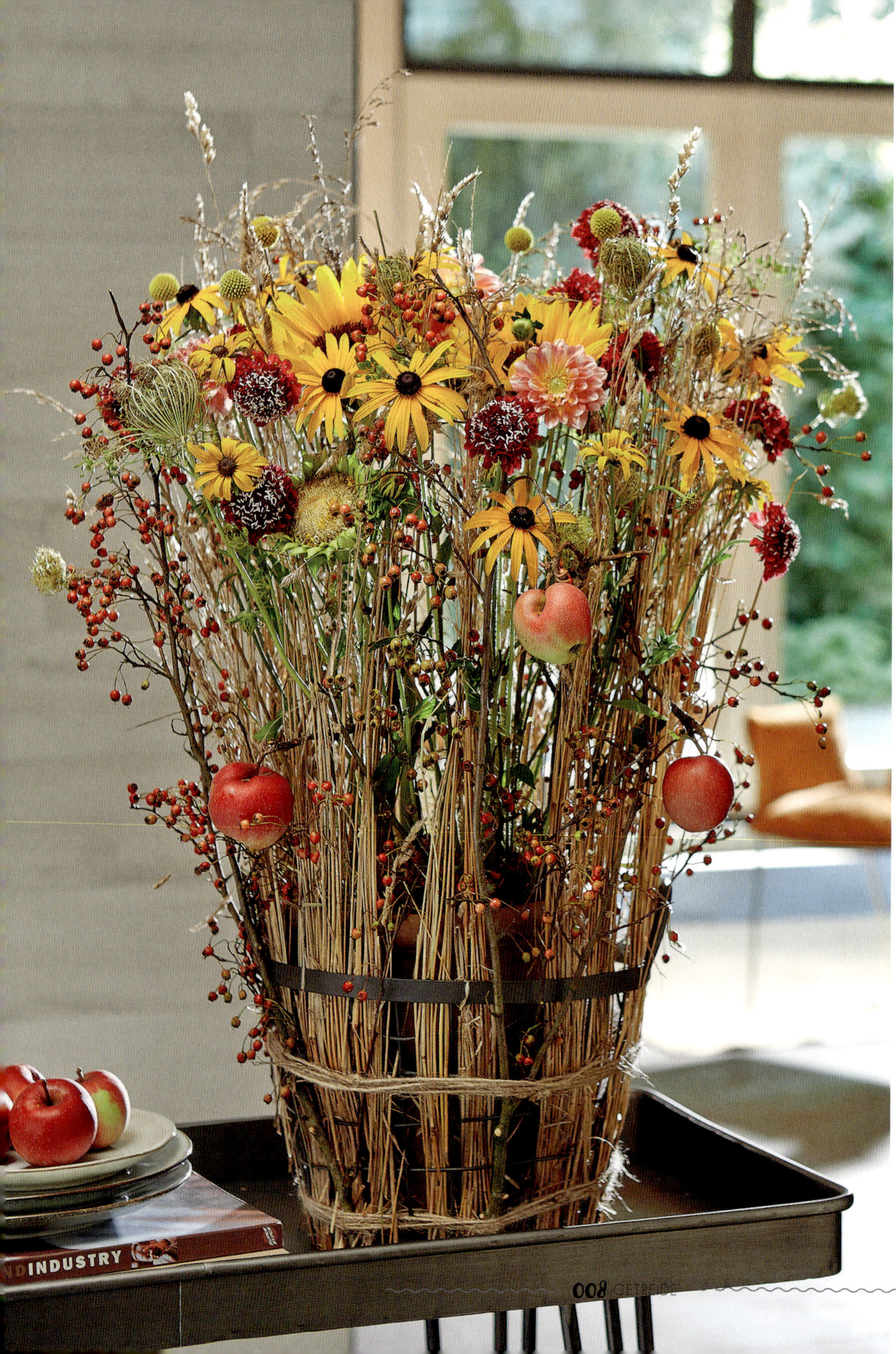

WILDE WEIDE

Trockene Gräser in einen Metallkorb einflechten. Fruchttragende Weißdornzweige an den Korb legen und mit Band fixieren. Ein Kunststoffgefäß in das Behältnis stellen und mit gewässertem Frischblumensteckschaum befüllen. Die Blüher, Ähren und Gräser nach und nach einstecken, sodass der Korb ausgefüllt ist.

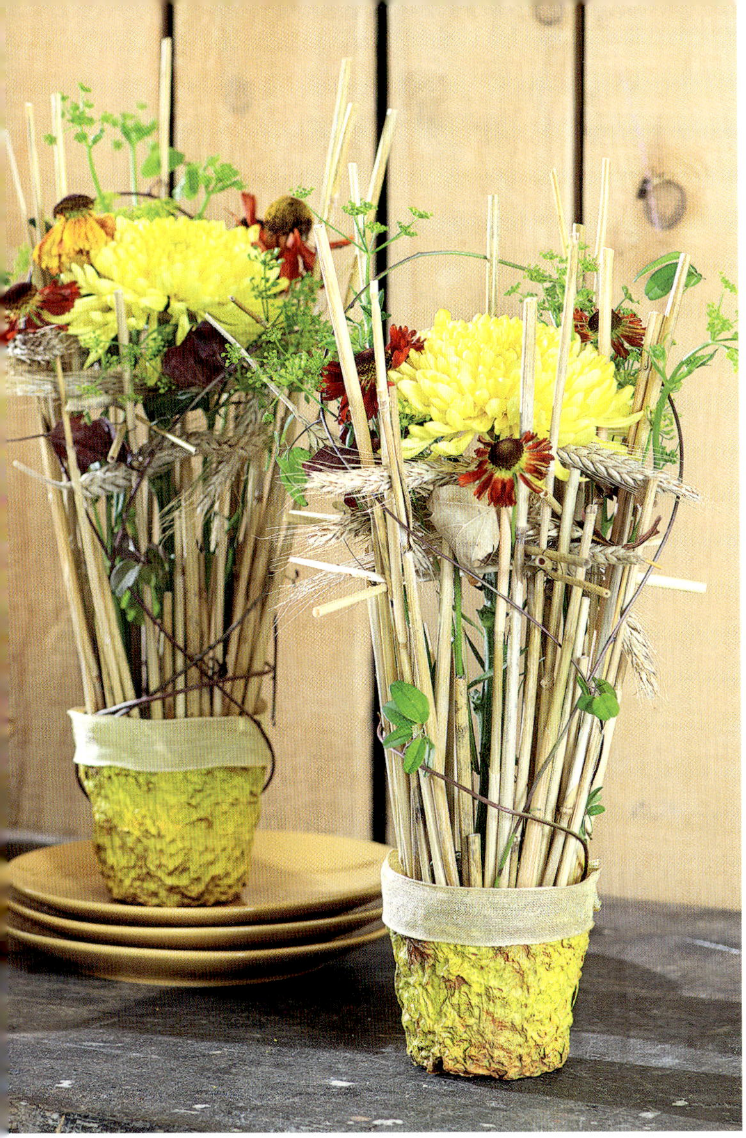

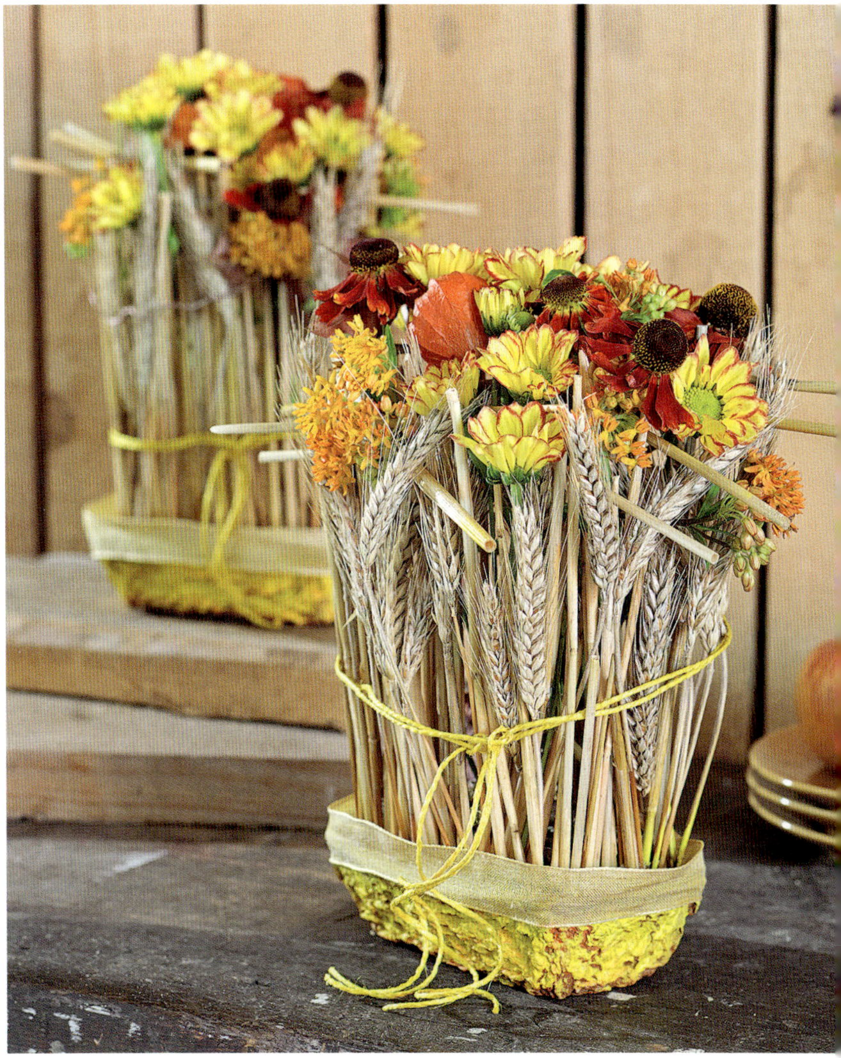

HOCH HINAUS

Einen Topf oder eine Schale aus Recyclingkarton mit gelber Farbe besprühen und mit Sprühlack versiegeln. Band um den Gefäßrand kleben, gewässerten Frischblumensteckschaum einsetzen und mit dünnen Holzstäben und Getreidehalmen bestecken. In die Mitte des Topfes eine Chrysantheme platzieren und die Zwischenräume mit herbstlichen Blumen ausfüllen. Akebienranke drumherum winden und Herbstlaub einkleben.

Alternativ Ähren am Rand der Schale in den Frischblumensteckschaum stecken und die Mitte mit bunten Herbstblühern ausfüllen (rechts).

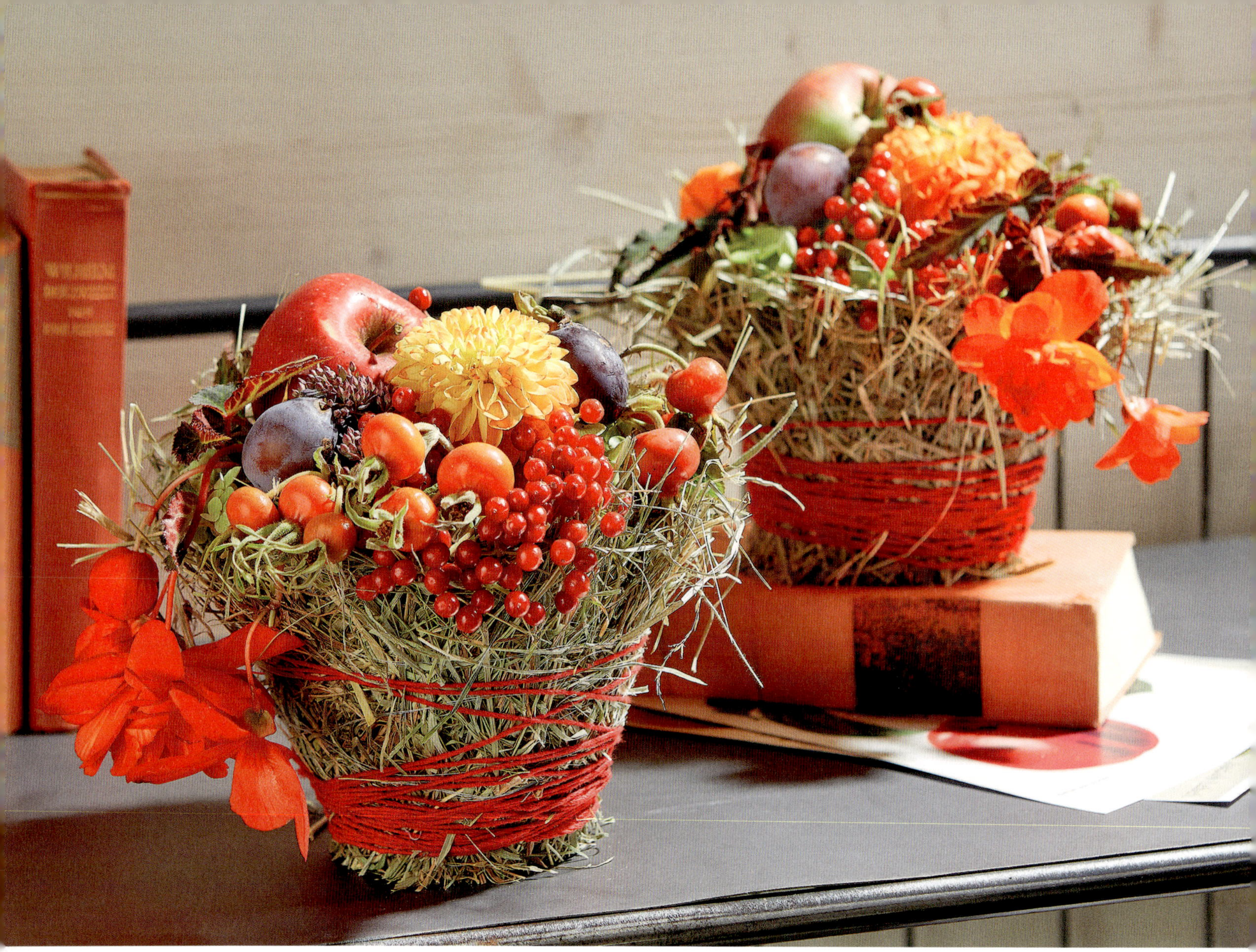

STROH-UMMANTELUNG

Tontopf mit doppelseitigem Klebeband versehen. Heu aufdrücken und zuerst mit Garn, dann mit rotem Band umwickeln. Anschließend gewässerten Frischblumensteckschaum einsetzen und die Blüten einstecken. Die herbstlichen Früchte, wie Äpfel und Pflaumen, auf Holzspieße stecken und ebenfalls einsetzen.

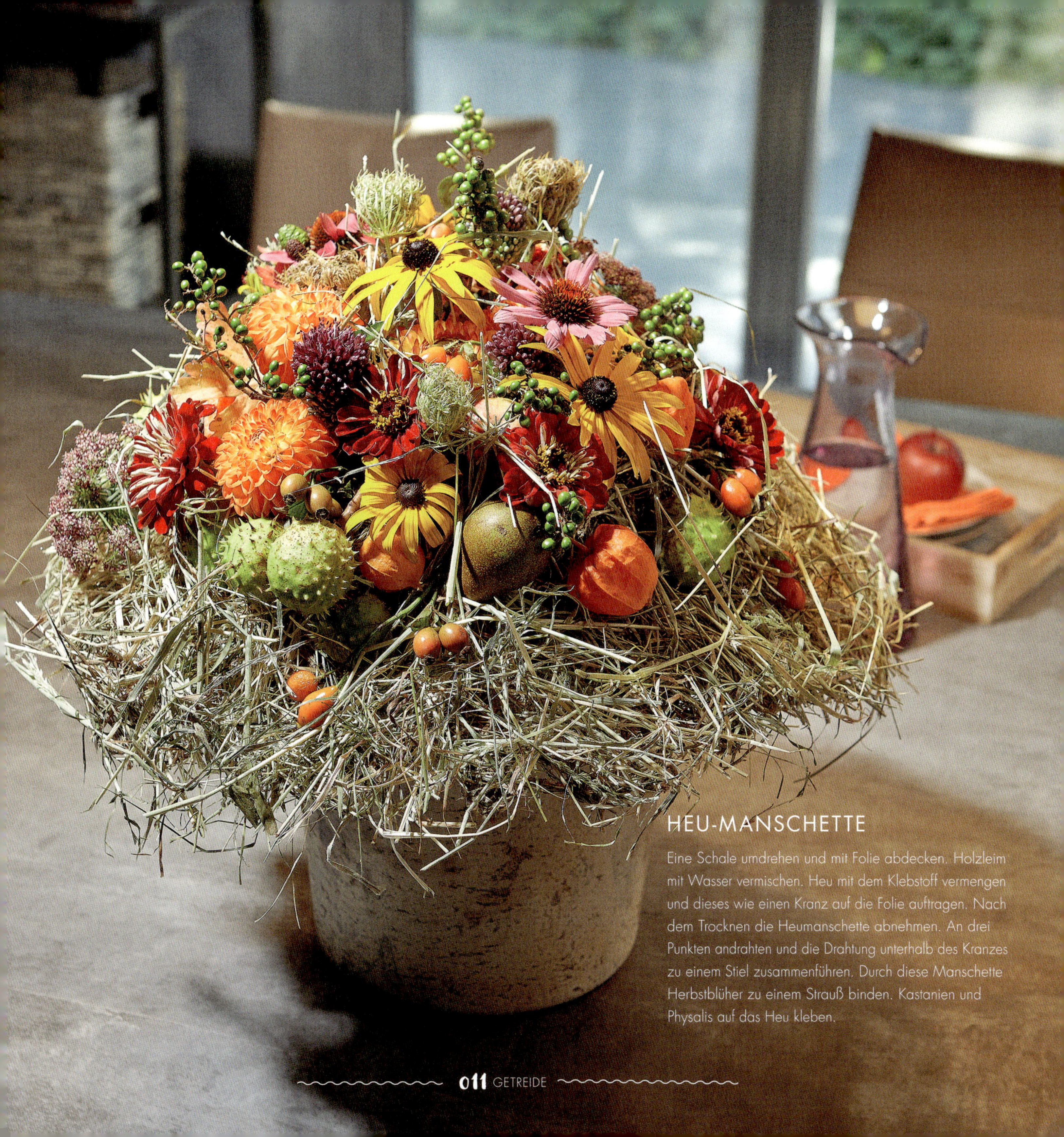

HEU-MANSCHETTE

Eine Schale umdrehen und mit Folie abdecken. Holzleim mit Wasser vermischen. Heu mit dem Klebstoff vermengen und dieses wie einen Kranz auf die Folie auftragen. Nach dem Trocknen die Heumanschette abnehmen. An drei Punkten andrahten und die Drahtung unterhalb des Kranzes zu einem Stiel zusammenführen. Durch diese Manschette Herbstblüher zu einem Strauß binden. Kastanien und Physalis auf das Heu kleben.

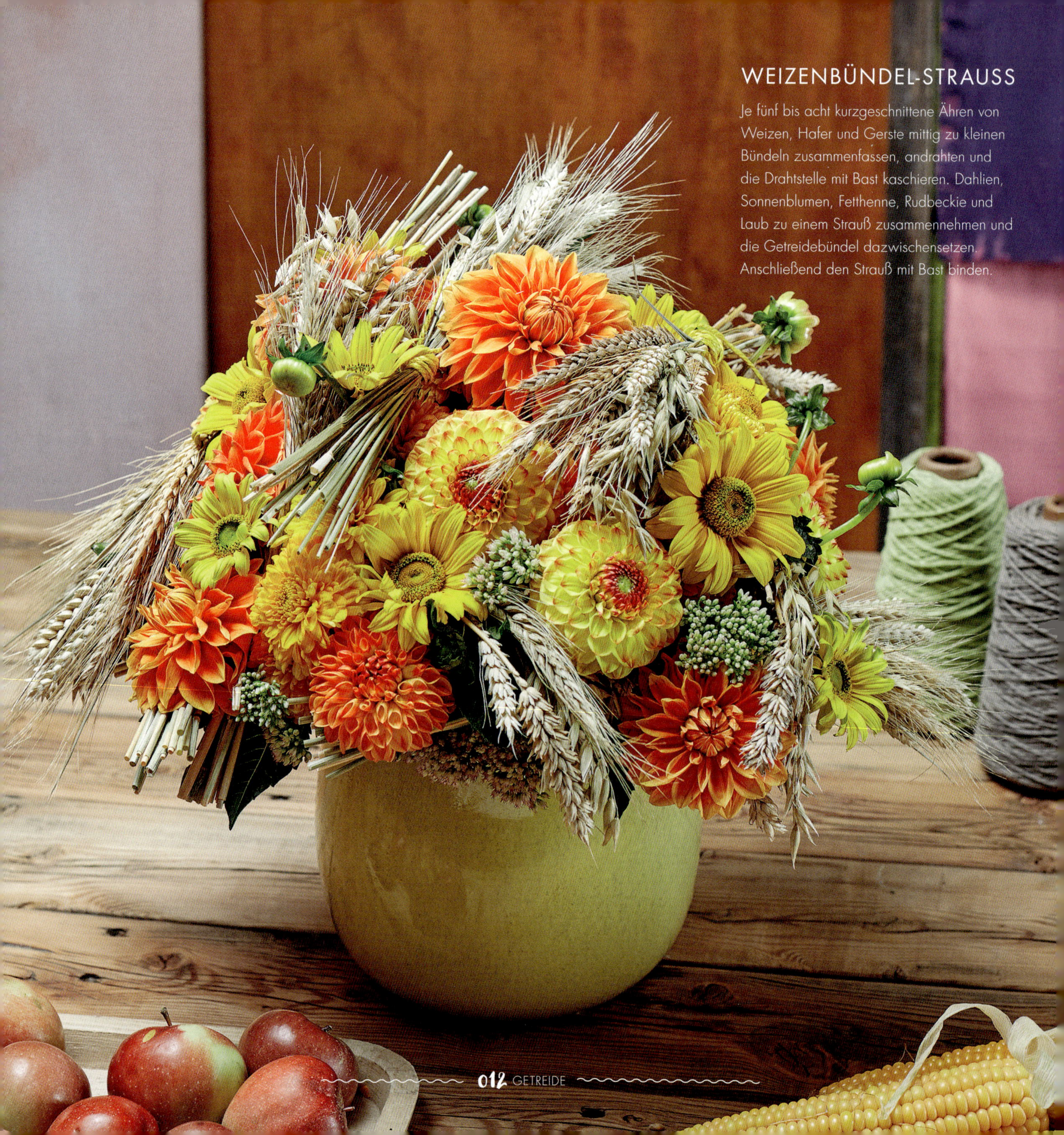

WEIZENBÜNDEL-STRAUSS

Je fünf bis acht kurzgeschnittene Ähren von Weizen, Hafer und Gerste mittig zu kleinen Bündeln zusammenfassen, andrahten und die Drahtstelle mit Bast kaschieren. Dahlien, Sonnenblumen, Fetthenne, Rudbeckie und Laub zu einem Strauß zusammennehmen und die Getreidebündel dazwischensetzen. Anschließend den Strauß mit Bast binden.

SONNENBLUMEN-ÄHRENBOUQUET

Floralien wie Sonnenblumen, Chrysanthemen und Dahlien mit Hagebuttenzweigen und Gerste zu einem gemischten Strauß zusammenbinden. Dabei die Gerste herausragen lassen, sodass eine wild anmutende Optik entsteht.

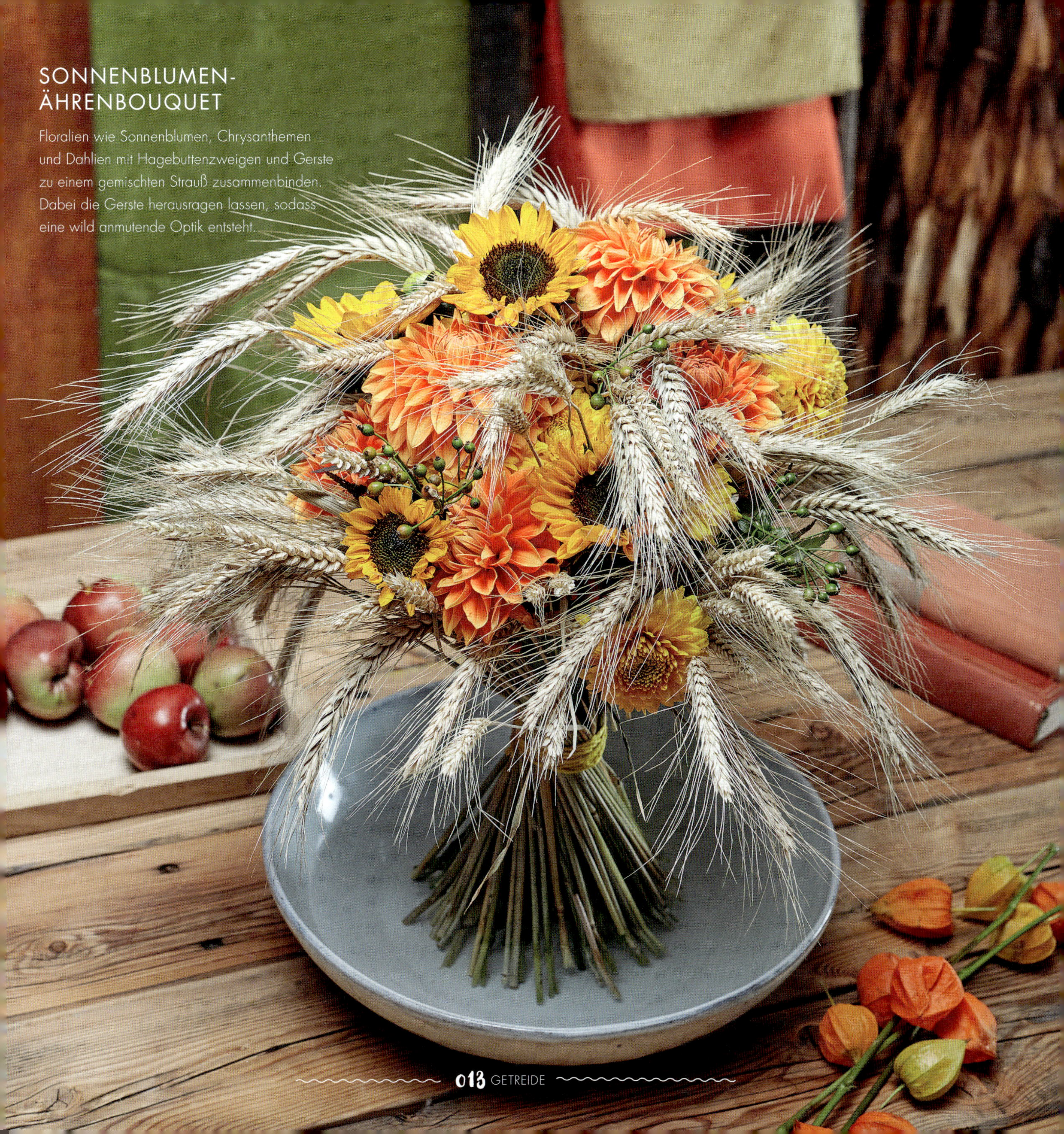

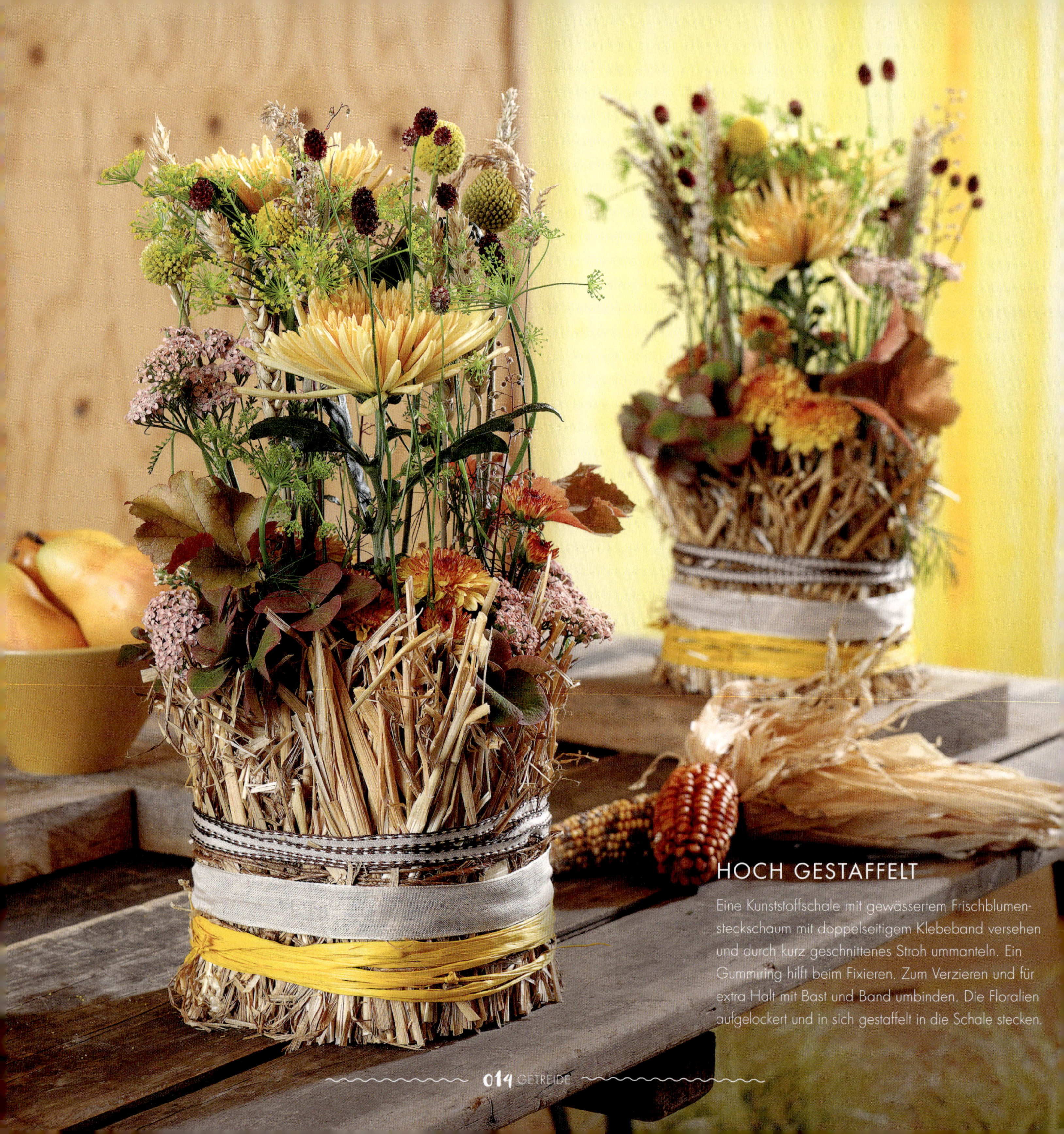

HOCH GESTAFFELT

Eine Kunststoffschale mit gewässertem Frischblumensteckschaum mit doppelseitigem Klebeband versehen und durch kurz geschnittenes Stroh ummanteln. Ein Gummiring hilft beim Fixieren. Zum Verzieren und für extra Halt mit Bast und Band umbinden. Die Floralien aufgelockert und in sich gestaffelt in die Schale stecken.

IN DIE HÖHE GERECKT

Um eine Kunststoffschale mit gewässertem Frischblumensteckschaum doppelseitiges Klebeband anbringen und daran langgestielte Ähren dicht an dicht, nach oben aufgefächert, festkleben. In die Mitte des Steckschaums Herbstblüher einsetzen. Zum Schluss das Gefäß mit schmückendem, breitem Metallband versehen. Alternativ oder zusätzlich kurz geschnittene Ährenstiele statt der langen Getreidehalme zum Verzieren der Schale verwenden.

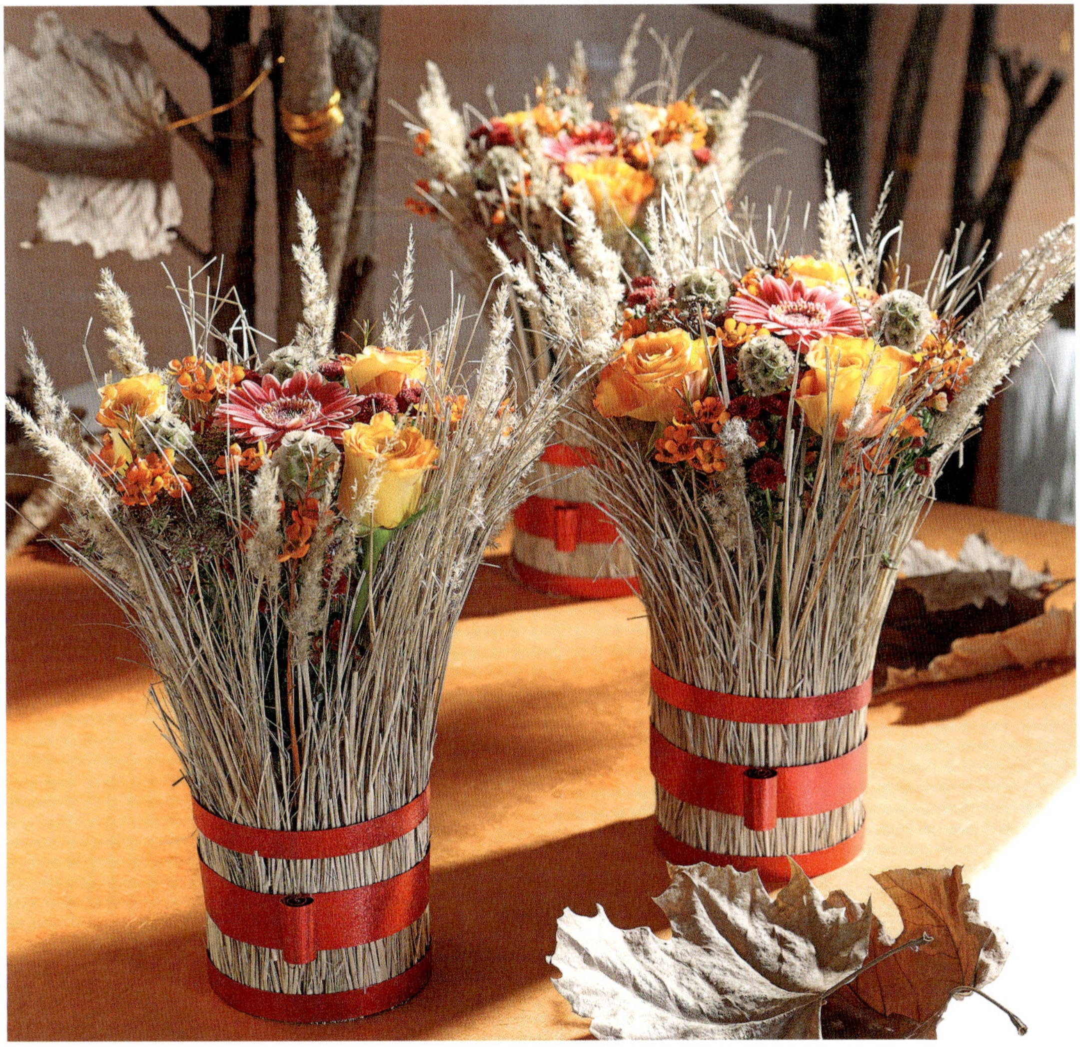

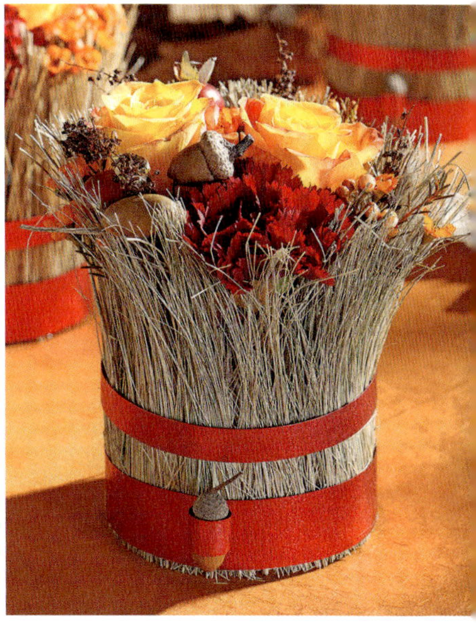

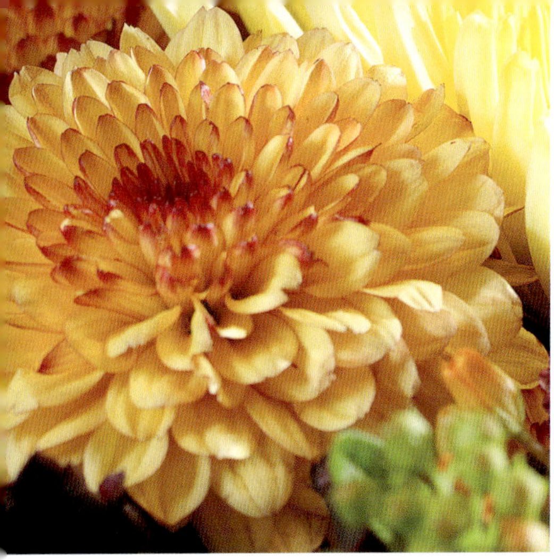

Was du brauchst:

Stroh, Efeunadeln, Bast, Frischblumensteckschaum-Basis mit Kunststoffschale, Dill, Chrysanthemen, Hortensien, Purpurglöckchen und Wiesenknopf

1. Stroh in circa zehn Zentimeter kurze Stücke schneiden, zu kleinen Bündeln fassen und mit Bast fixieren.

2. Eine gewässerte Frischblumensteckschaum-Basis mit Kunststoffschale und stabilisierendem Gitter mittels Efeunadeln mit den Bündeln verkleiden. Anschließend die frischen Werkstoffe von oben kompakt einstecken.

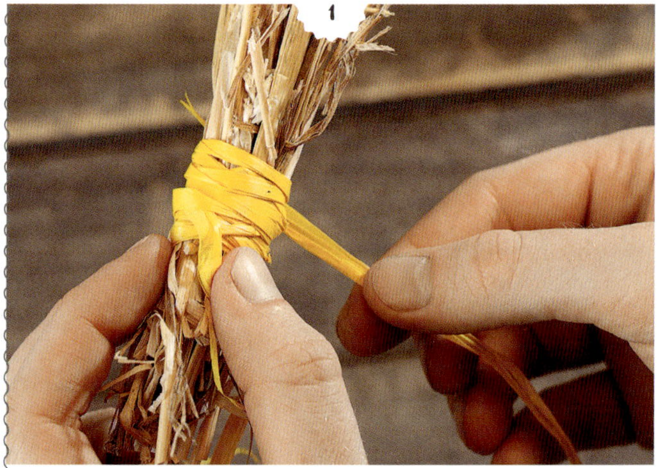

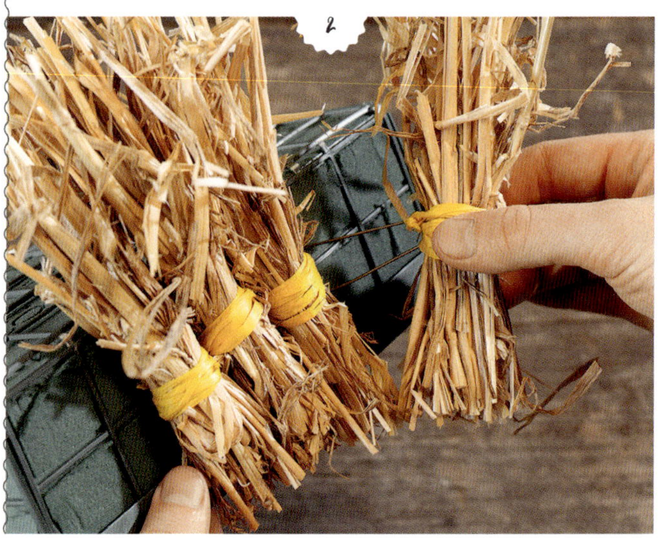

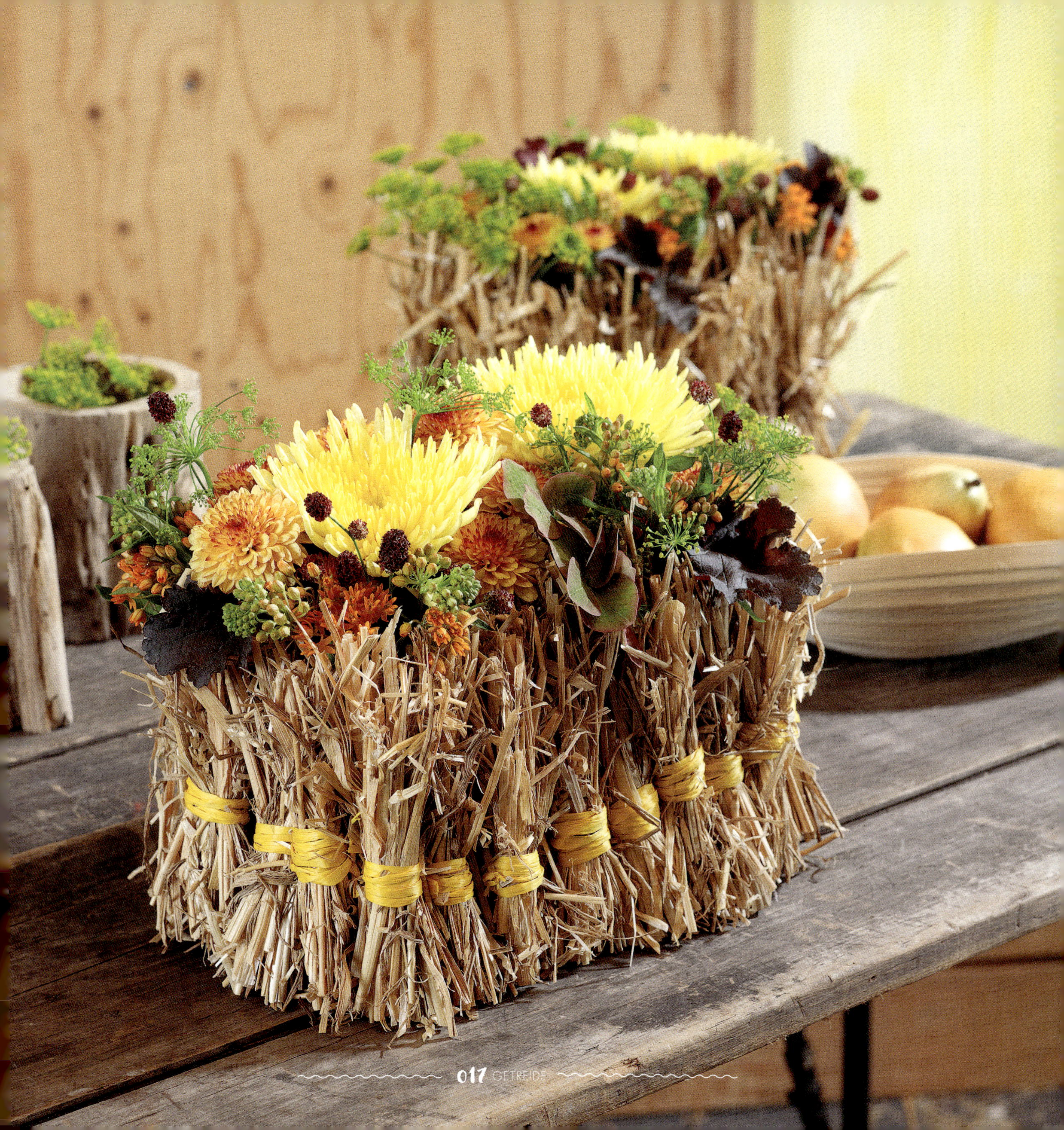

WEIDEN-ÄHRENGEFLECHT

Eine Baumscheibe anbohren, lange Weidenzweige einstecken und diese miteinander verflechten, bis eine Halbkugel entsteht. Die Enden mit Steckdraht fixieren. Hopfen einwinden, Hafer, Physalis und Apfelzweige locker einweben und mit Band oder Draht am Weidengeflecht fixieren. Frischblumensteckschaum-Kugel wässern, mit Blüten ausstecken und in die Halbkugel auf die Baumscheibe legen.

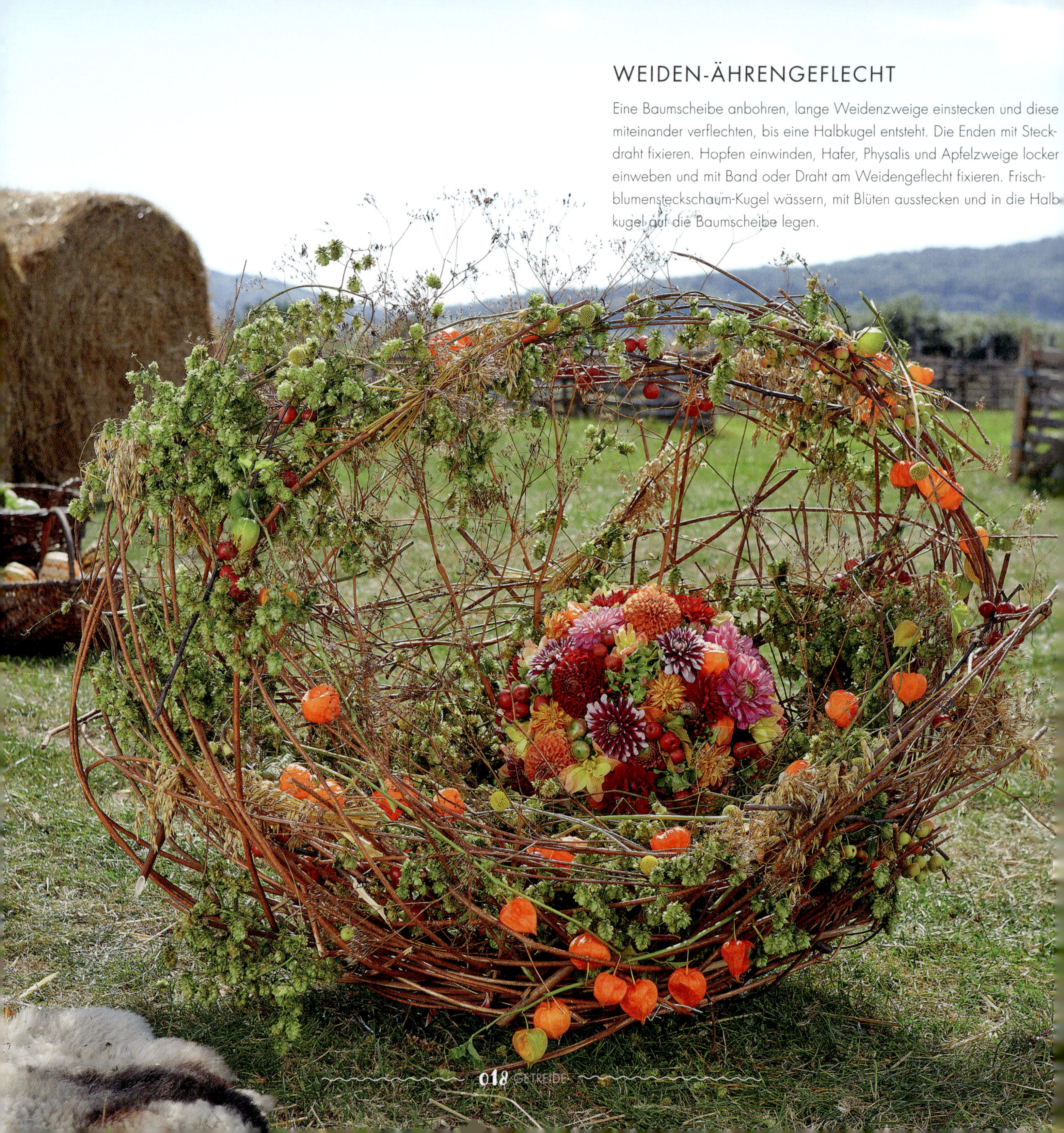

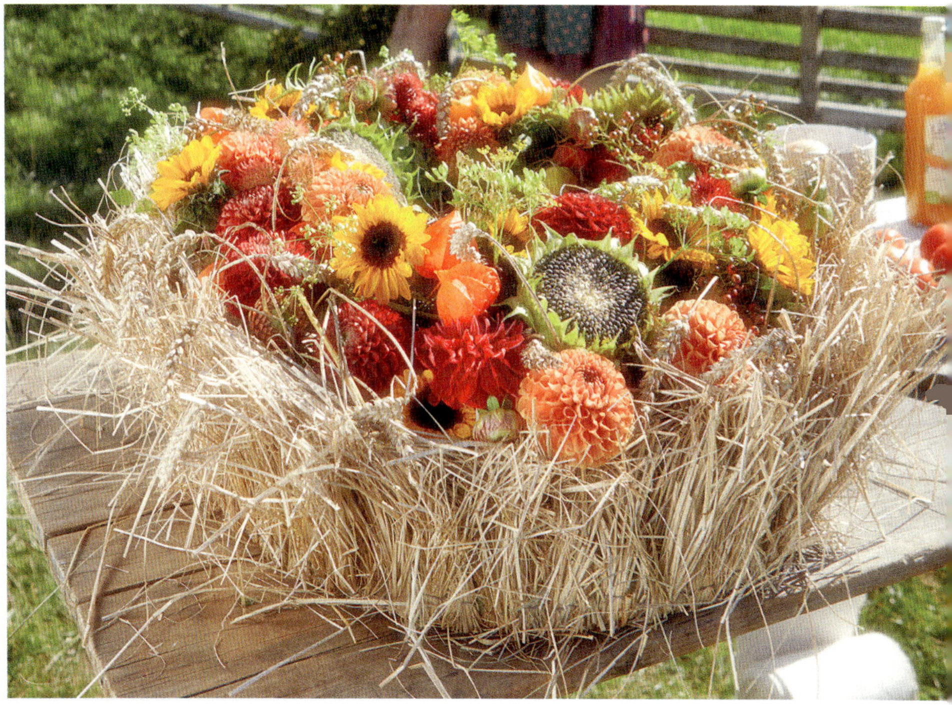

WEIZENHALM-KORB

Weizenhalme samt der Ähren in die Maschen eines Korbes einflechten und mit Myrtendraht fixieren, sodass eine Art Nest entsteht. Eine Kunststoffschale mit gewässertem Frischblumensteckschaum in die Mitte einstellen. Anschließend mit bunten Blumen kompakt ausstecken.

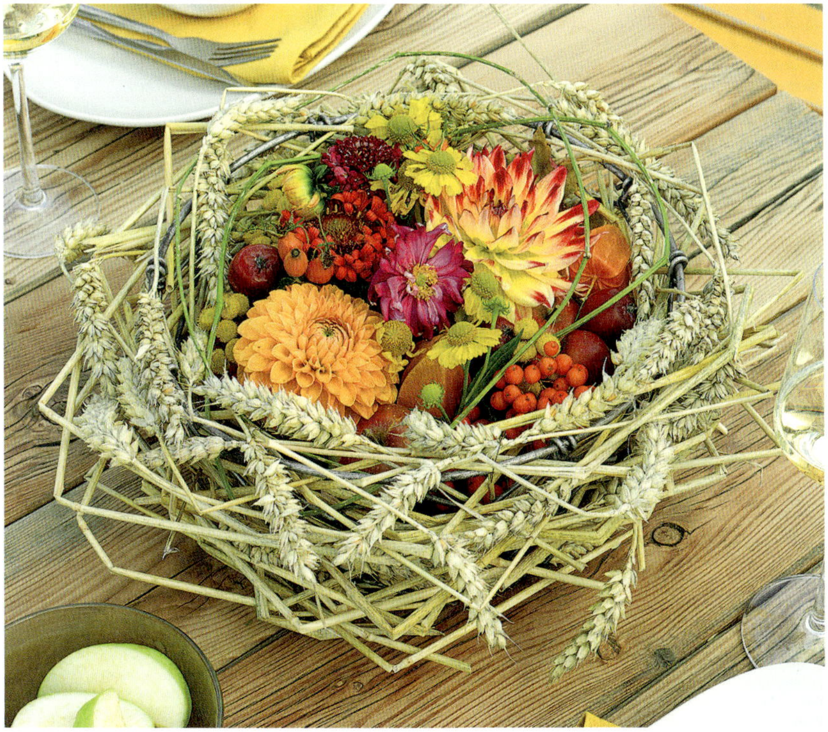

STROHBÜSCHEL-NEST

Einen Strohrömer mithilfe von Drahthaften seitlich außen und innen mit Heubüscheln umkleiden und die Halme dabei etwas nach oben überstehen lassen. Einen gewässerten Frischblumensteckschaum-Ring einsetzen und herbstliche Blüten einstecken.

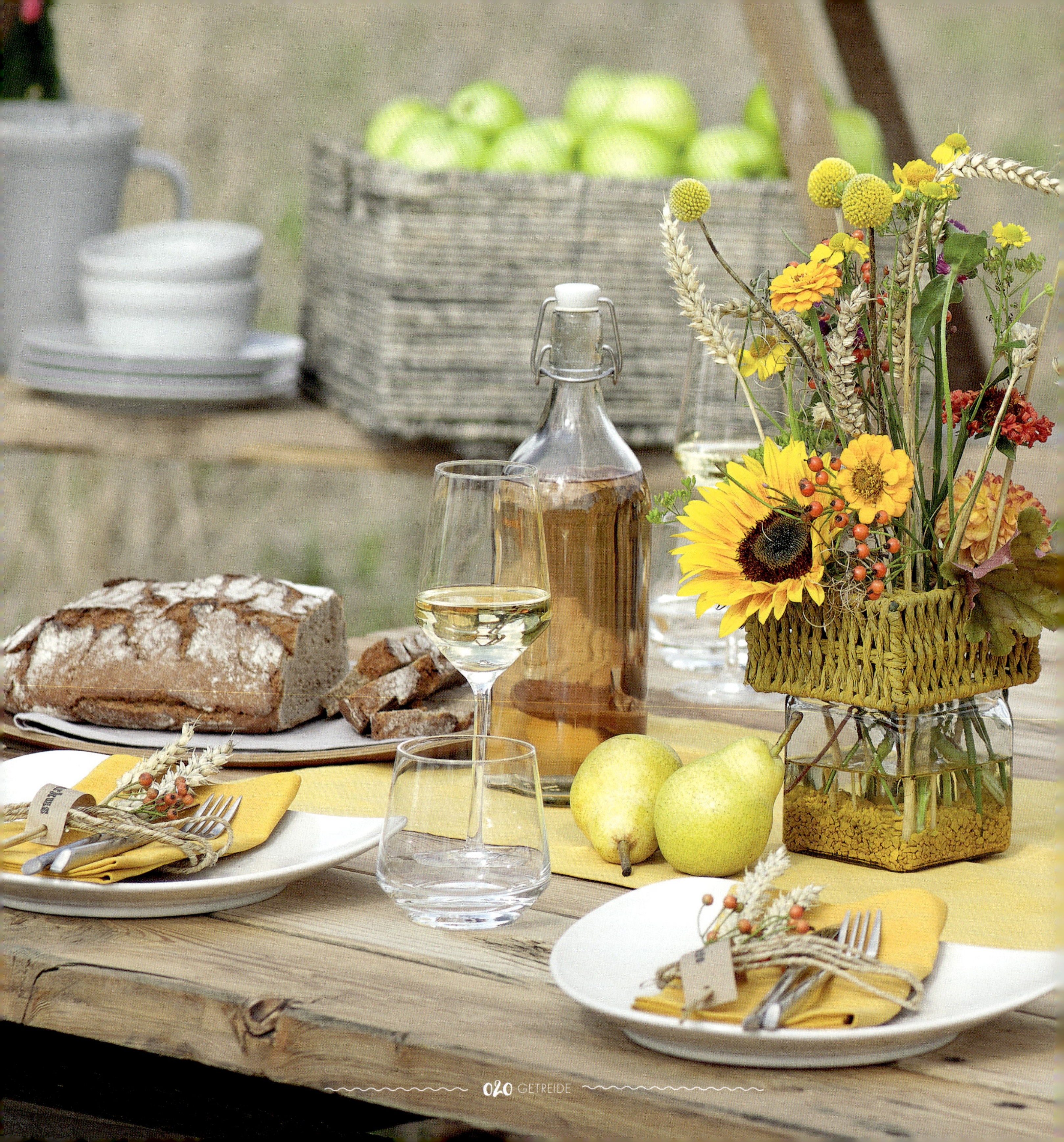

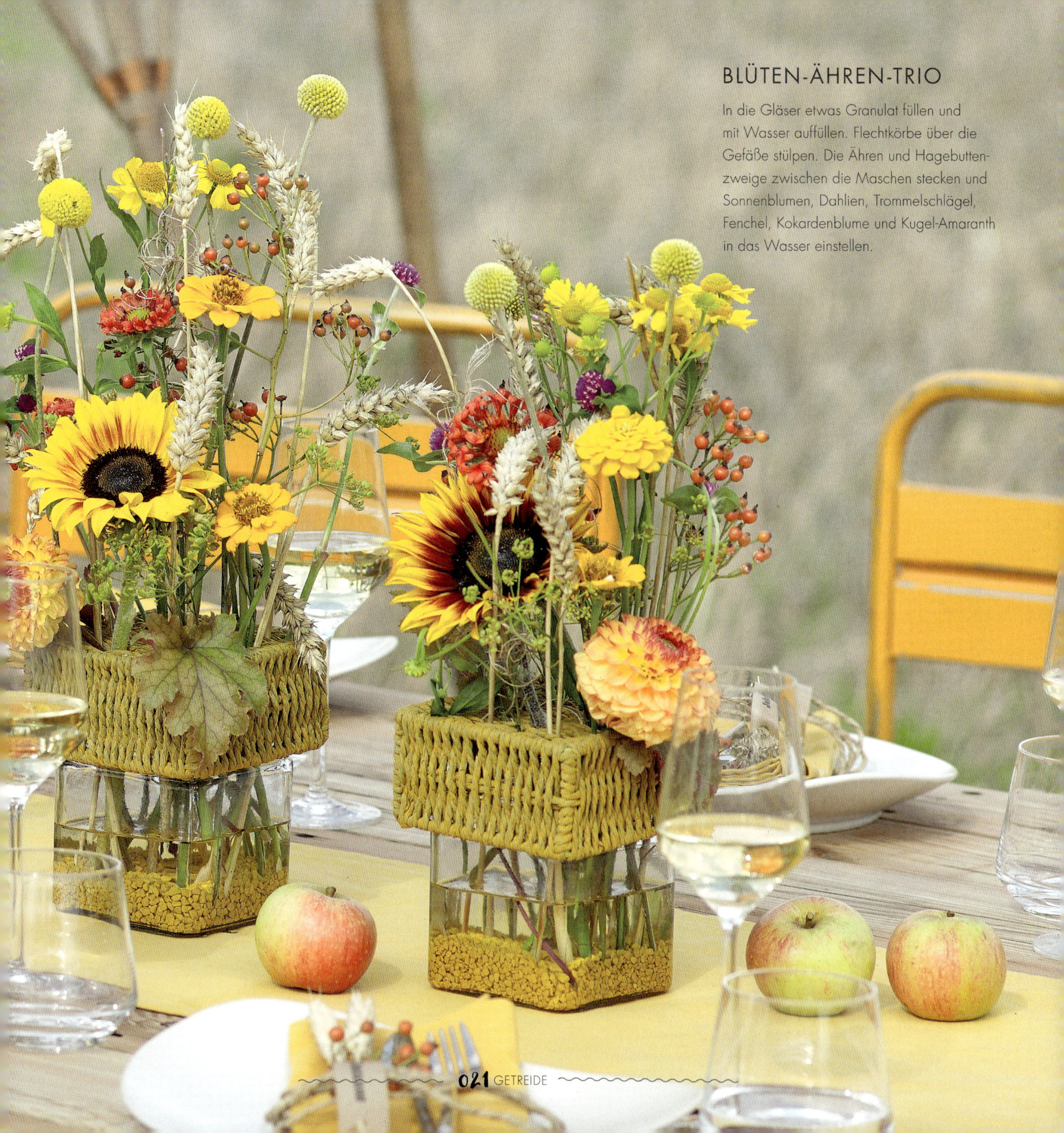

BLÜTEN-ÄHREN-TRIO

In die Gläser etwas Granulat füllen und mit Wasser auffüllen. Flechtkörbe über die Gefäße stülpen. Die Ähren und Hagebuttenzweige zwischen die Maschen stecken und Sonnenblumen, Dahlien, Trommelschlägel, Fenchel, Kokardenblume und Kugel-Amaranth in das Wasser einstellen.

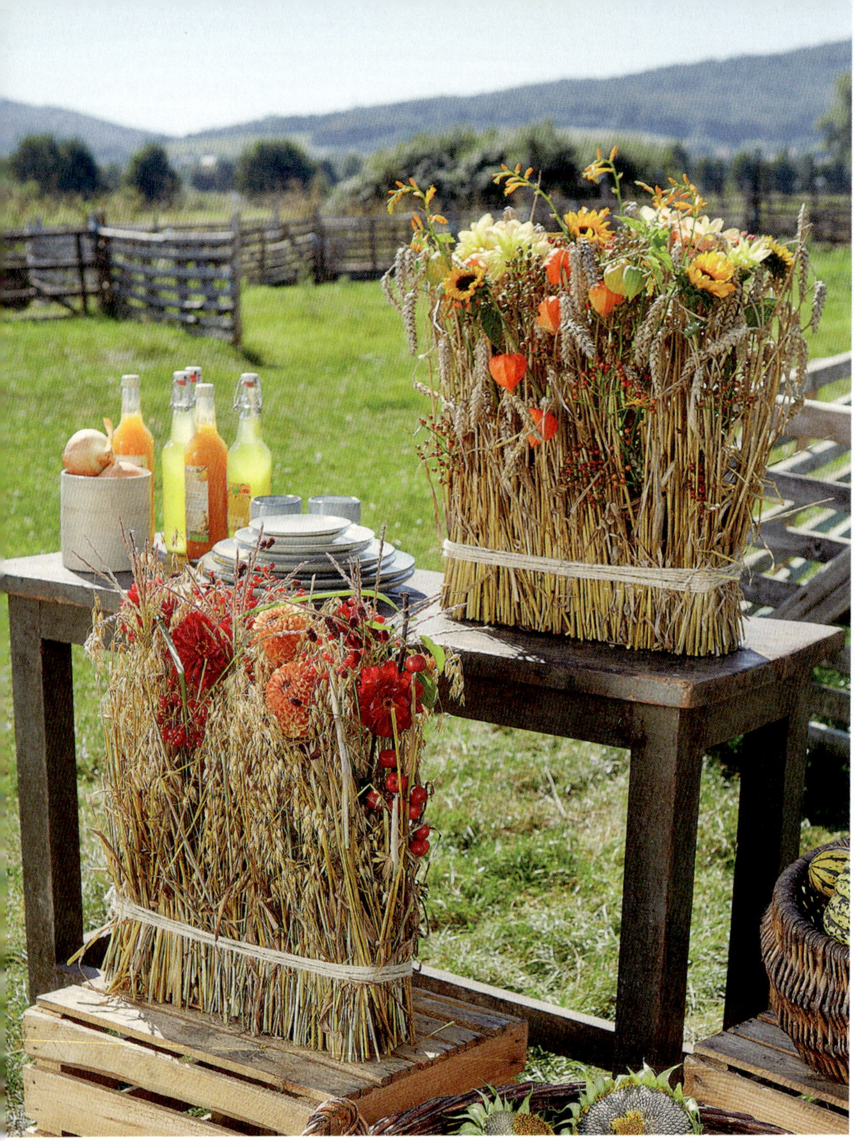

SCHATZTRUHE

Einen Koffer mit Folie ausschlagen und gewässerten Frischblumensteckschaum hineinlegen. Blüten, Physalis und Gräser parallel zueinander einstecken, bis der Koffer komplett ausgefüllt ist.

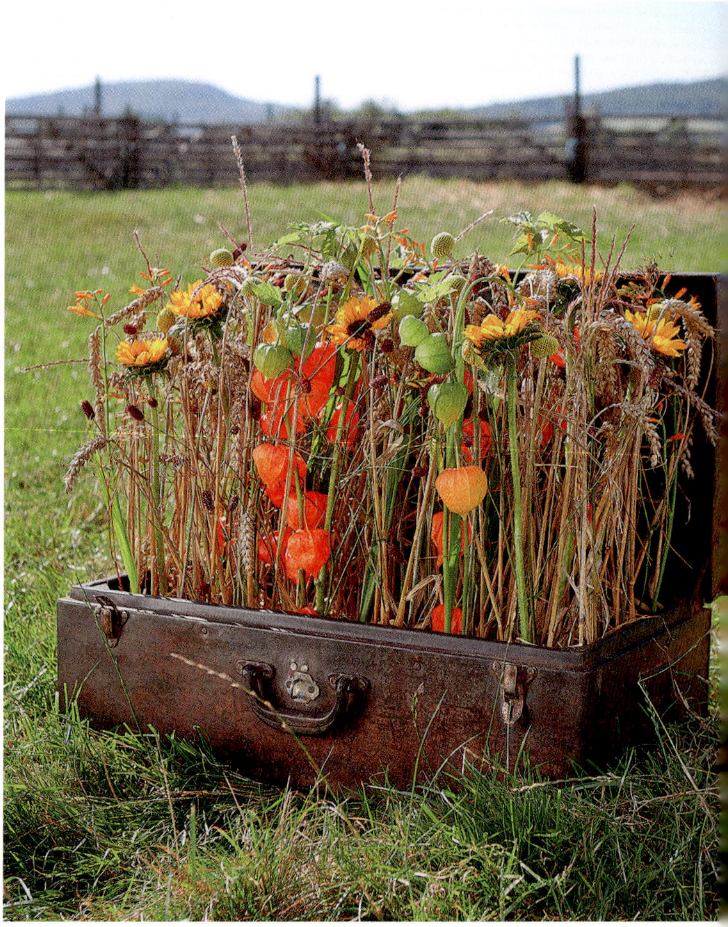

MINI-STROHWIESE

Gewässerten Frischblumensteckschaum auf einen Holzbalken setzen und mit Folie umwickeln. Getreide seitlich an dem Holzbalken festtackern und mit Schnur umwickeln. Herbstblüher wie Dahlien, Großer Wiesenknopf und Schneeball einstecken.

BLÜTENGEFÜLLTER ÄHRENKORB

Mindestens drei circa eineinhalb Zentimeter lange Äste zusammenschrauben, sodass ein standfestes Gestell entsteht. Ein Kunststoffgefäß mit gewässertem Frischblumensteckschaum in einen Kupferdrahtkorb stellen und den Kunststoff mit Stoffumwicklung verkleiden. Das Behältnis in die Äste klemmen, mit Draht fixieren und die Floralien nach Wahl hineinstecken.

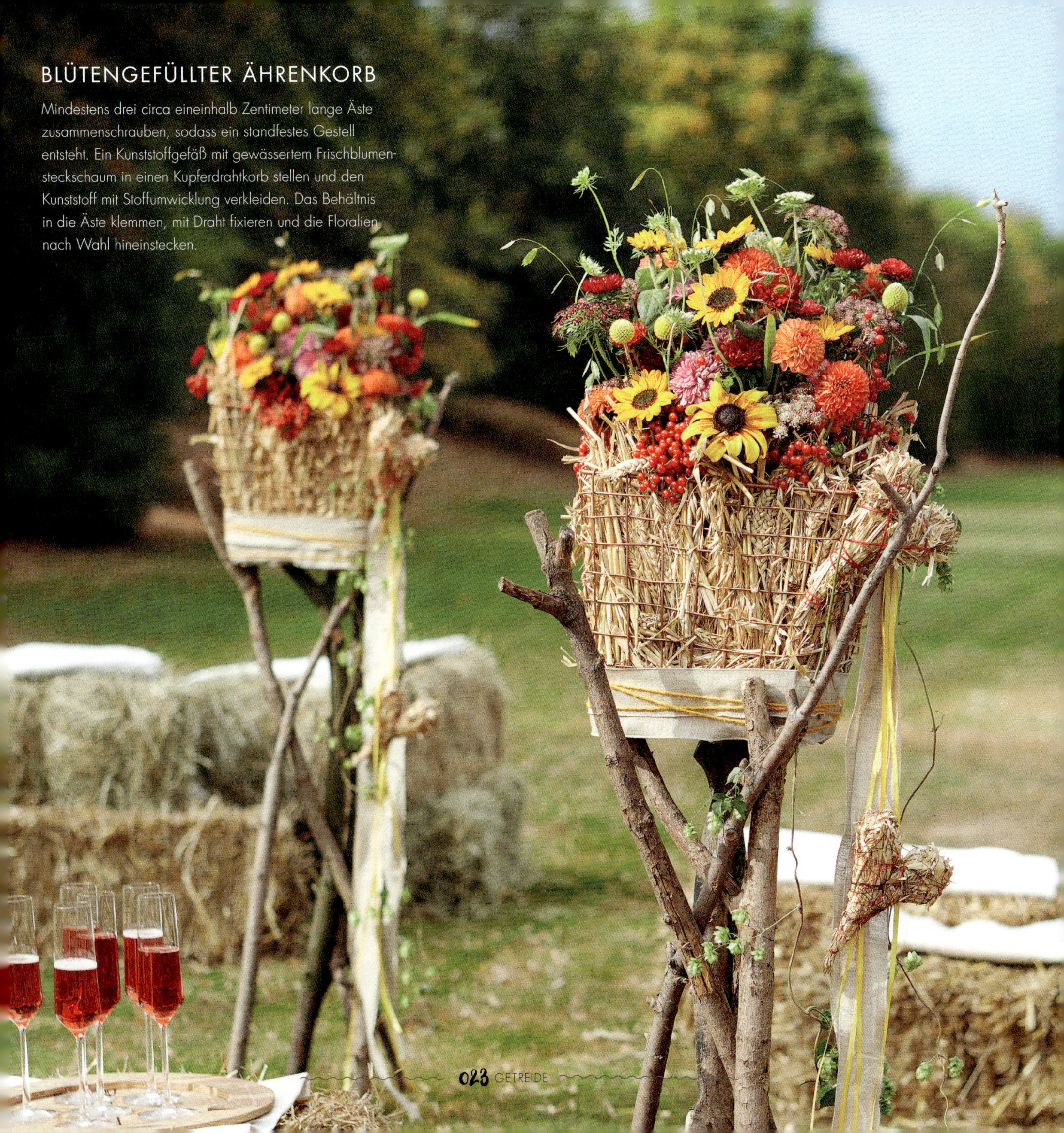

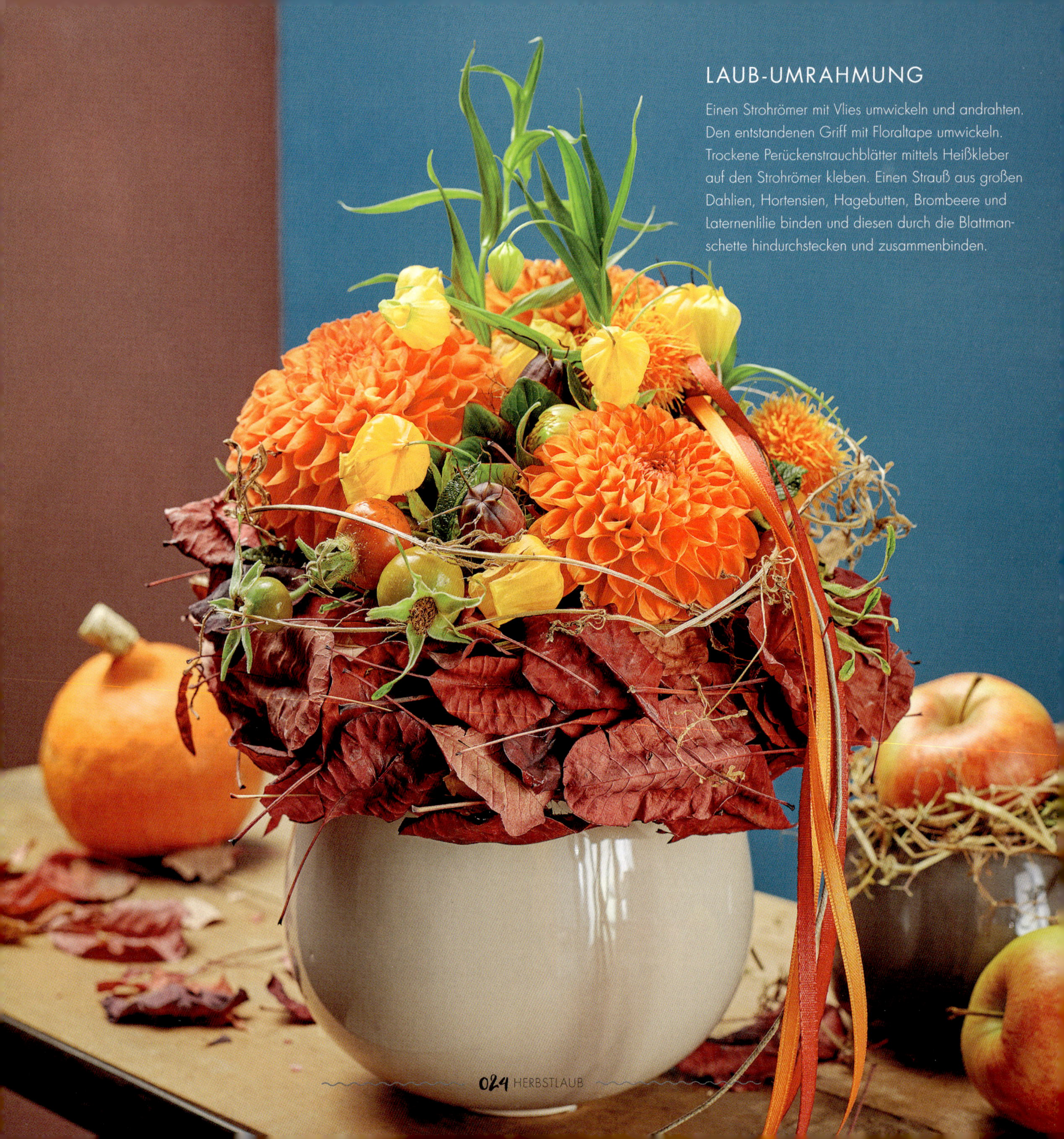

LAUB-UMRAHMUNG

Einen Strohrömer mit Vlies umwickeln und andrahten. Den entstandenen Griff mit Floraltape umwickeln. Trockene Perückenstrauchblätter mittels Heißkleber auf den Strohrömer kleben. Einen Strauß aus großen Dahlien, Hortensien, Hagebutten, Brombeere und Laternenlilie binden und diesen durch die Blattmanschette hindurchstecken und zusammenbinden.

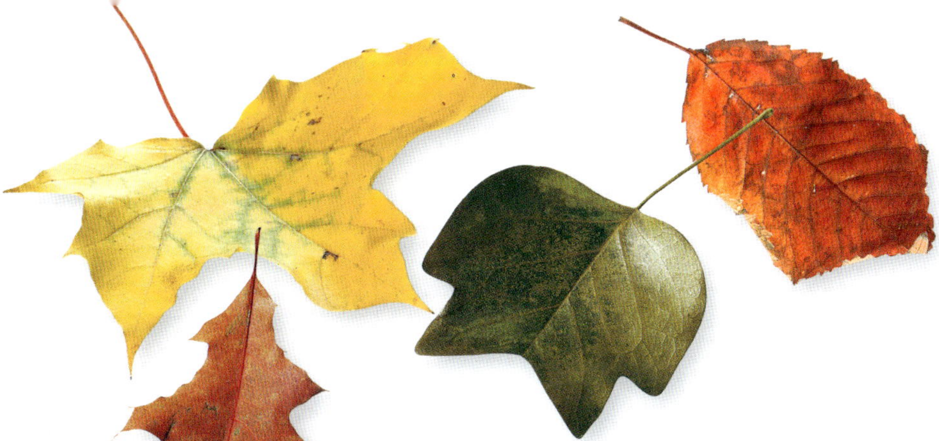
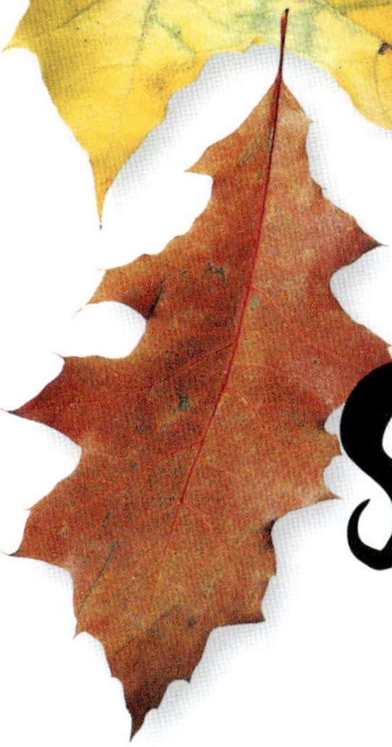

Schmückendes Herbstlaub

In der dritten Jahreszeit bieten vor allem die Blätter, die nach und nach von den Bäumen fallen, ein wunderschönes Farbspiel und eignen sich hervorragend für raffinierte Dekorationen. Von goldig Gelb, über Rot bis Dunkelbraun, lassen sie, kombiniert mit spätsommerlichen Blühern, das Zuhause in leuchtenden Tönen erstrahlen.

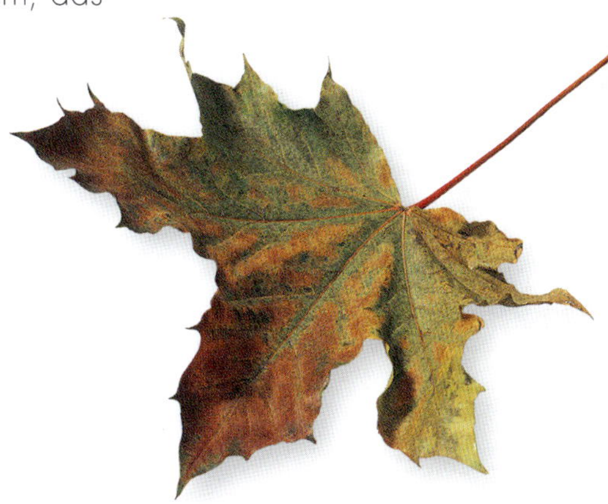
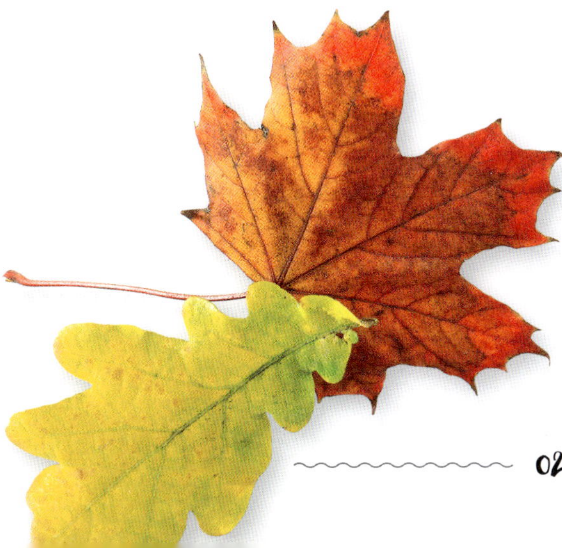

LAUBKRAGEN

Einen Drahtring andrahten, die Floralien durch diesen stecken und zu einem Strauß binden. Dann Herbstblätter um den Strauß herum mit einer Kordel am Ring annähen.

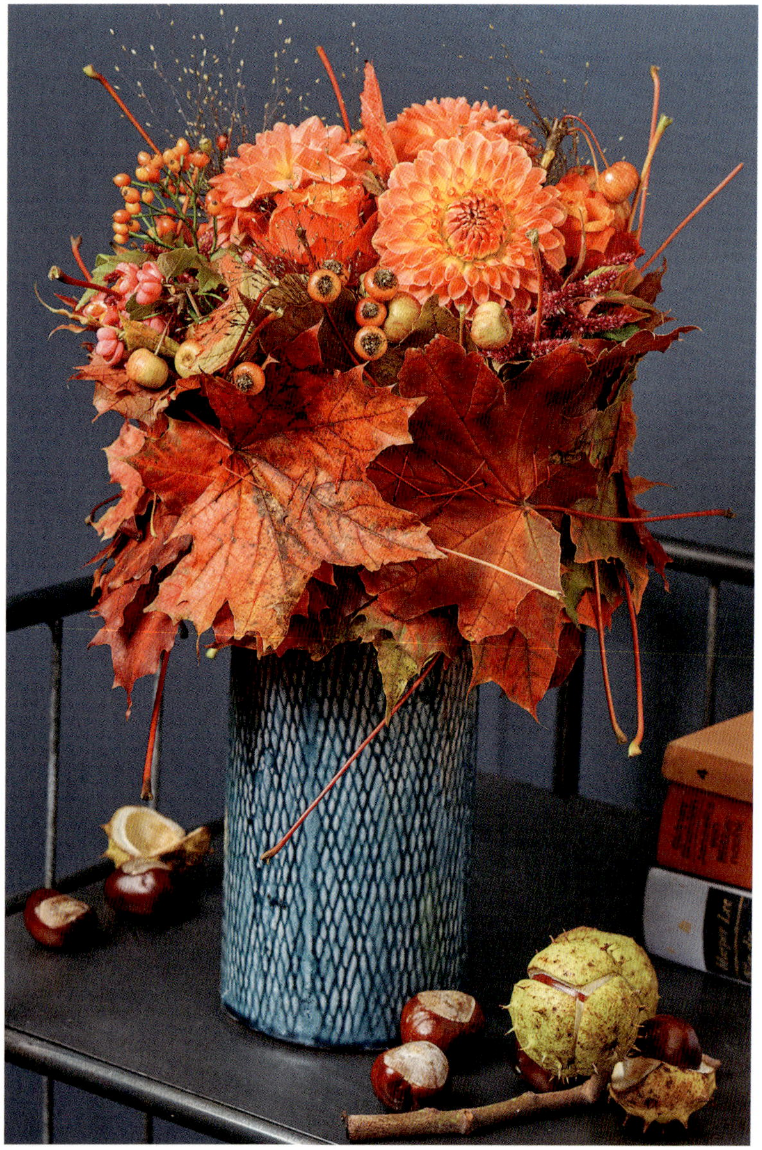

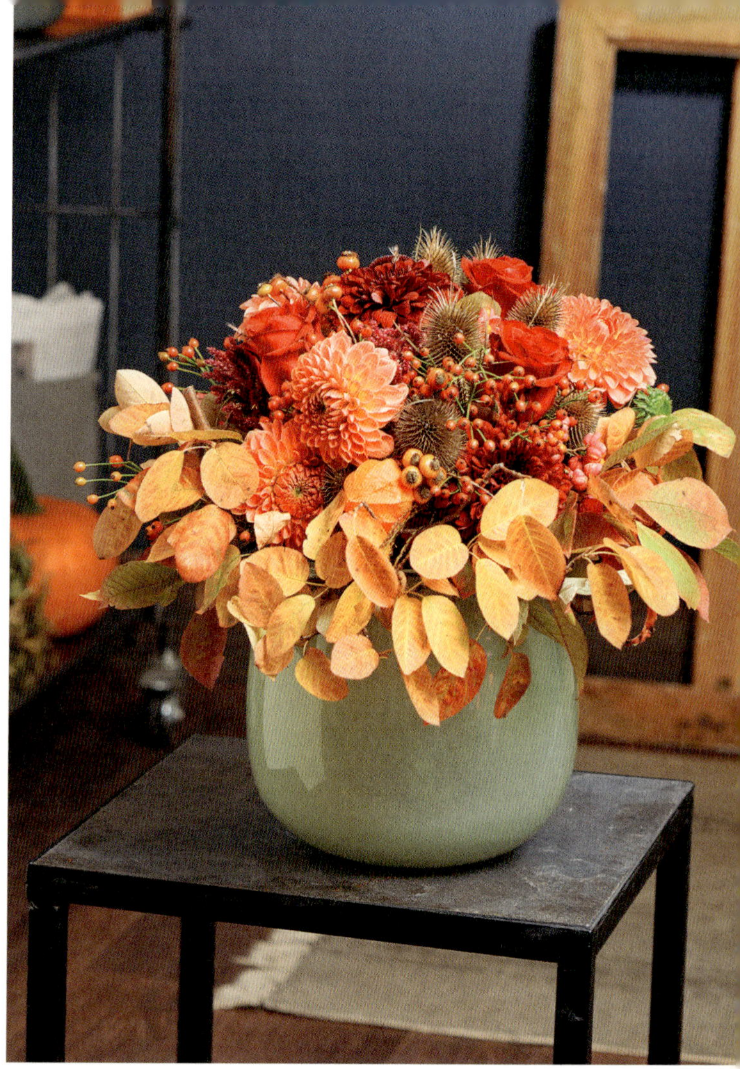

BLÄTTERKRANZ

Chrysanthemen, Rosen, Hagebutten, Sonnenhut, Pfaffenhütchen, Lampionblume und trockene Gräser kompakt zu einem Strauß binden. Blattzweige zu einer Manschette um den Strauß fassen und beides miteinander verbinden.

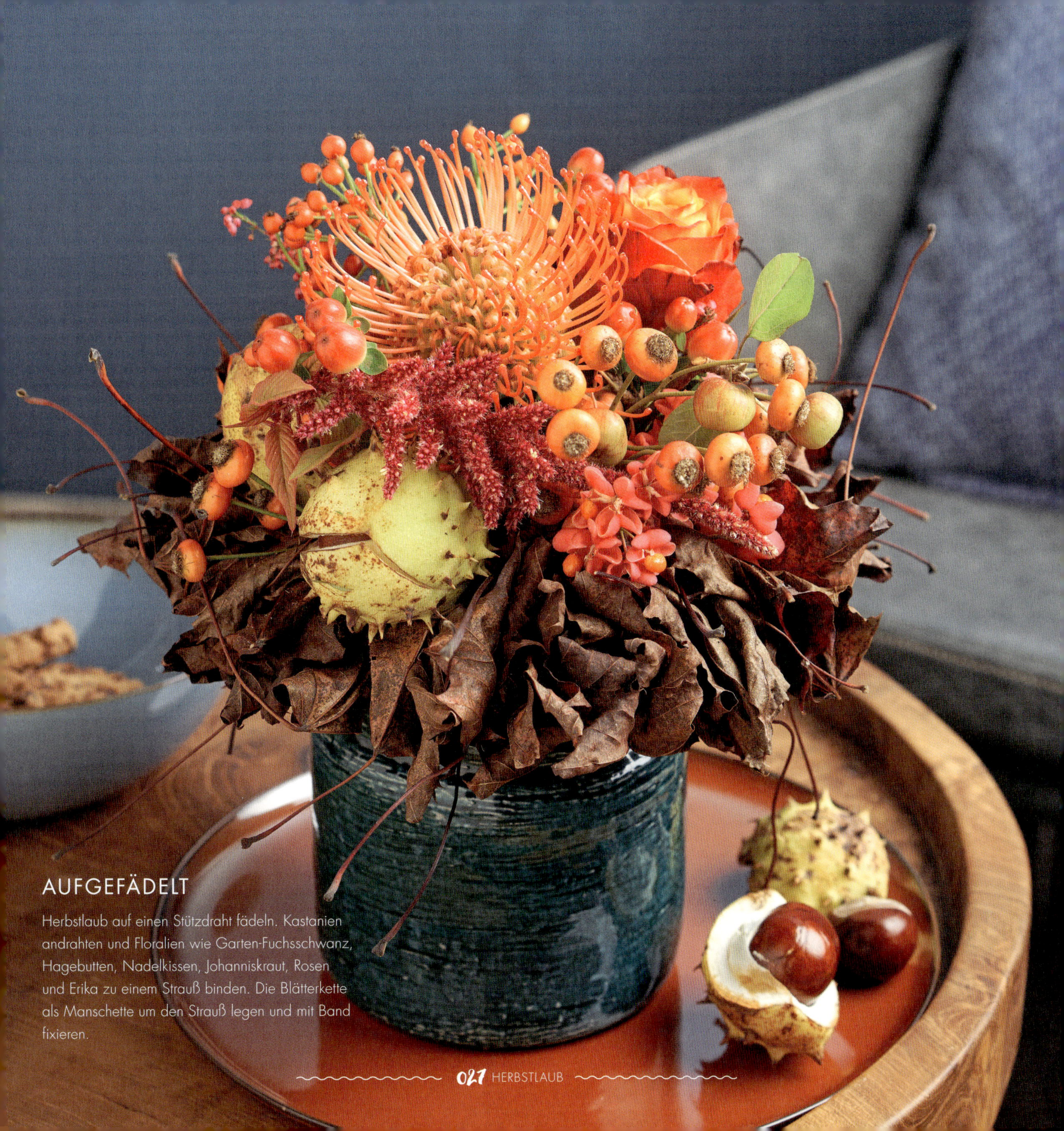

AUFGEFÄDELT

Herbstlaub auf einen Stützdraht fädeln. Kastanien andrahten und Floralien wie Garten-Fuchsschwanz, Hagebutten, Nadelkissen, Johanniskraut, Rosen und Erika zu einem Strauß binden. Die Blätterkette als Manschette um den Strauß legen und mit Band fixieren.

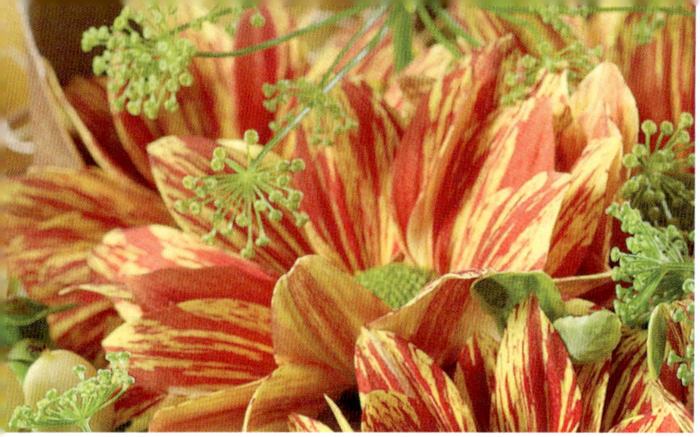

Was du brauchst:

Pappmachéschale, Schale mit Frischblumensteckschaum, Band, getrocknete Magnolienblätter, trockene Ranken, Schafgarbe, Chrysanthemen, Purpurglöckchen und Johanniskraut

1. Frischblumensteckschaum, der in die Schale gelegt wird, wässern. Magnolienblätter aufrecht zwischen die Schale und den Steckschaum stecken. Ein gelbes Band umwickeln und verknoten. Ahornfruchtstände mit den Floralien wie Schafgarbe, Chrysanthemen, Purpurglöckchen und Johanniskraut aufgelockert einarbeiten. Mit trockenen Ranken umwinden.

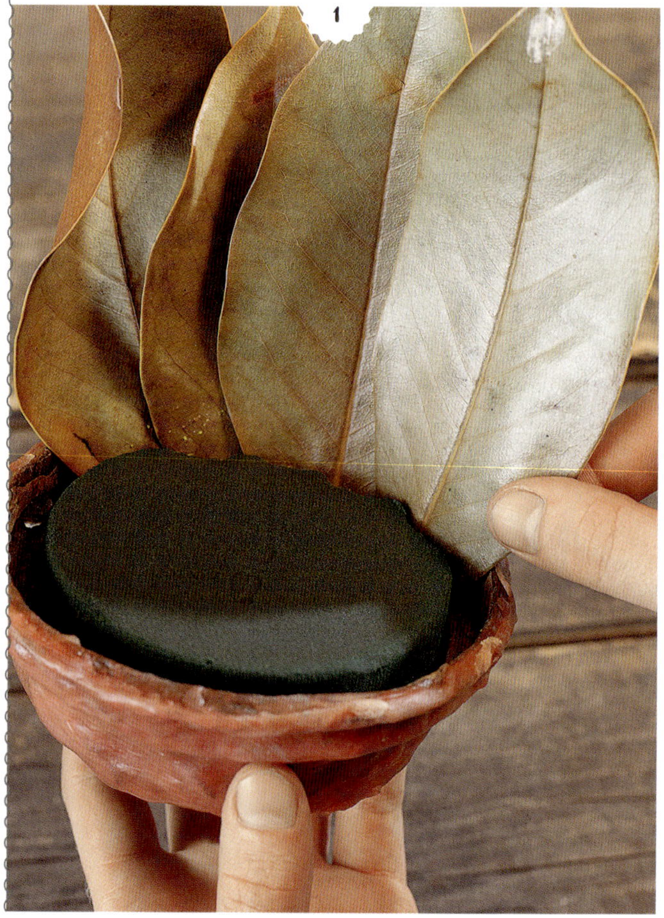

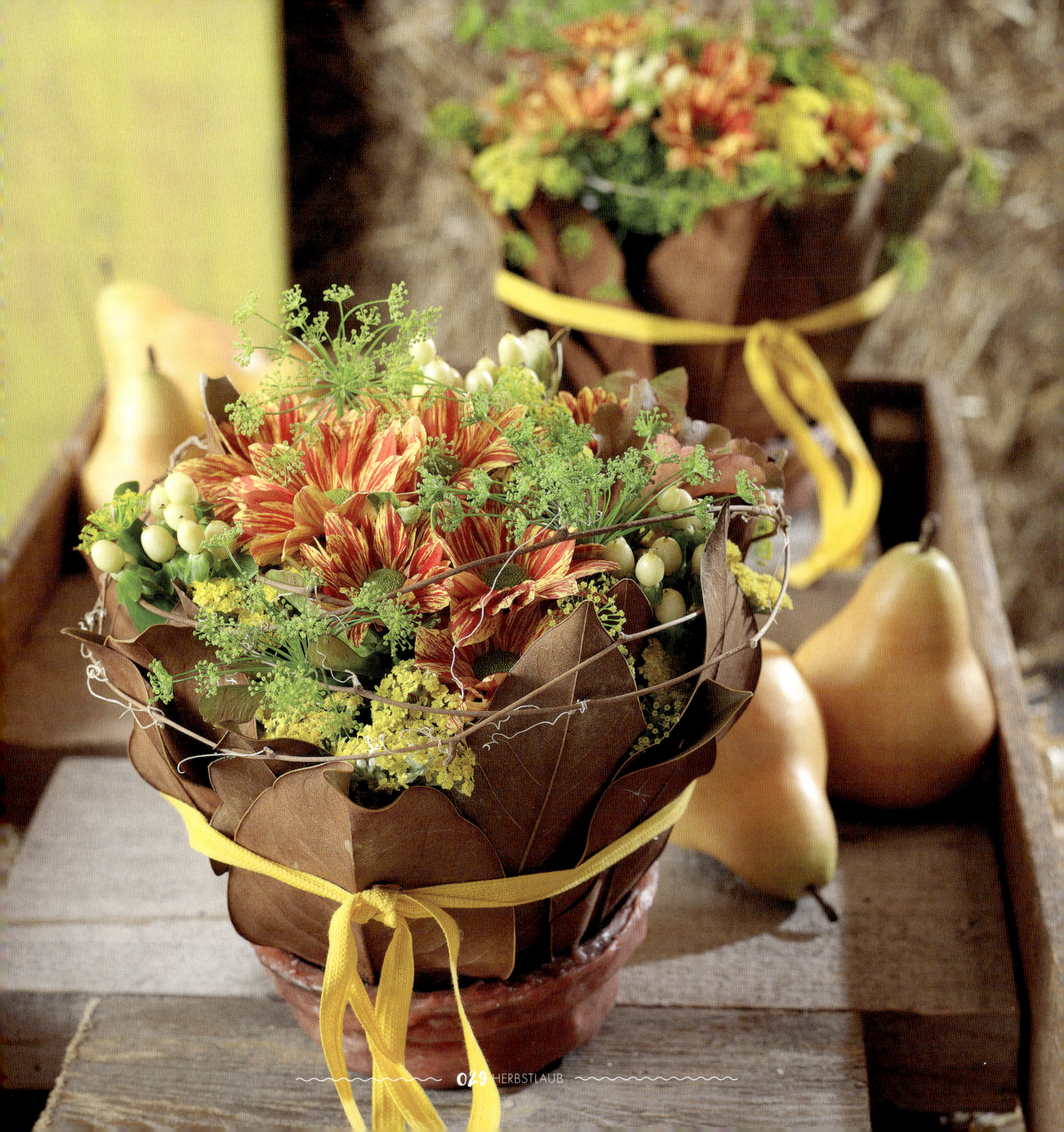

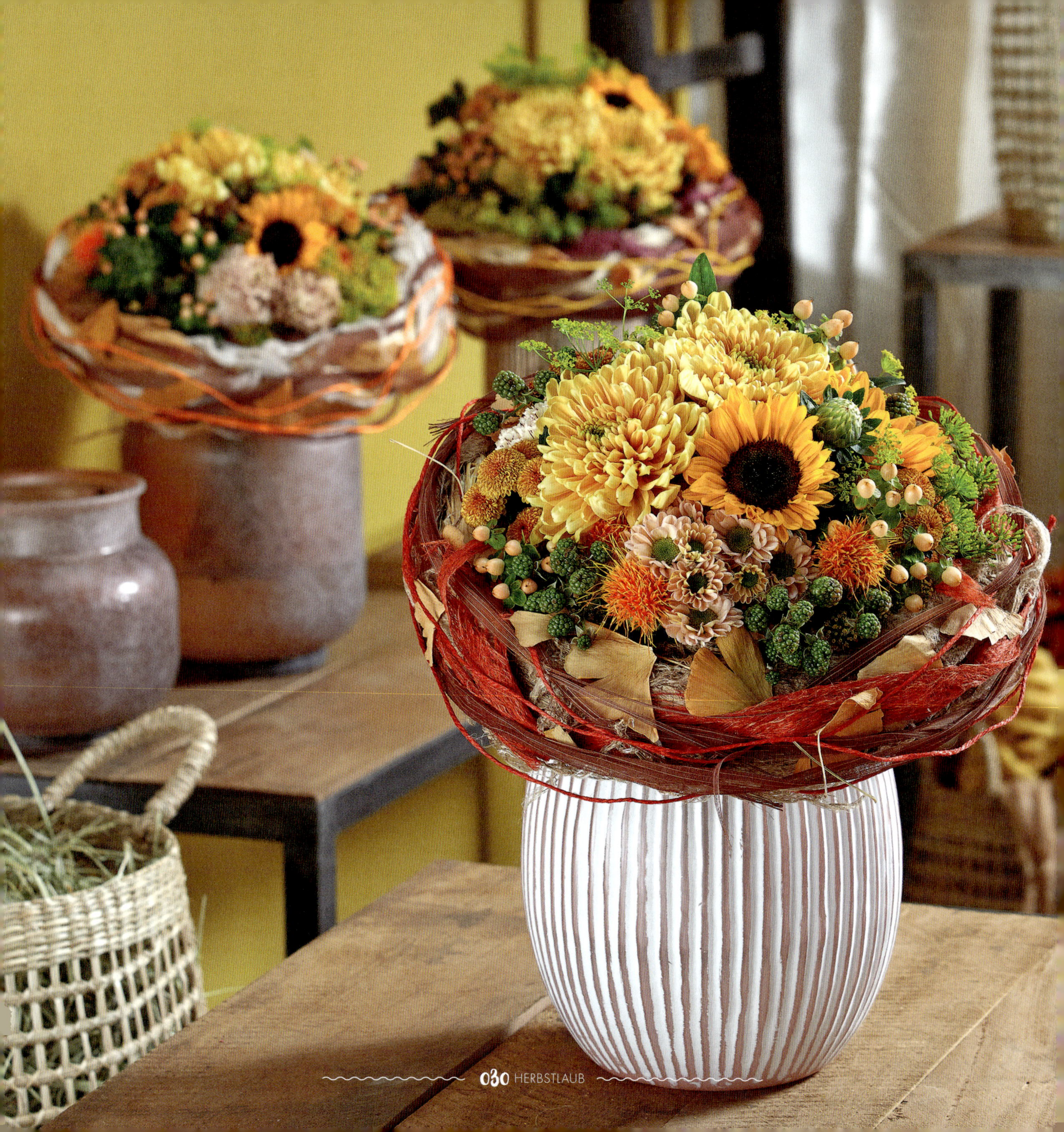

GINKGO-KRANZ

Einen Strohrömer andrahten. Maulbeerbaumrinde und Kordel um den Kranz legen und mit Heißkleber fixieren. Getrocknete Ginkgoblätter aufkleben und Floralien wie Sonnenblumen, Edelnelken und Chrysanthemen durch den Kranz zu einem Strauß binden (links).

Alternativ Maulbeerbaumrinde, Kordel und Wolle immer abwechselnd um den Kranz wickeln und mit Stecknadeln fixieren. Auch Gingkoblätter am Kranz befestigen. Dann die Floralien durch den Kranz zum Strauß binden (rechts).

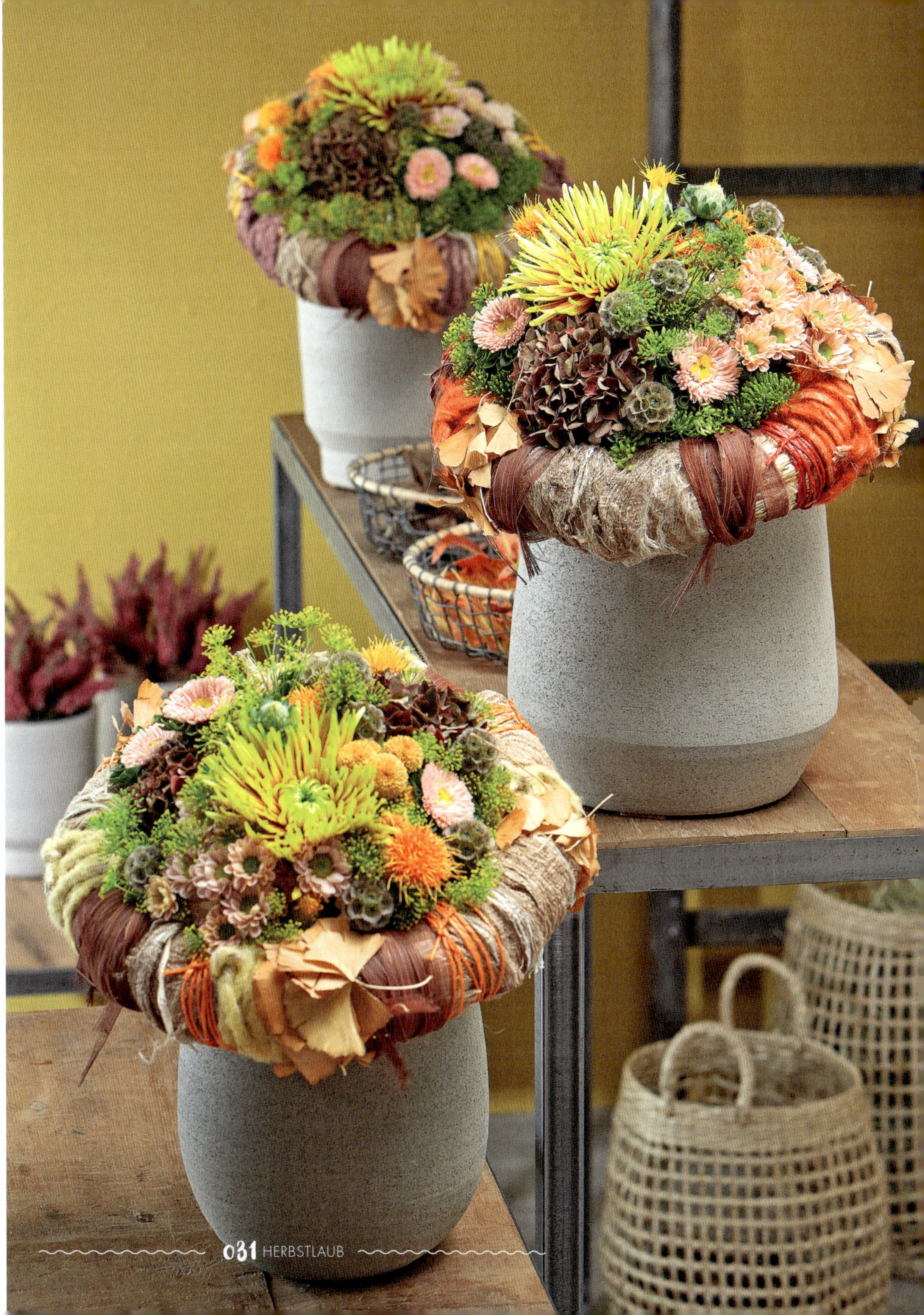

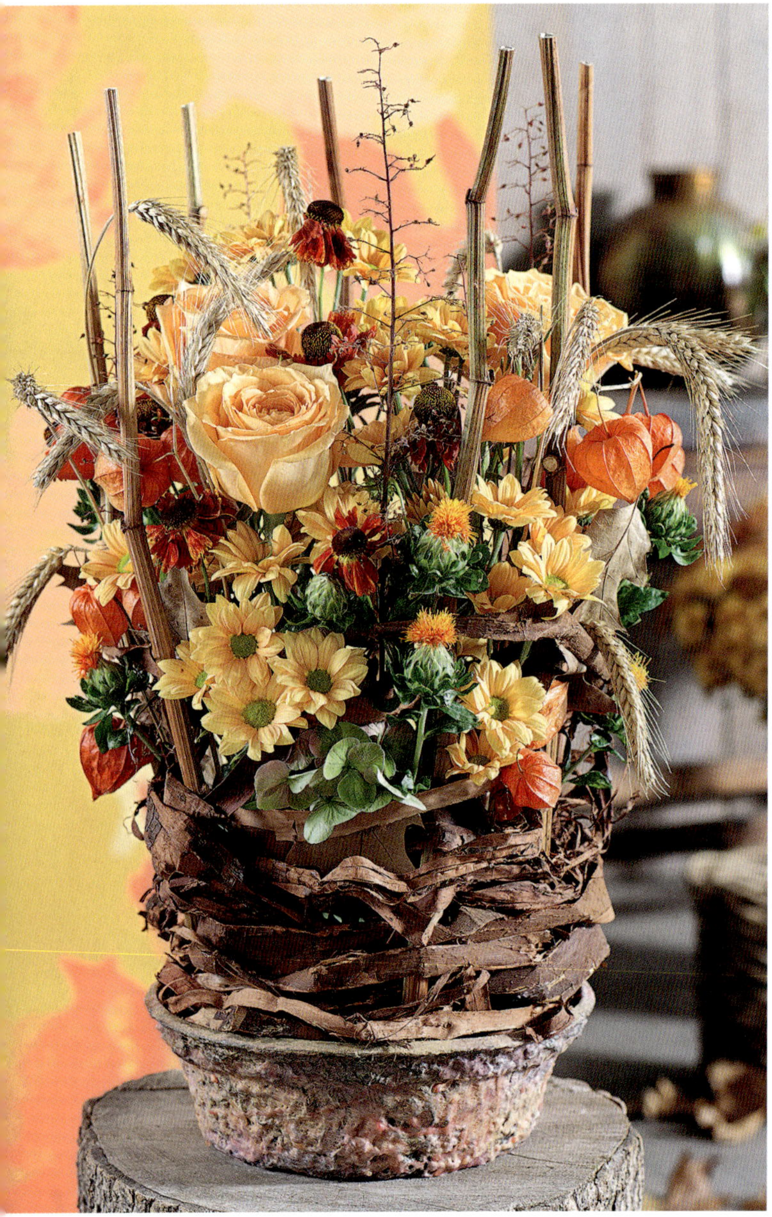

WEBEKUNST

Eine mit gewässertem Frischblumensteckschaum gefüllte Pappmachéschale mit flüssigem Wachs bestreichen. In den Zwischenraum vom Rand und Schaum Sand füllen und Weidenzweige vertikal zum Rand einstecken. Mit Rindenstreifen umweben, Herbstlaub dazwischen einfügen und die Blumen lang in die Mitte stecken. Als weitere Möglichkeit Knöterichzweige vertikal zum Rand einsetzen.

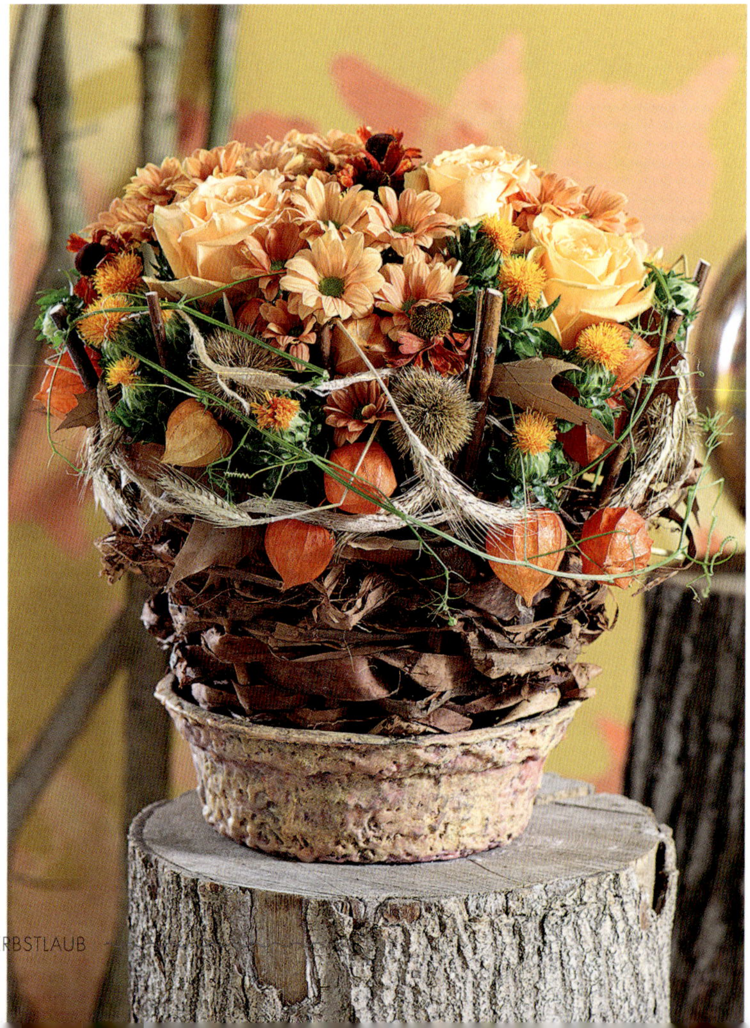

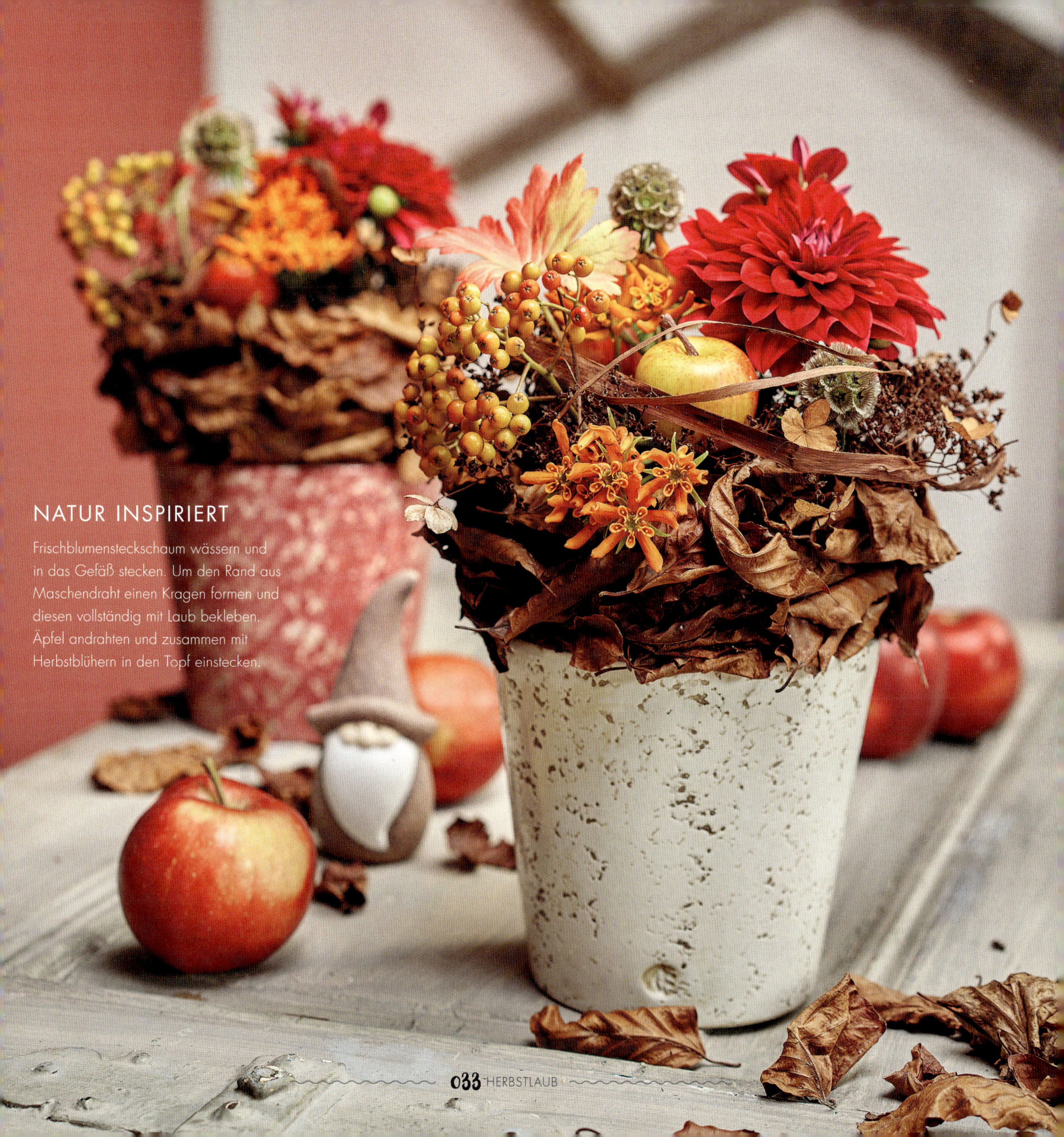

NATUR INSPIRIERT

Frischblumensteckschaum wässern und in das Gefäß stecken. Um den Rand aus Maschendraht einen Kragen formen und diesen vollständig mit Laub bekleben. Äpfel andrahten und zusammen mit Herbstblühern in den Topf einstecken.

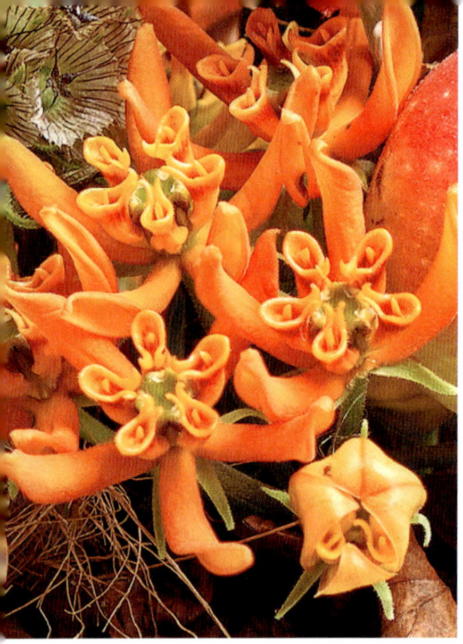

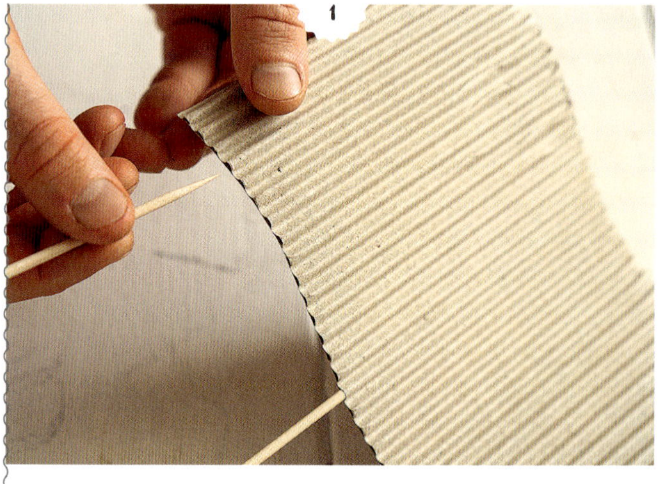

Was du brauchst:

Wellpappe, Schere, Holzstäbe, Heißkleber, Frischblumensteckschaum, Herbstlaub, Äpfel, Sonnenhut, Rosen, Kletterhortensie, Kugel-Amaranth und Kugel-Lauch

1. Frischblumensteckschaum wässern und in das Gefäß füllen. An einem Streifen Wellpappe Holzstäbe ankleben.

2. Anschließend Herbstlaub mit Heißkleber an der Pappe fixieren. Blüher lang in das Gefäß einstellen. Wellpappe um die Stiele herum einstecken und mit Heißkleber zu einem Ring schließen.

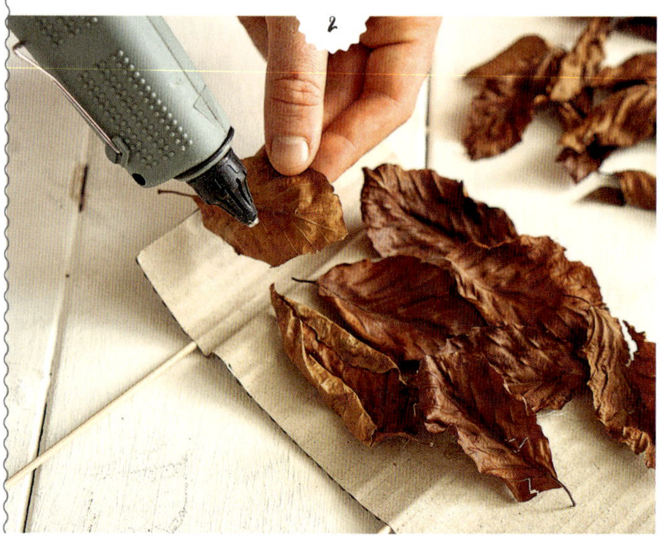

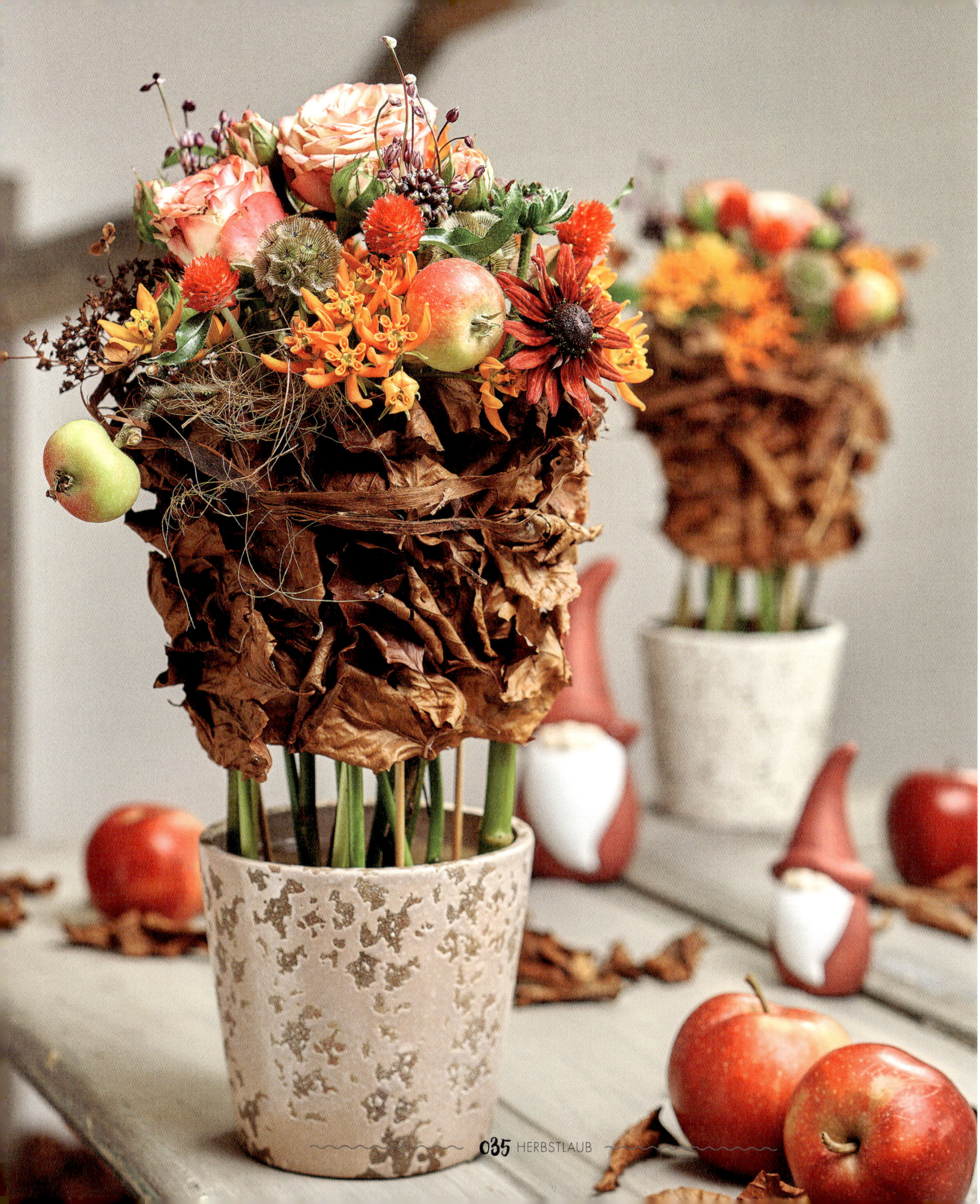

SCHICHTARBEIT

Eine mit gewässertem Frischblumensteckschaum gefüllte Pappmachéschale mit flüssigem Wachs bestreichen. Herbstlaub schuppenförmig an den Rand legen und mit Haften am Gefäß befestigen. Ein Band drumherum wickeln und verknoten. Die Blumen kompakt einstecken und mit einer Zaunrübenranke umspielen.

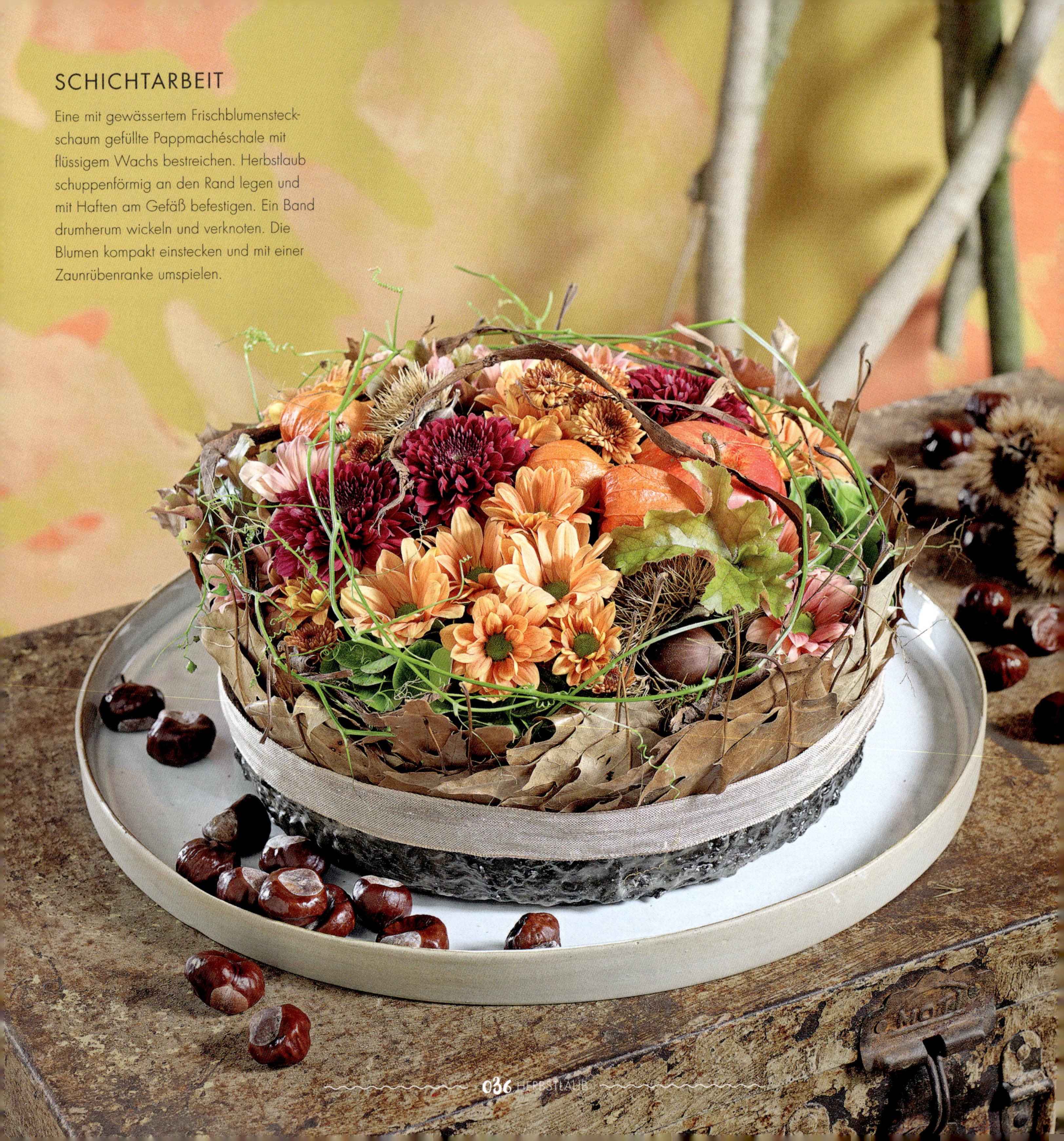

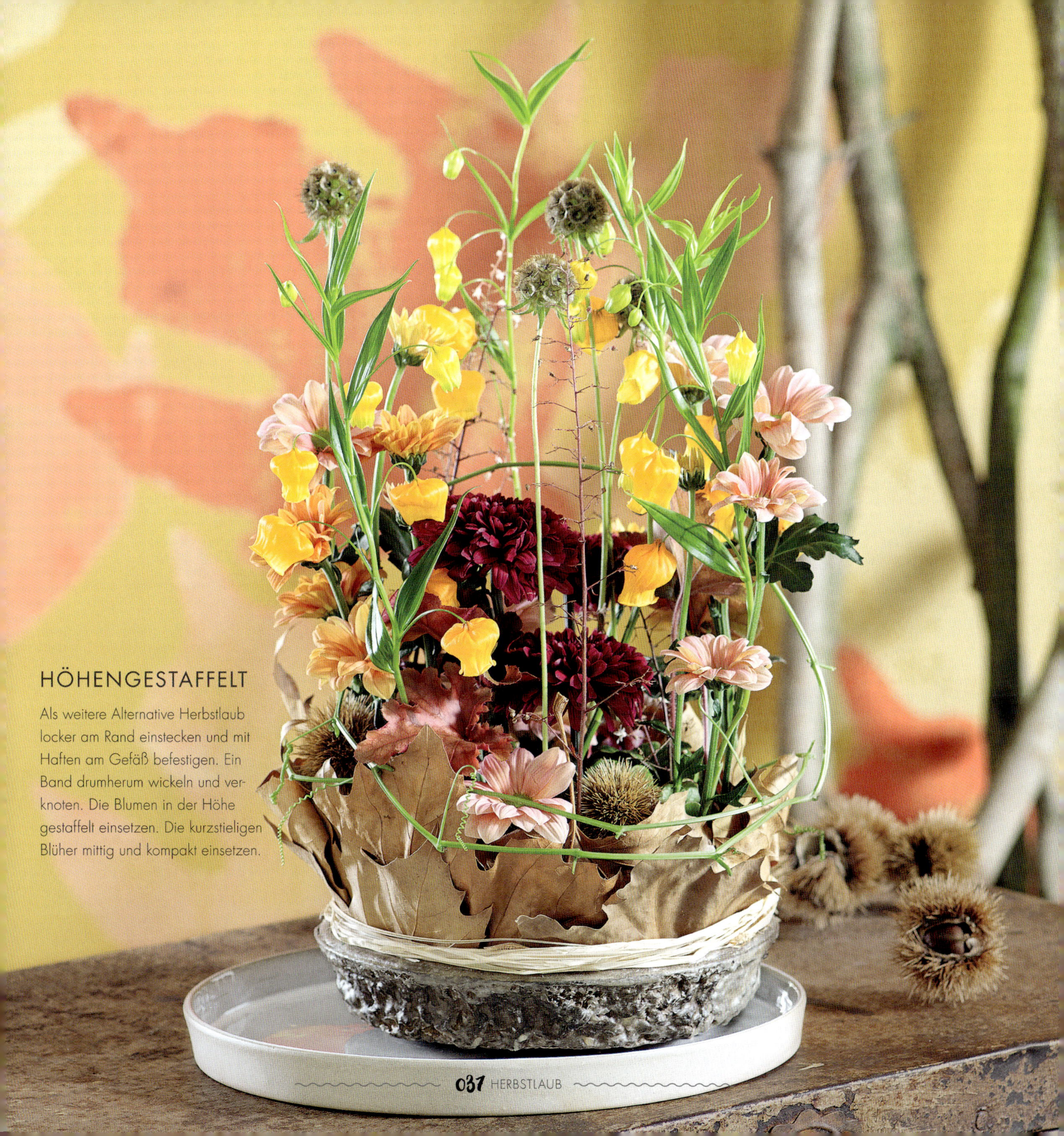

HÖHENGESTAFFELT

Als weitere Alternative Herbstlaub locker am Rand einstecken und mit Haften am Gefäß befestigen. Ein Band drumherum wickeln und verknoten. Die Blumen in der Höhe gestaffelt einsetzen. Die kurzstieligen Blüher mittig und kompakt einsetzen.

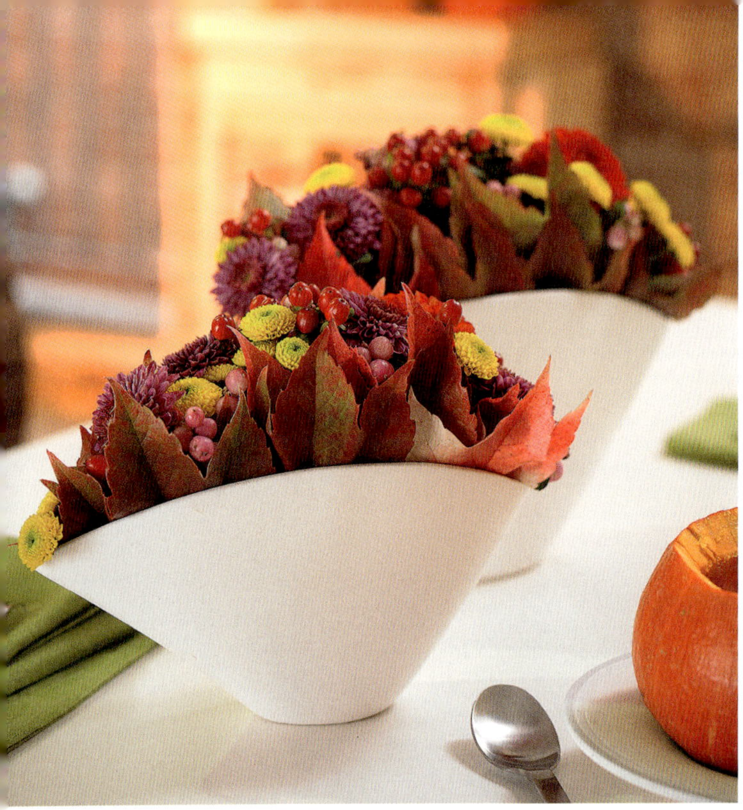

SCHMÜCKENDES BLATTWERK

Ein Stück Frischblumensteckschaum wässern und in die Schale füllen. Die Ahornblätter aufrecht um den Rand stellen und die Floralien in die Mitte des Steckschaums einsetzen.

BLÄTTERKLEID

Die Kerzen im unteren Drittel mit Blättern ummanteln und diese mit Rebenbindedraht umwickeln und fixieren. An den Enden des Drahtes Eicheln und Bucheckern mit Heißkleber festkleben.

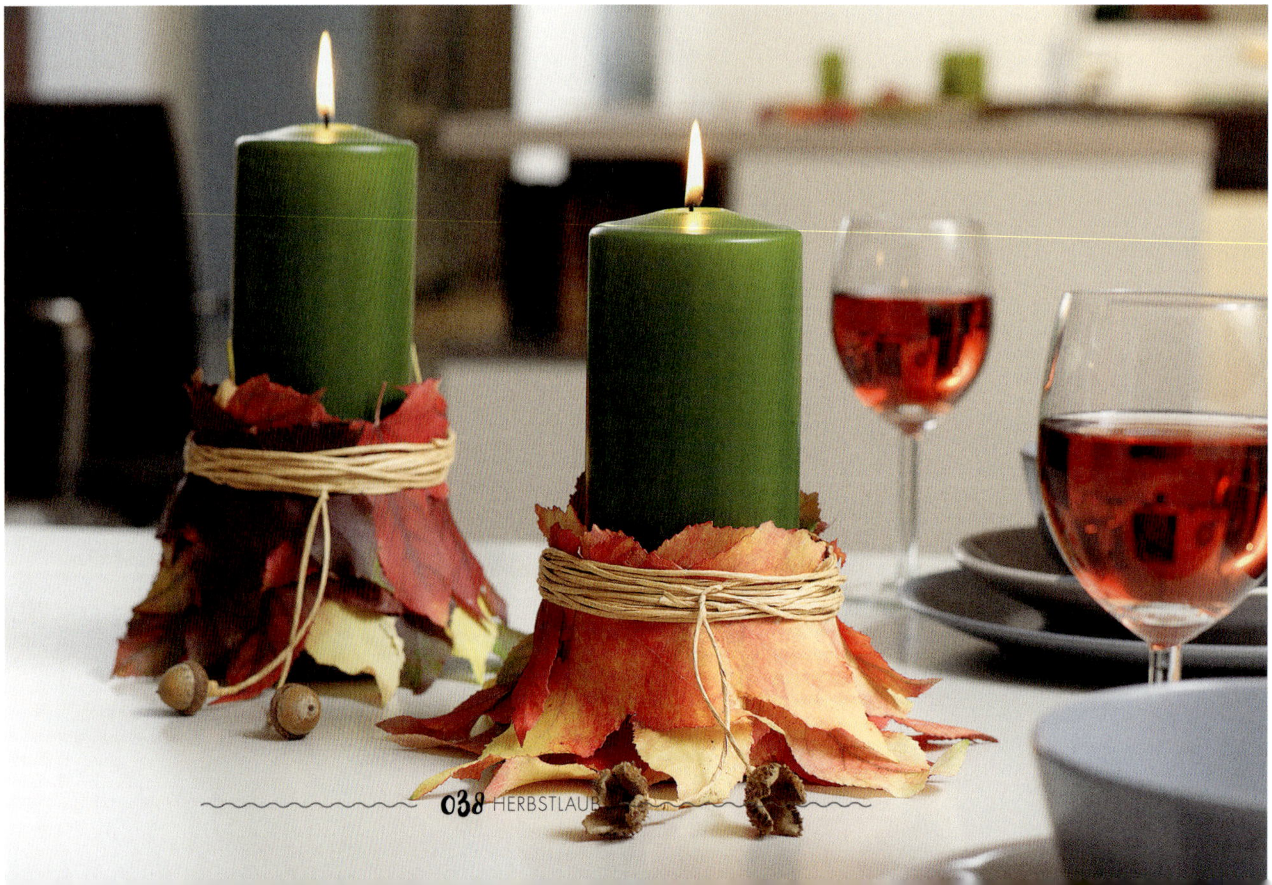

HERBSTLICH VERZIERT

Ein Holzbrett mithilfe von Rebenbindedraht-Wicklungen mit Blättern verkleiden. Mehrere Kerzen mit Knetkleber am Holz befestigen.

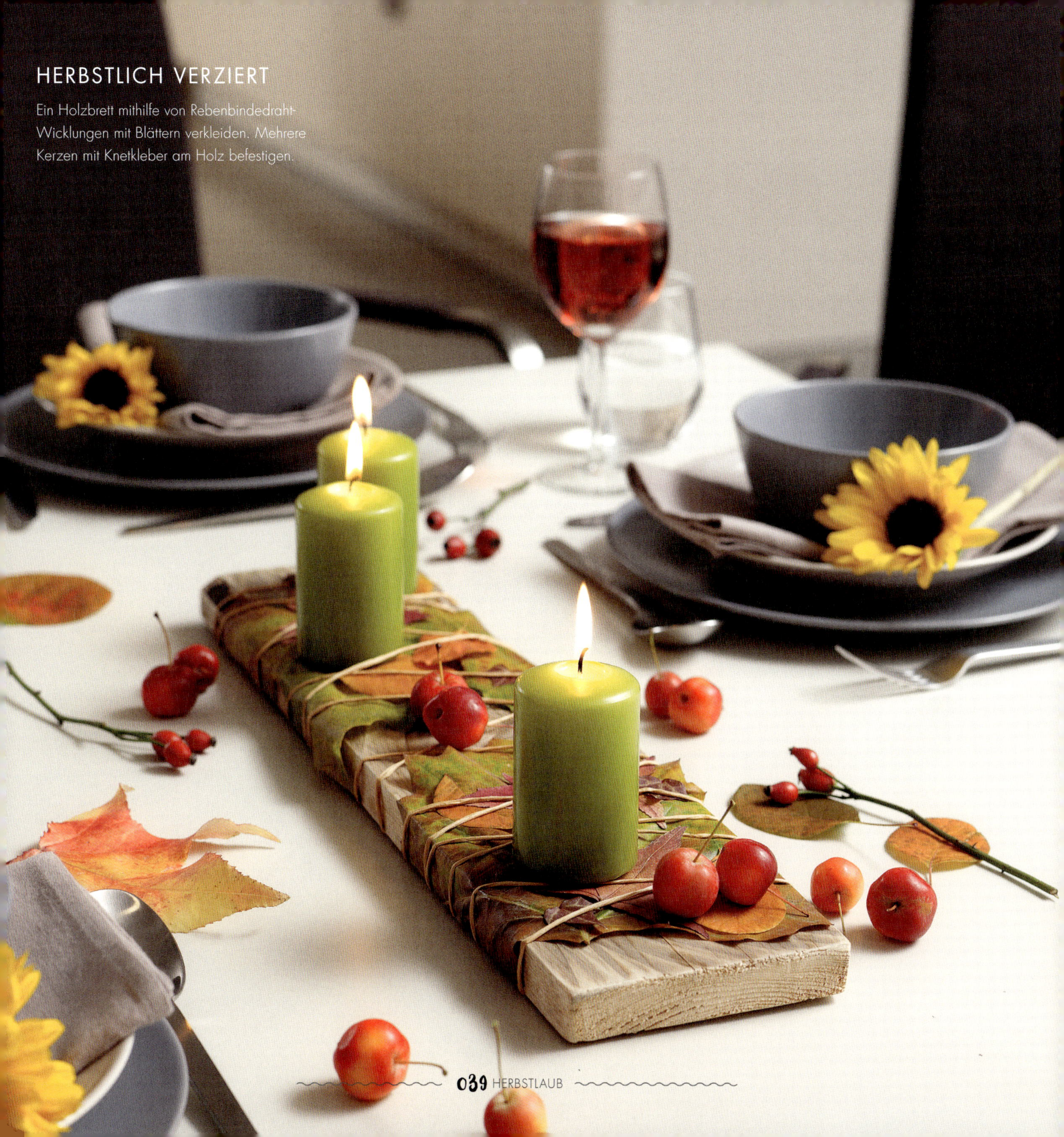

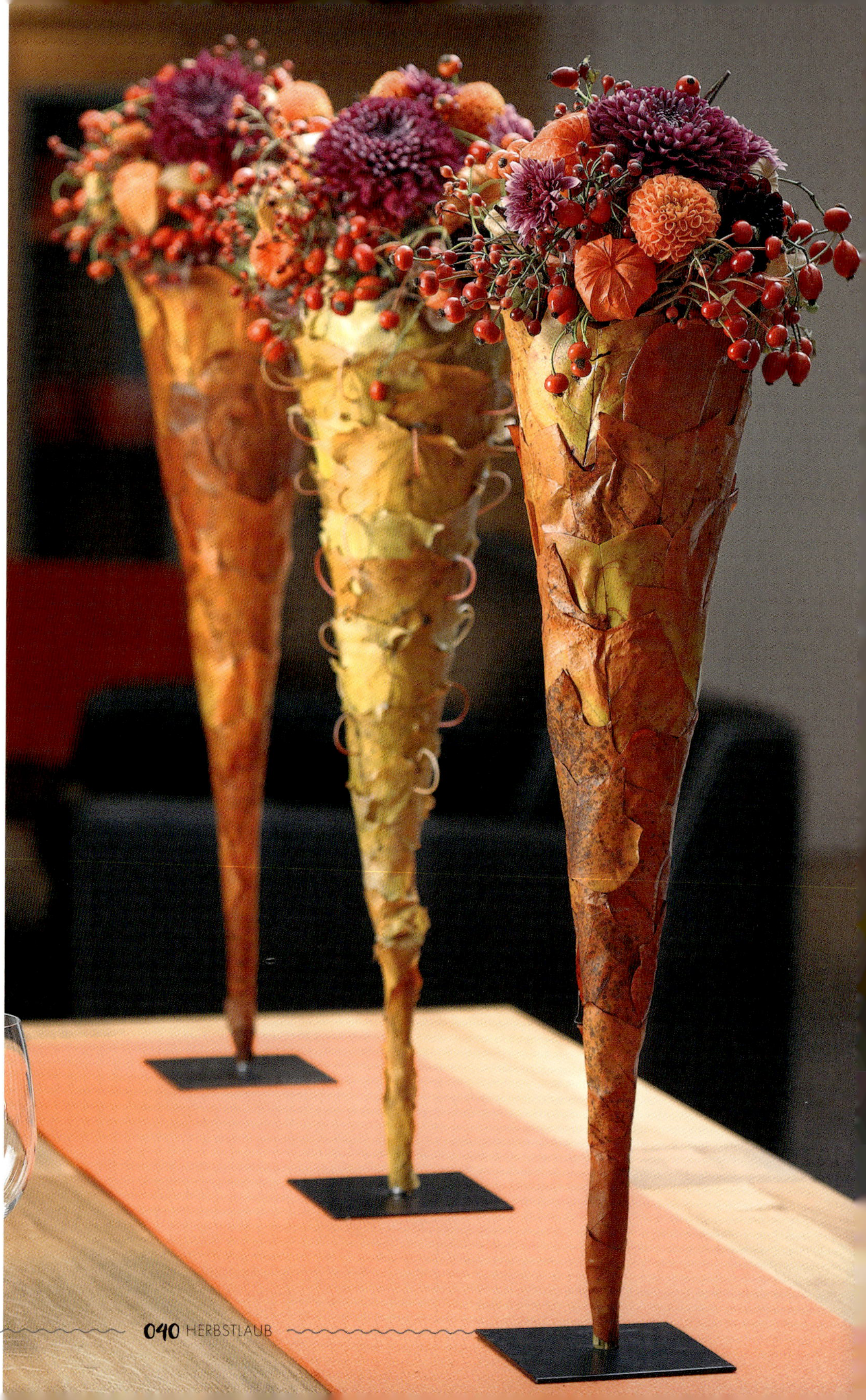

LAUB-TÜTEN

Leim mit Wasser mischen und die Herbstblätter mit diesem auf die Frischblumensteckschaum-Kegel kleben. Nach dem Trocknen die Steckschaum-Kegel auf die Metallständer stecken. Von oben wassergefüllte Glasröhrchen einstellen und mit Blüten befüllen.

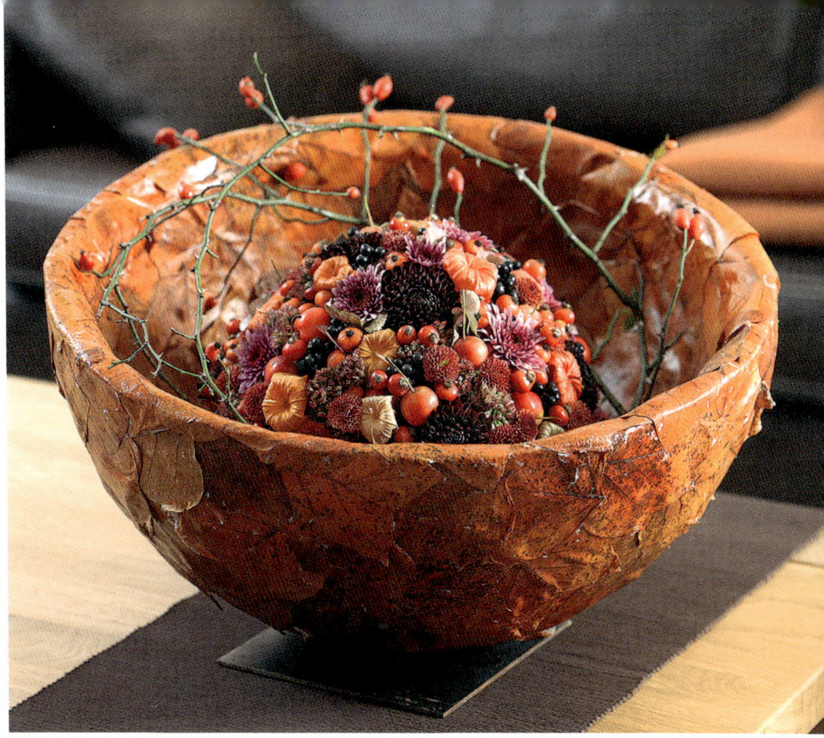

HERBSTLICHER PLATZANWEISER

Tulpenbaumblätter mit Heißkleber um die wassergefüllten Flaschen kleben und mit Filzband umwickeln. Blüten und Beeren einstellen. Einen Zierapfel mit Namen beschriften und auf einen Holzstab stecken. Den Holzstab unter das Filzband schieben.

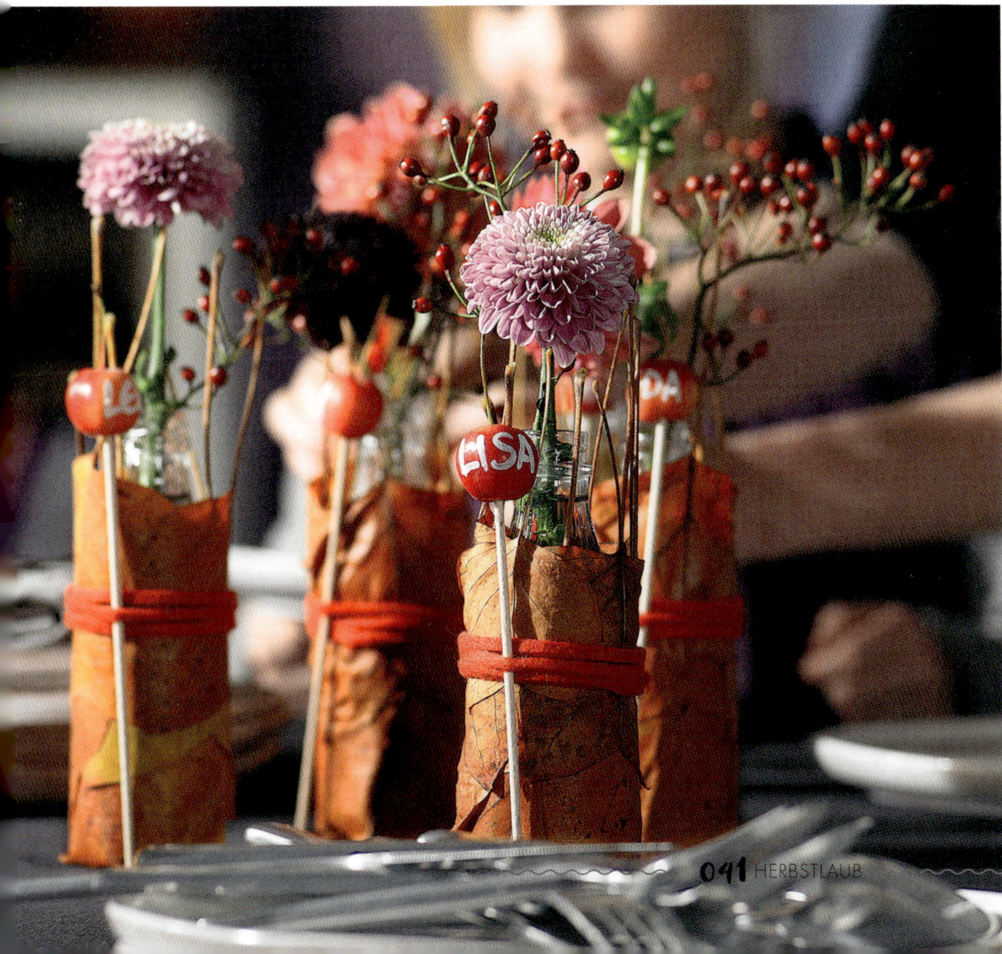

TULPENBAUM-BLATTSCHALE

Leim mit Wasser mischen, Tulpenbaumblätter damit bestreichen und innen und außen auf eine Styroporschale kleben. Für die Kugel, Früchte auf Holzstäbe stecken und mit Blüten zusammen in den gewässerten Frischblumensteckschaum einsetzen. Die Kugel in die Schale legen und Zweige einbiegen. Das Gefäß auf einem Metallständer platzieren.

PHYSALISBALL

Die Trockensteckschaum-Kugel mithilfe von Heißkleber mit Physalis bekleben. Das Schleierkraut mit dem Myrthendraht um einen Drahtring wickeln und mit Zierdraht daran befestigen. Das Kränzchen auf die Physaliskugel legen und feststecken.

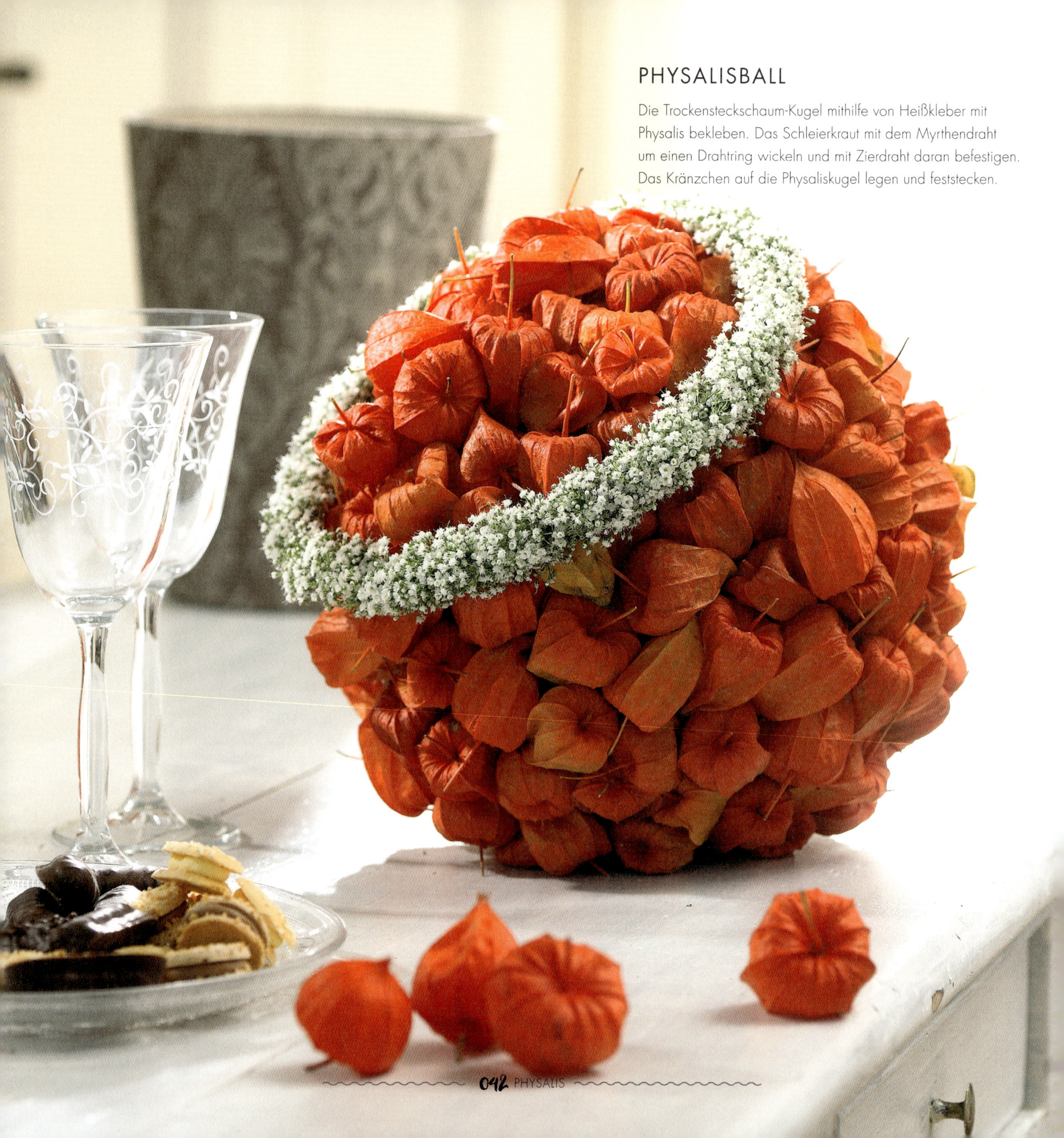

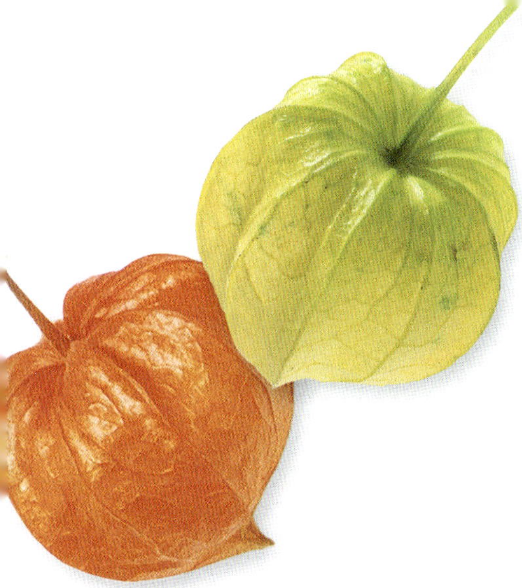

Leuchtende Physalis

Wenn die wie Feenhäuser anmutenden Früchte der Lampionblume ihre Farbe wechseln und sich von sanftem Grün in strahlendes Orange verfärben, dann ist endlich Herbst! Die laternenartigen Fruchtstände inspirieren und regen unsere Fantasie an, raffinierte Gestaltungen umzusetzen.

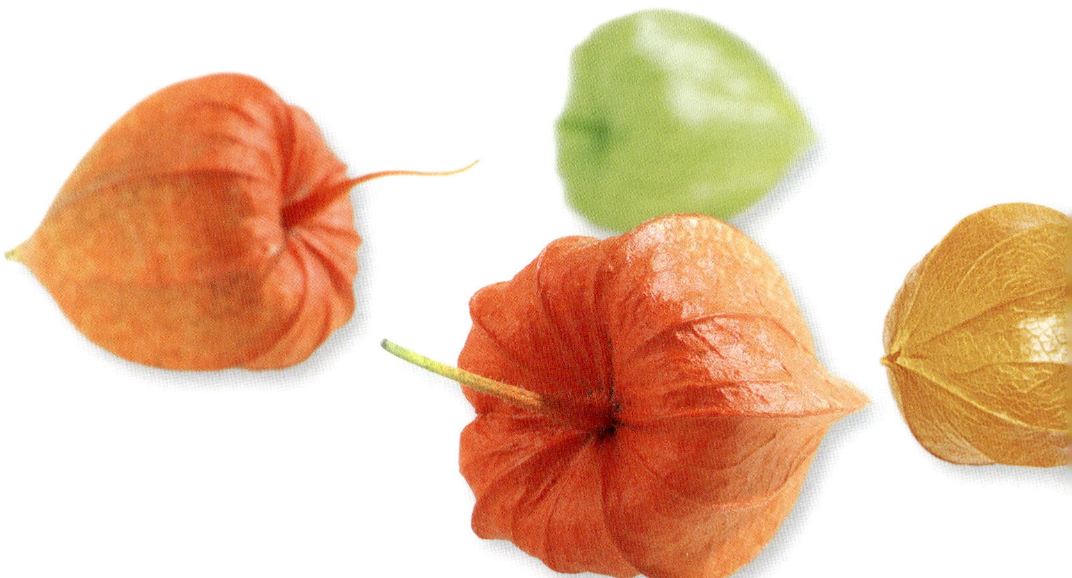

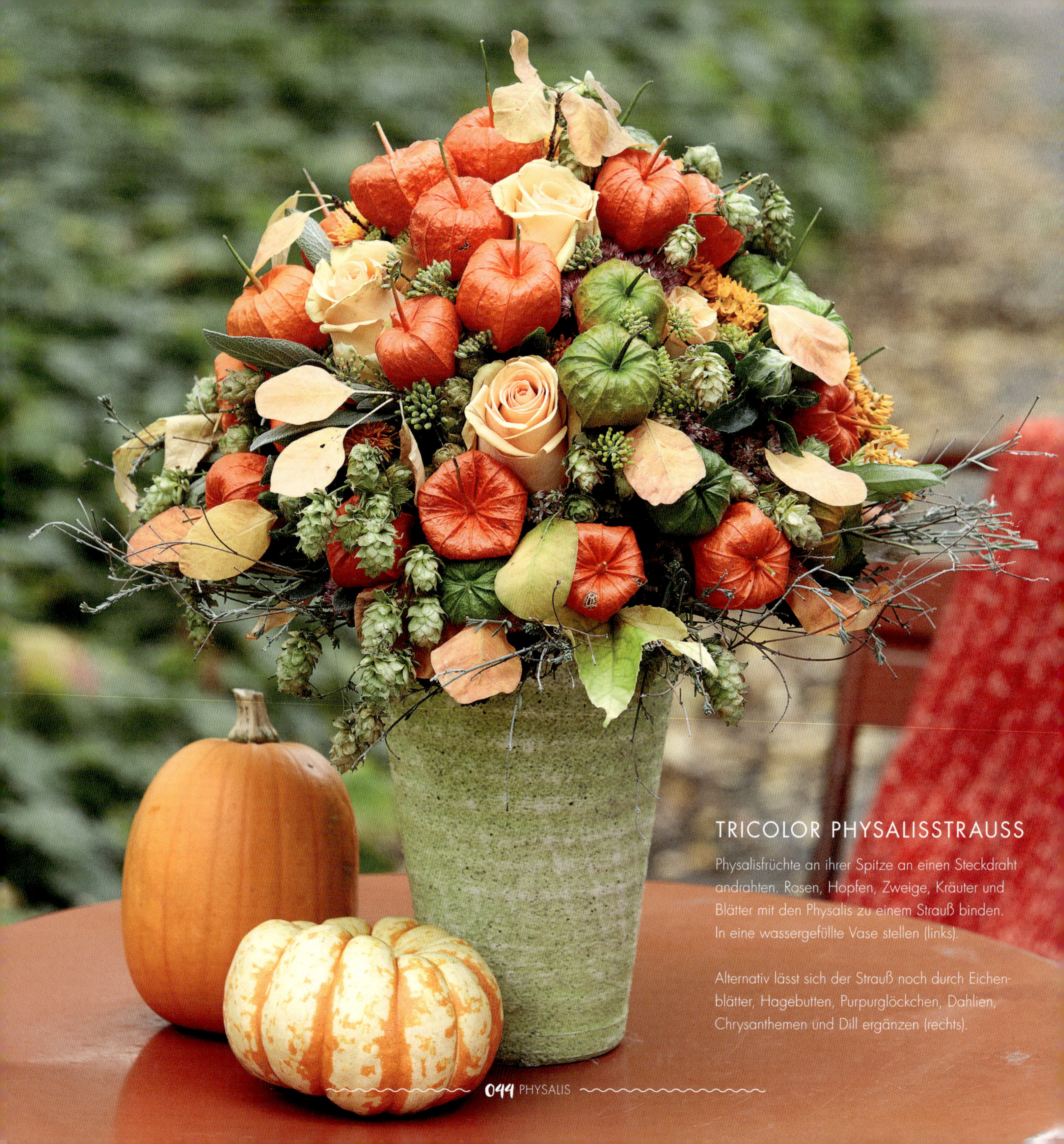

TRICOLOR PHYSALISSTRAUSS

Physalisfrüchte an ihrer Spitze an einen Steckdraht andrahten. Rosen, Hopfen, Zweige, Kräuter und Blätter mit den Physalis zu einem Strauß binden. In eine wassergefüllte Vase stellen (links).

Alternativ lässt sich der Strauß noch durch Eichenblätter, Hagebutten, Purpurglöckchen, Dahlien, Chrysanthemen und Dill ergänzen (rechts).

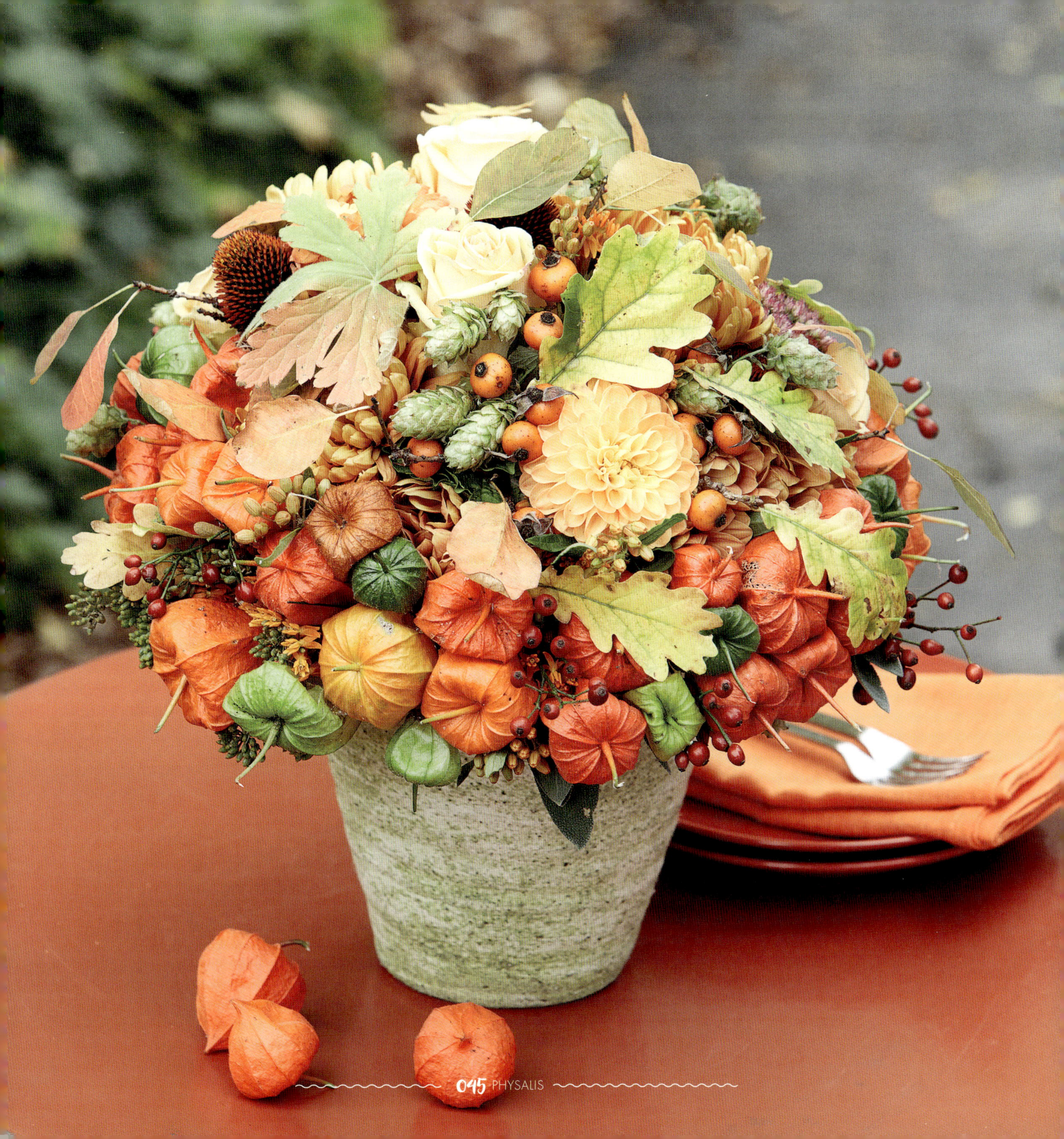

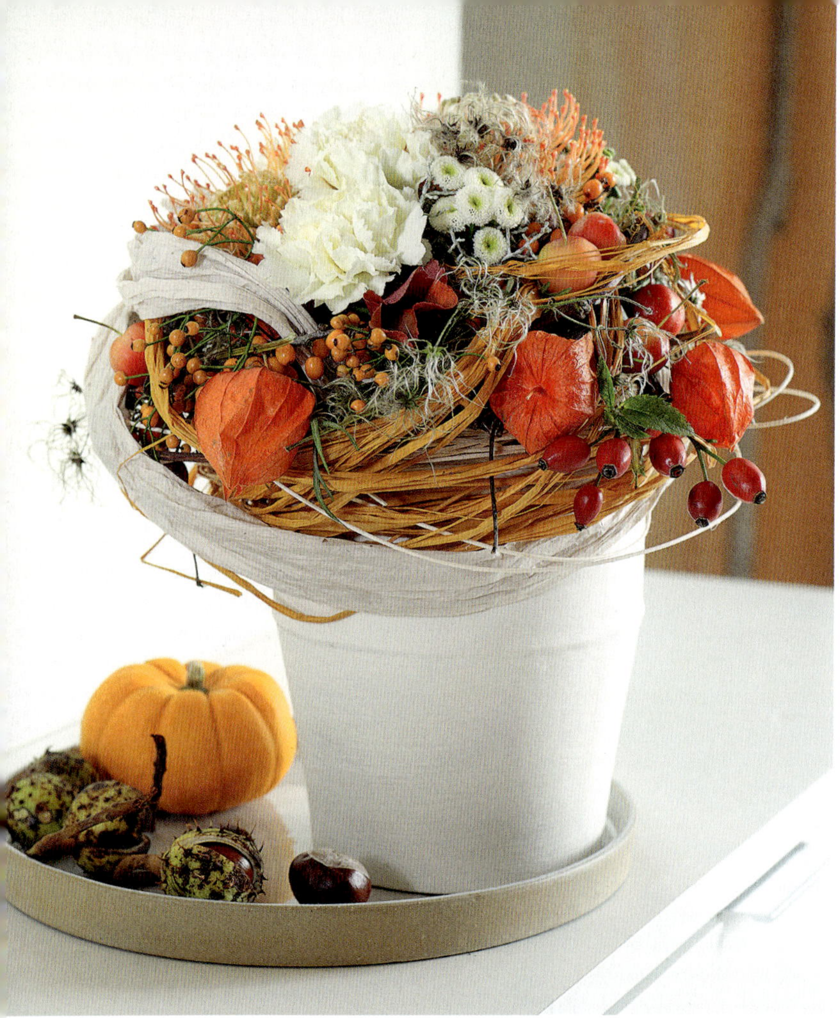

LAMPIONSTRÄUSSE

Frischblumensteckschaum wässern und in das Gefäß legen. Baststränge beidseits andrahten und zusammen mit Rebenbindedraht bogenartig einstecken. Dazwischen die Floralien kompakt einarbeiten. Physalis andrahten und zwischen die Blüher stecken (links).

Als weitere Idee mittig, Floralien wie Dahlien, außen Fuchsschwanz und Silberblatt einstecken. Zieräpfel, Physalis und Hagebutten mit Stützdraht andrahten und zwischen die Blüher einsetzen (unten).

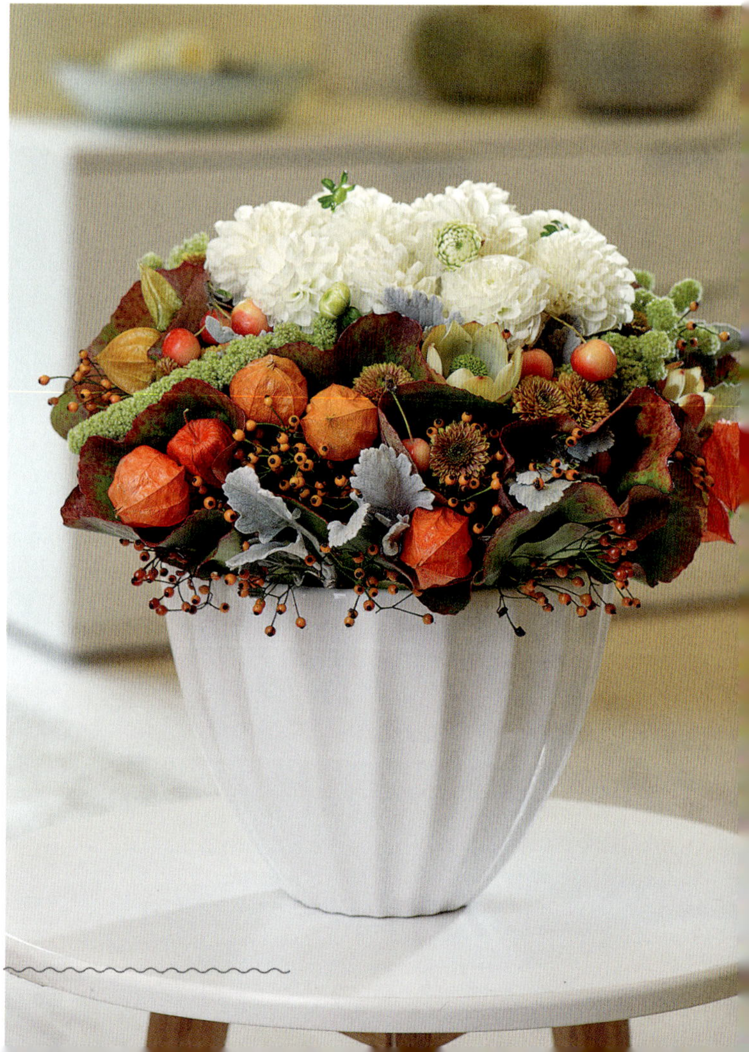

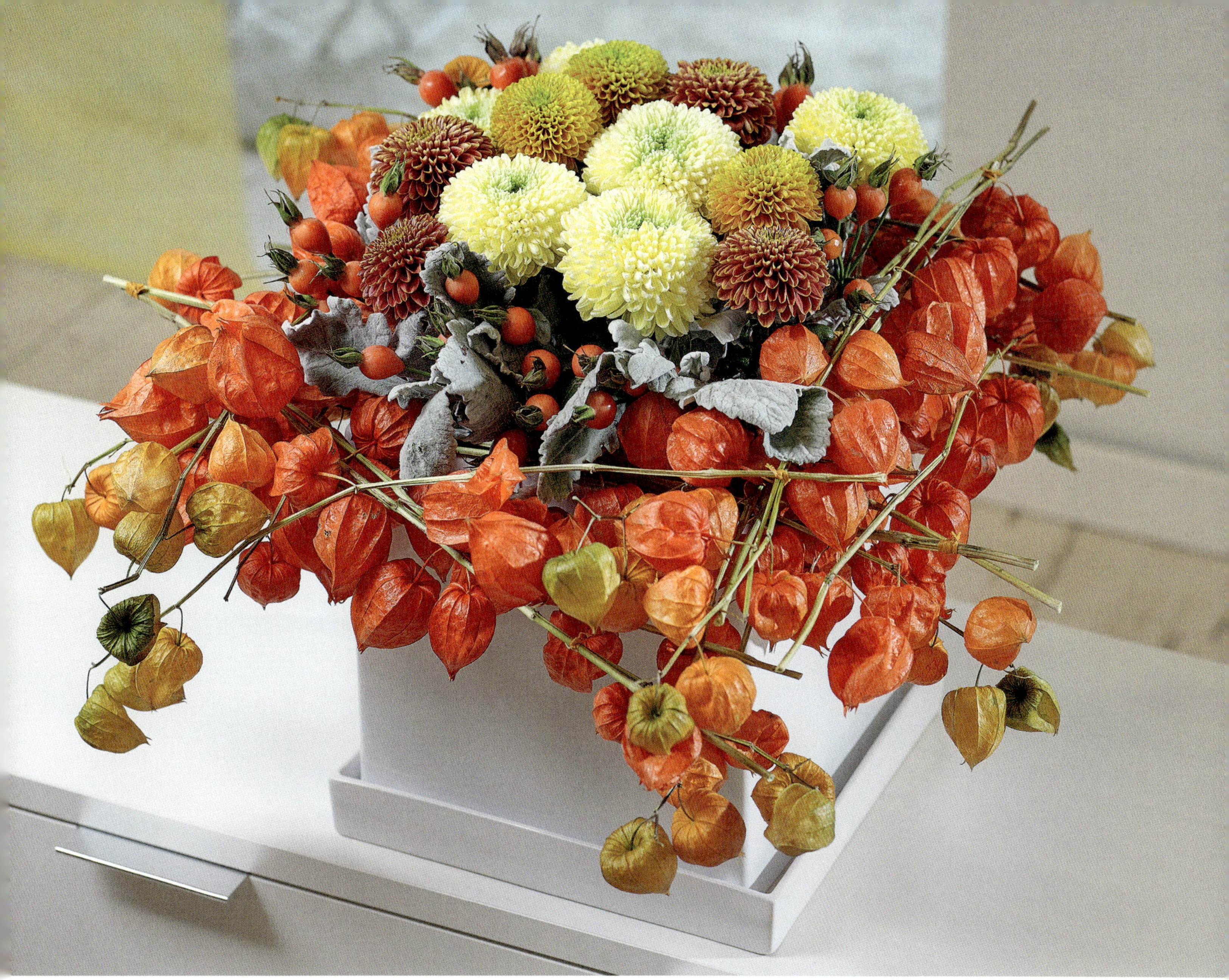

RAFFINIERTE MANSCHETTE

Frischblumensteckschaum wässern und in das Gefäß füllen. Physalisstiele als Rand horizontal um den Gefäßrand legen und mit Draht kreuz und quer an der Steckmasse fixieren. Die Stiele durch orangefarbenen Bast miteinander verbinden. Die Mitte des Gefäßes mit Chrysanthemen und Hagebutten feststecken. Wollziest andrahten und mit hinzustecken.

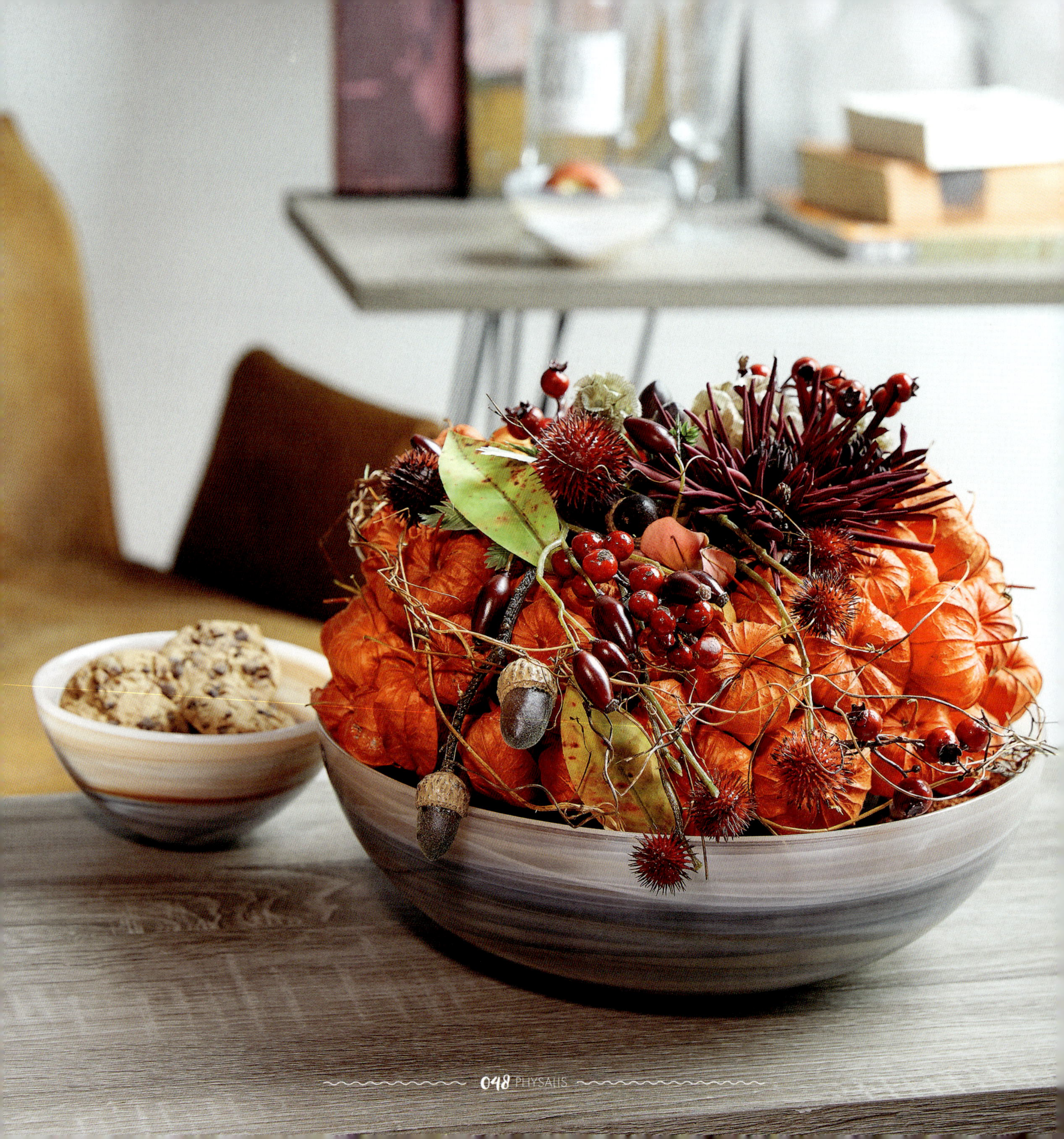

ÜPPIGES LAMPIONBOUQUET

Pinholder mit Knetkleber in einer Schale fixieren. Trockenblumensteckschaum auf die Pins stecken. Physalisfrüchte mit Heißkleber auf den Steckschaum kleben. Seidenblüten und Zweige mittig und außen dazwischen stecken (links).

Alternativ eine Trockensteckschaum-Kugel halbieren und in ein höheres Gefäß legen. Physalisfrüchte mit Heißkleber auf die Basis kleben. Seidenblumen, Gräser und Fruchtstände mittig und in sich gestaffelt in das Gefäß stecken (rechts).

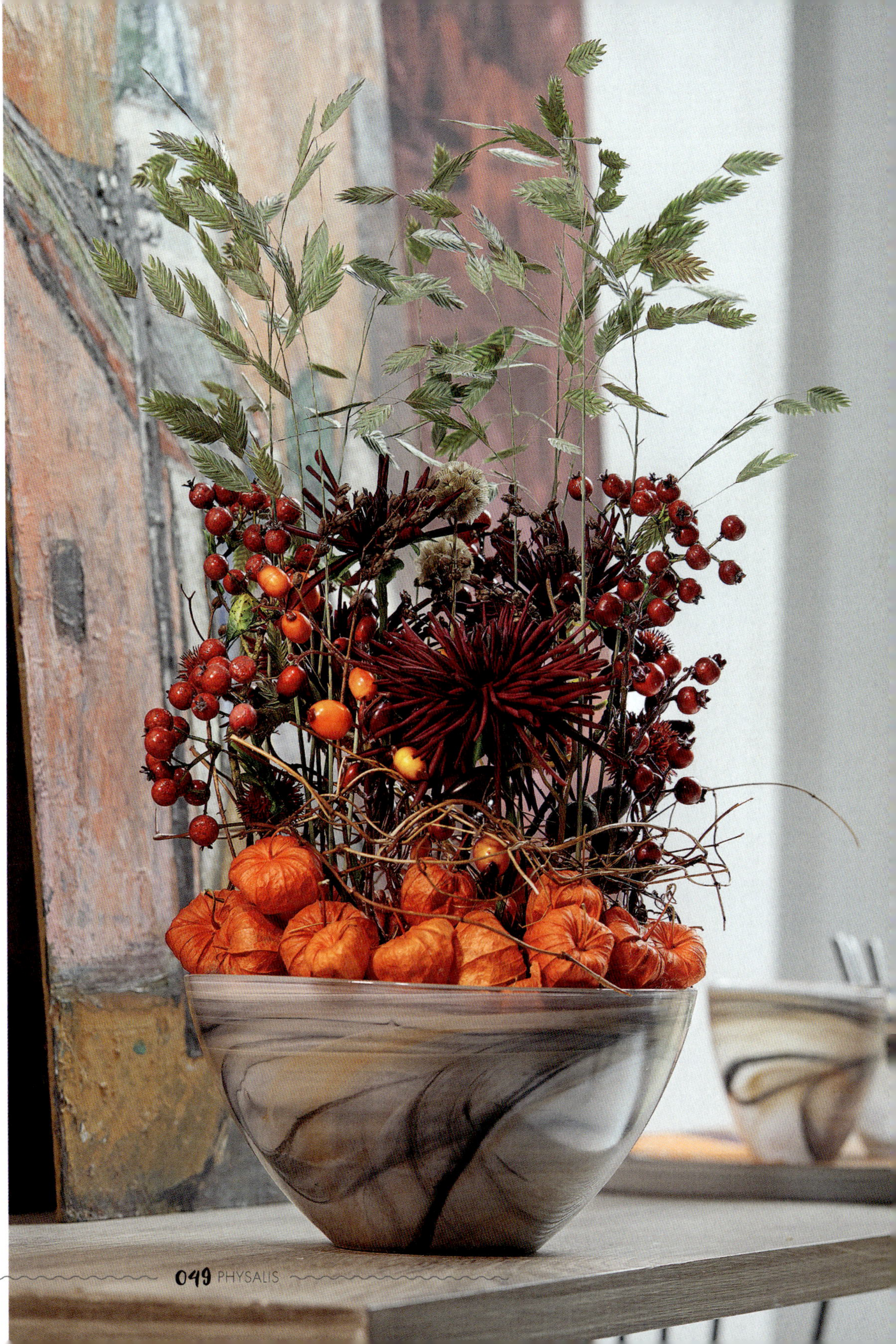

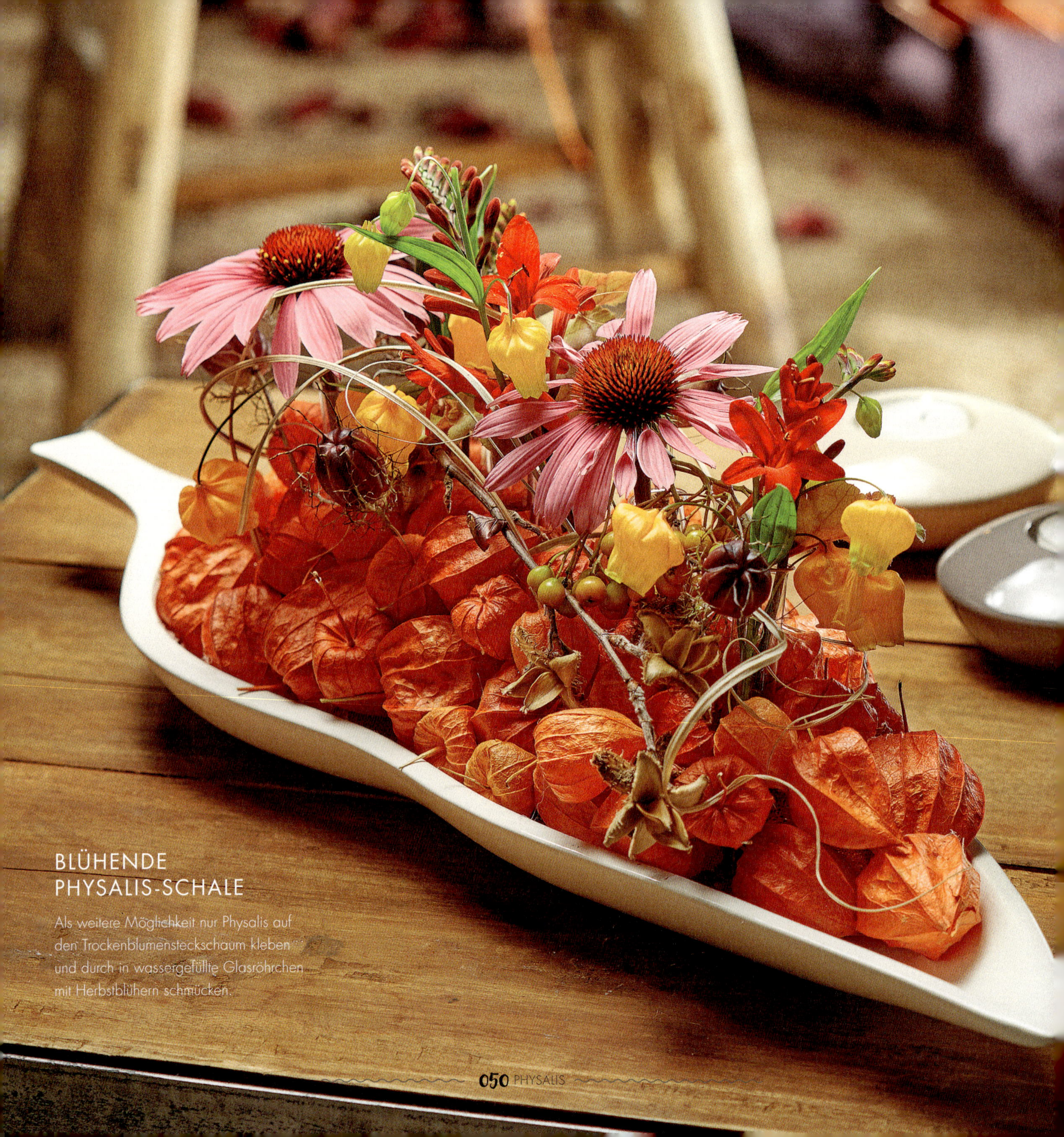

BLÜHENDE PHYSALIS-SCHALE

Als weitere Möglichkeit nur Physalis auf den Trockenblumensteckschaum kleben und durch in wassergefüllte Glasröhrchen mit Herbstblühern schmücken.

Was du brauchst:

Keramikschale, Knetkleber, Pinholder, Heißkleber, Wasserröhrchen, Windlicht mit Kerze, Trockenfloralien, Physalis

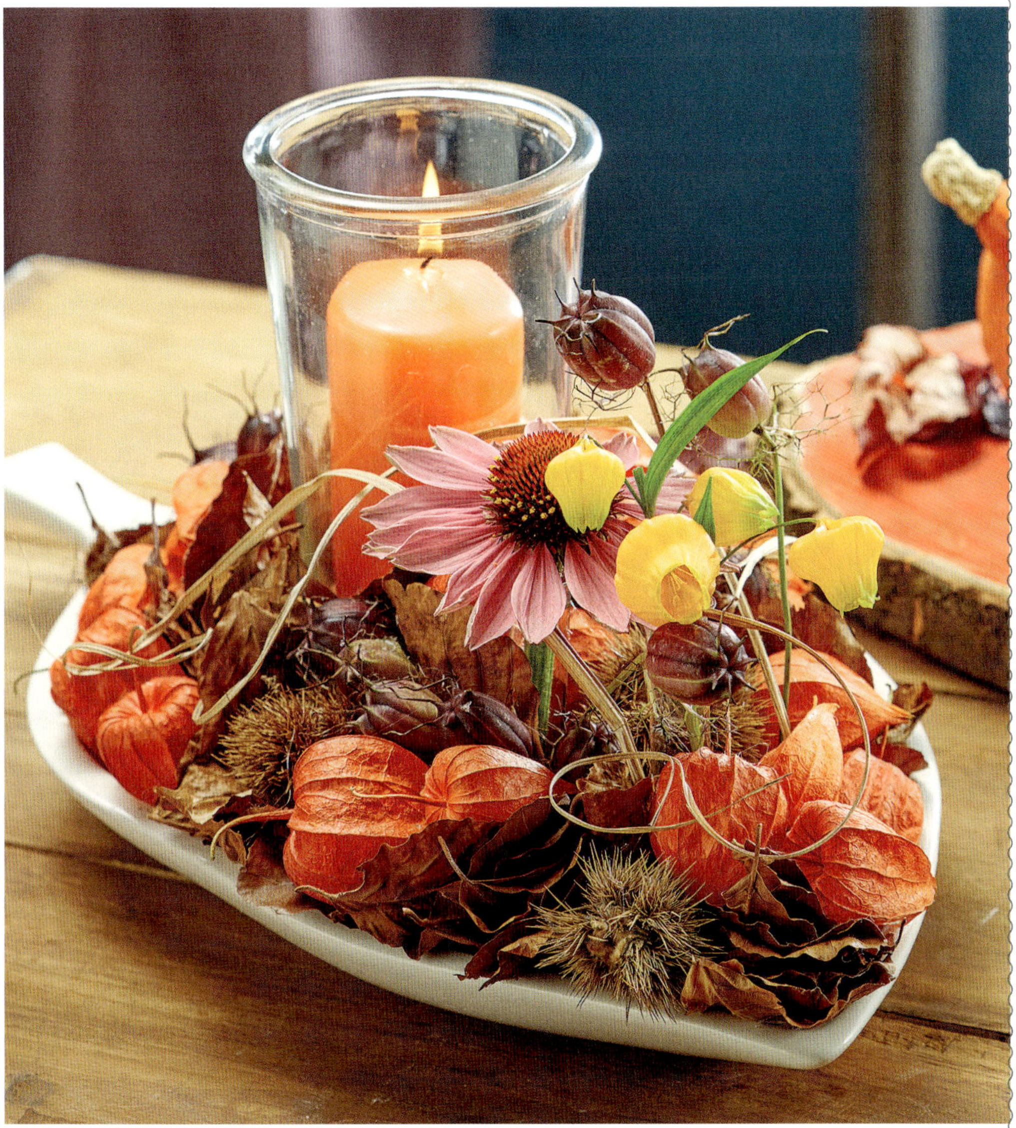

1. Pinholder mit Knetkleber auf der Schale fixieren, Trockensteckschaum auf den Pins befestigen. Die Physalisfrüchte mit Heißkleber auf den Steckschaum kleben.

2. Dazwischen wassergefüllte Glasröhrchen setzen und bunte Blüher einstecken. Neben Physalis auch Trockenfloralien auf den Steckschaum kleben. Ein Windlicht auf die Schale stellen.

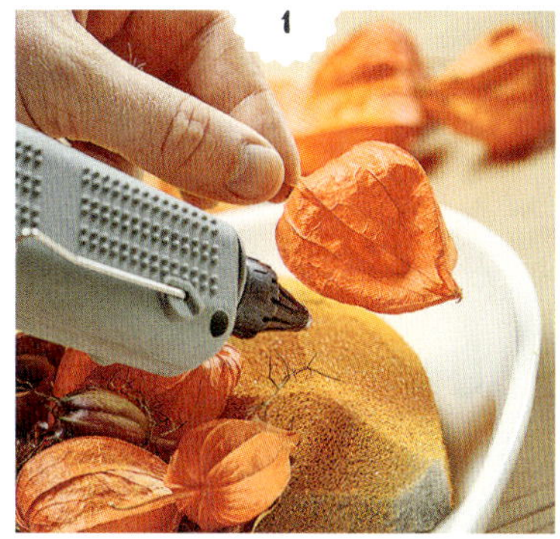

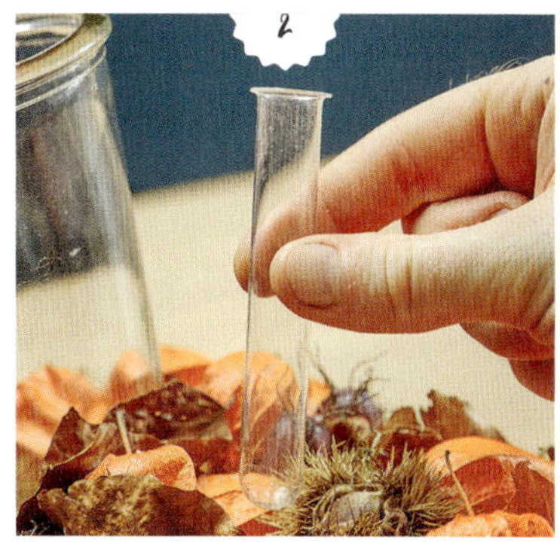

UMWOBENES WINDLICHT

Seitlich in den Baumstamm mehrere Löcher bohren und kurze Zweige hineinstecken. Flexible Weidenzweige um den Stamm und die Zweige winden und erstere mit Zierdraht verbinden. Kastanien und Physalis andrahten und in den Kranz einarbeiten. Trockene Fruchtstände und Herbstblüher ebenfalls einstecken. Oben in den Stamm ein Loch bohren und einen Kerzenteller mit Metalldorn einstecken. Ein Windlicht mithilfe von Knetkleber auf dem Kerzenteller befestigen.

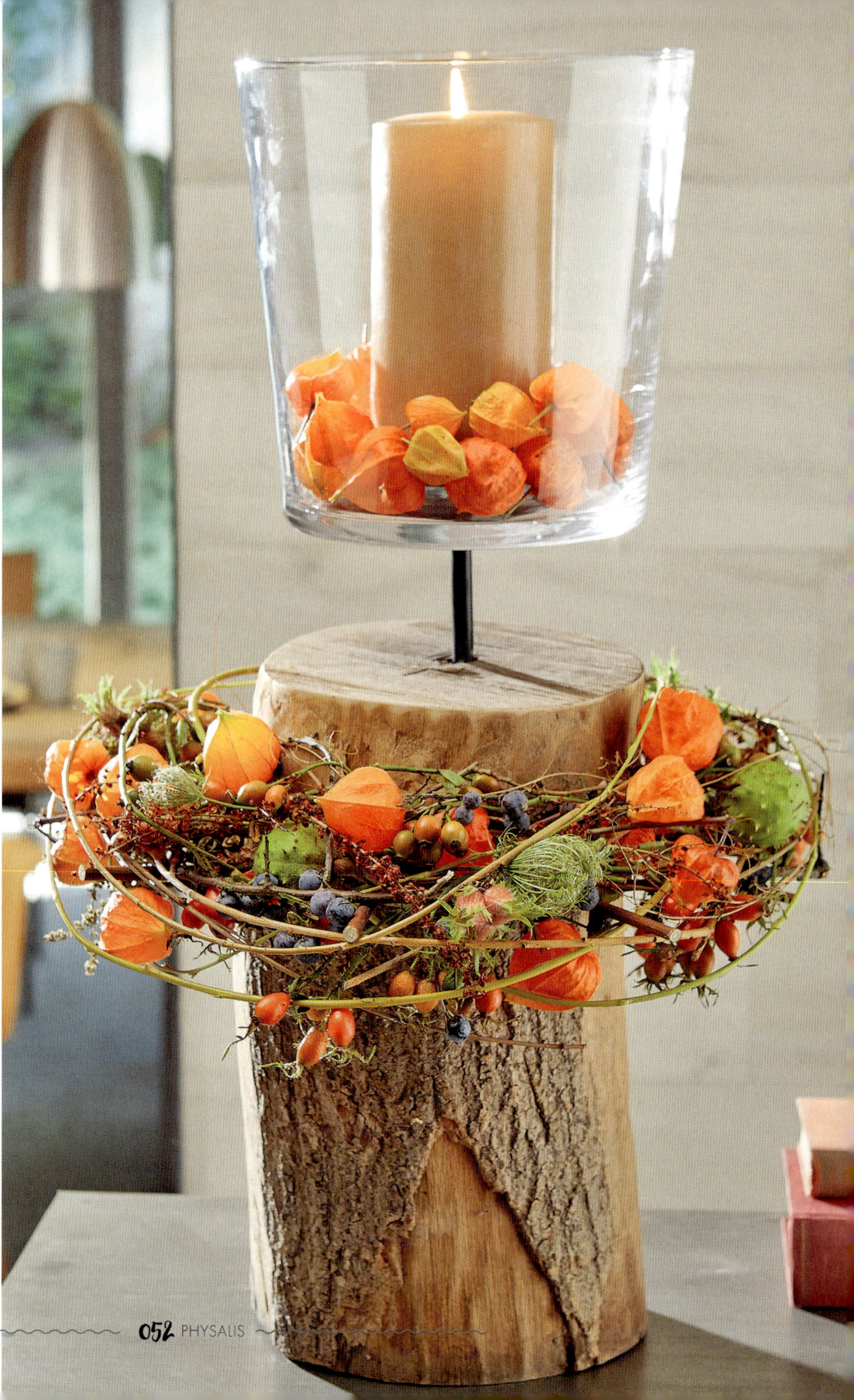

Was du brauchst:

Pinholder, Frischblumensteckschaum, Tablett, Knetkleber, Floralien wie Chrysanthemen, Dahlien, Purpurglöckchen, Färberdistel, Physalis und Laternenlilien

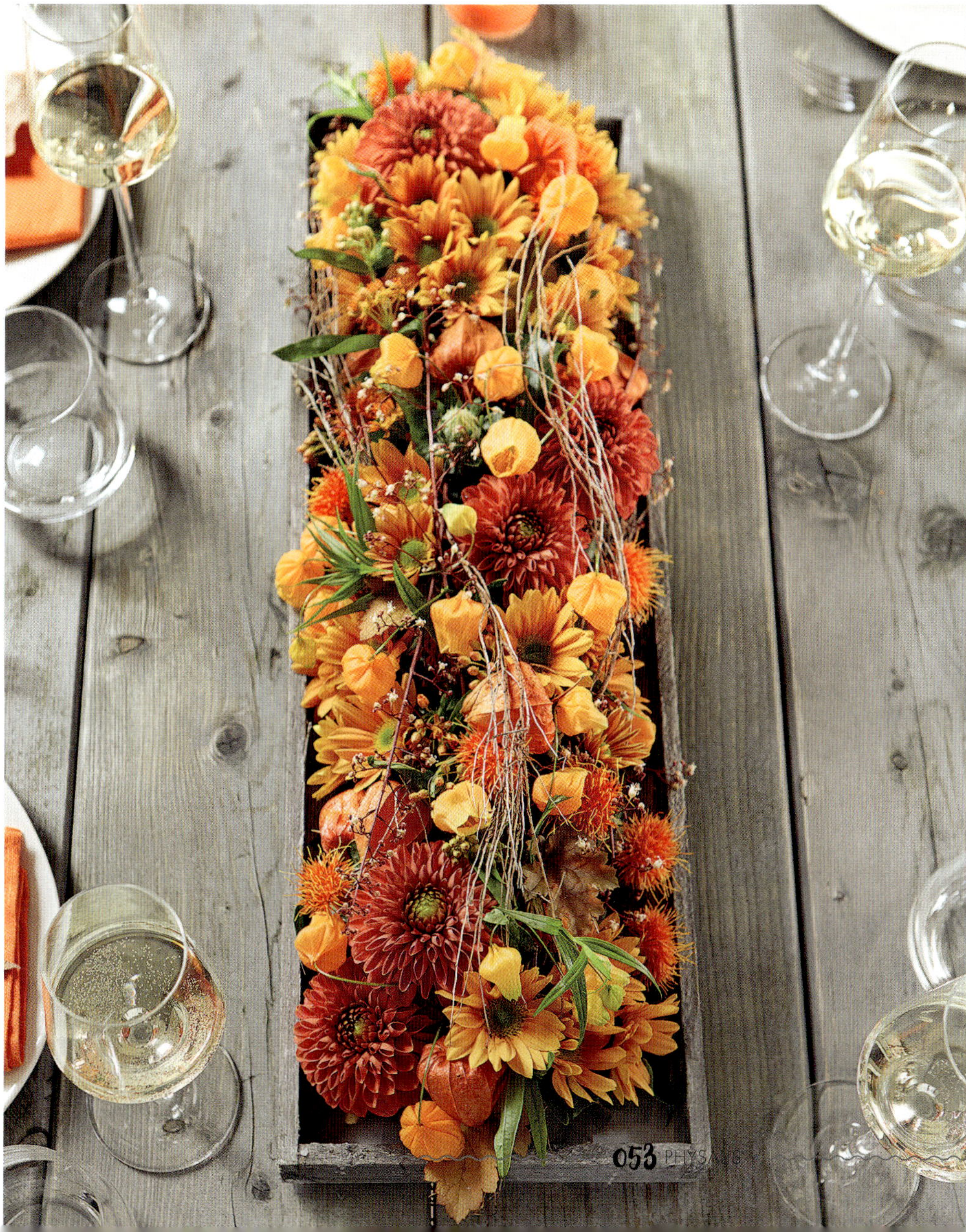

1. Zwei Pinholder mit Knetkleber auf dem Tablett befestigen.

2. Die gewässerten Frischblumensteckschaum-Zylinder auf die Pins stecken und mit den Herbstblühern, Laub und Physalis bestecken. Dünne Zweige anschließend locker auf die Blüten legen.

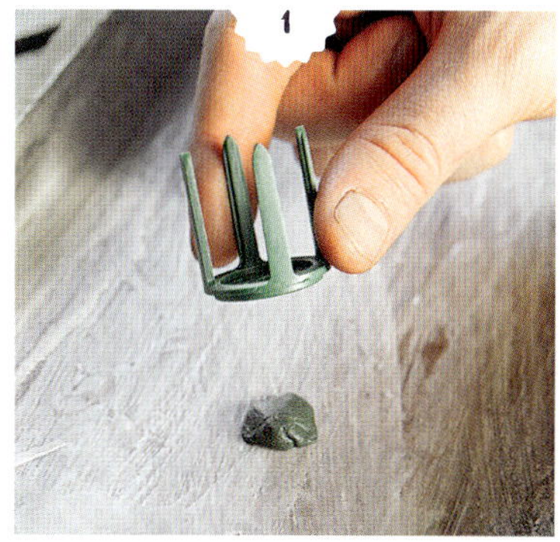

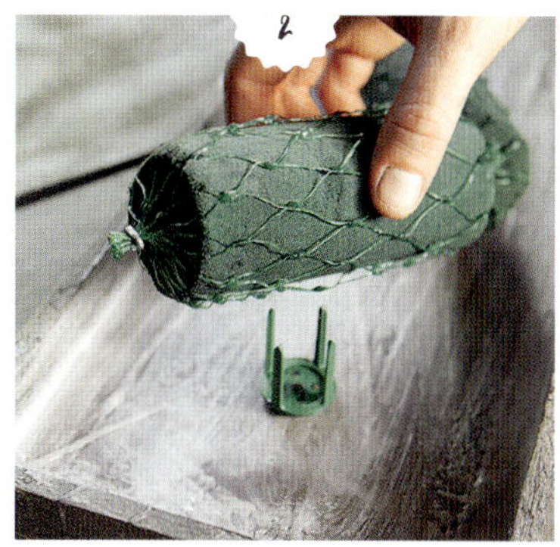

LEUCHTENDER TISCHFRIES

Flaschen mit doppelseitigem Klebeband umwickeln. Rupfenband auf die Klebestreifen drücken. Ton mit etwas Wasser und Holzleim vermischen und auf das Band auftragen. Die Gefäße nach dem Trocknen mit Heißkleber auf ein Brett kleben und erstere mit Wasser füllen. Löcher in das Brett bohren und hier langstielige Lampionblumen einstellen, in die Flaschen frische Floralien platzieren.

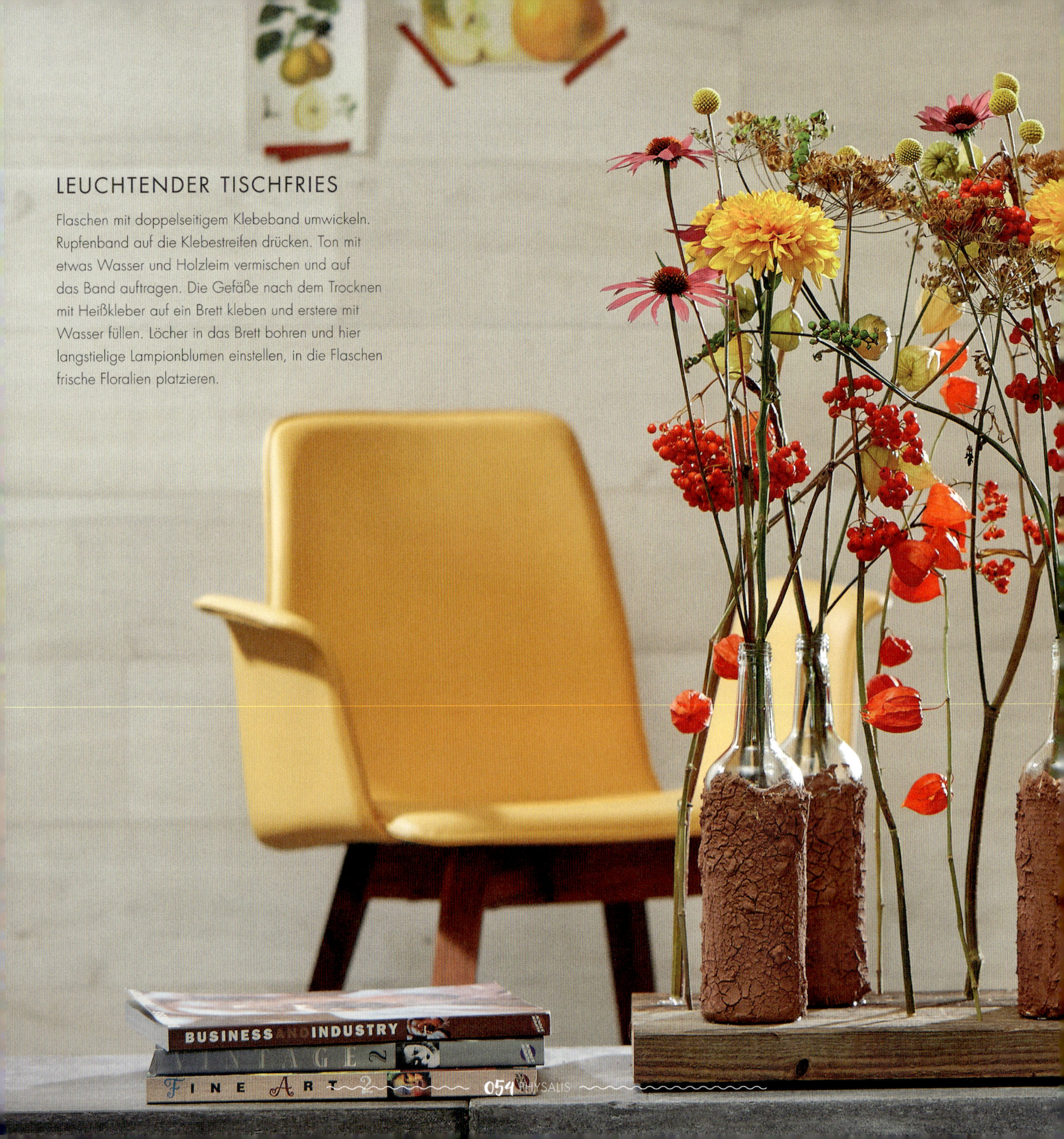

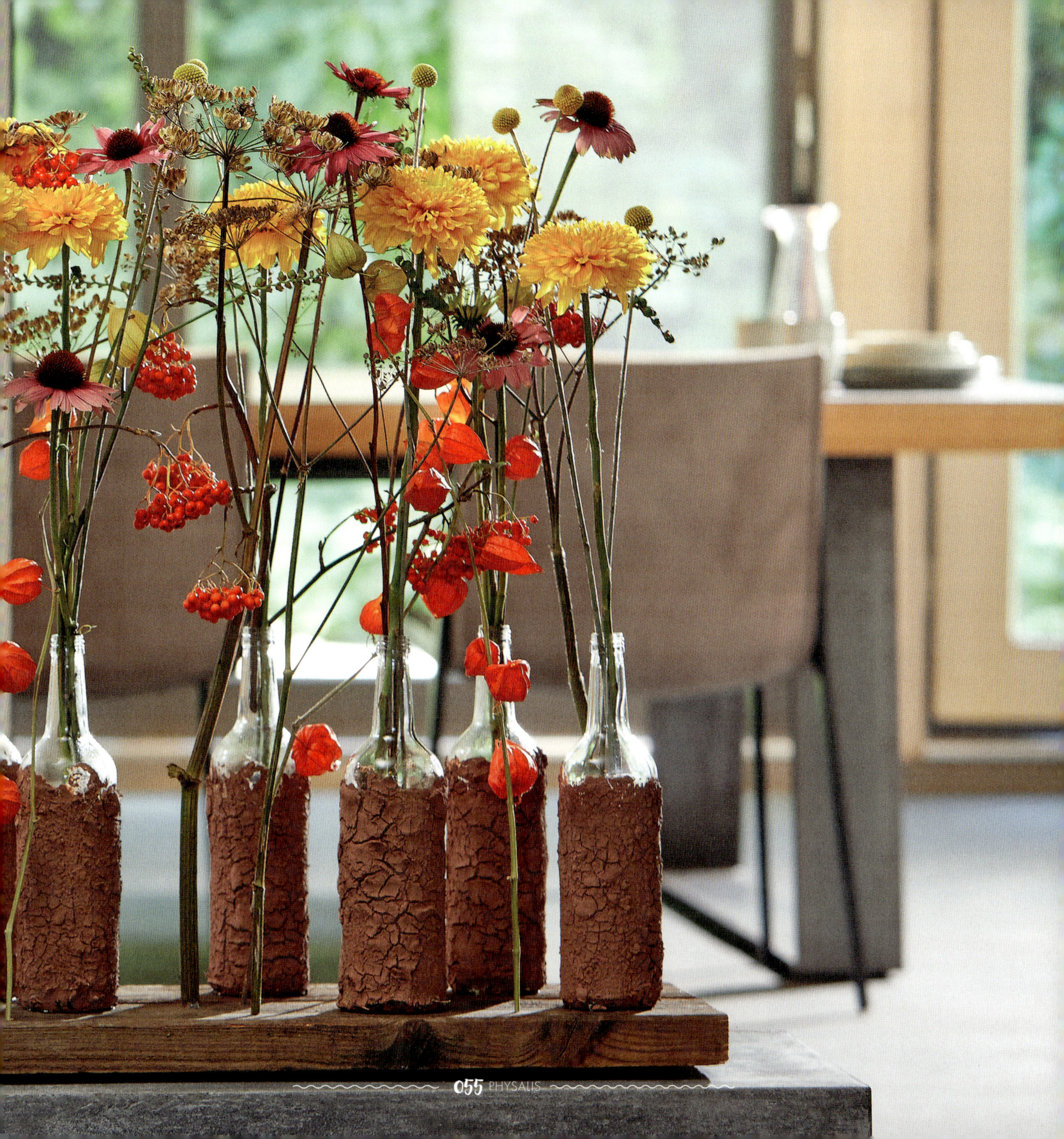

GEBOGENES KUNSTWERK

Drei Gefäße mit gewässertem Frischblumensteckschaum befüllen und mit getrocknetem Herbstlaub auskleiden. Waldrebenranken vom linken Gefäß zum rechten biegen und dort einstecken. In diese Töpfe Blüher wie Sonnenhut und Zinnie einsetzen. Die Physalis am Stiel mit Zierdraht umwickeln und zu einer Kette aufreihen. In einer Bogenform ebenfalls vom linken zum rechten Gefäß einstecken.

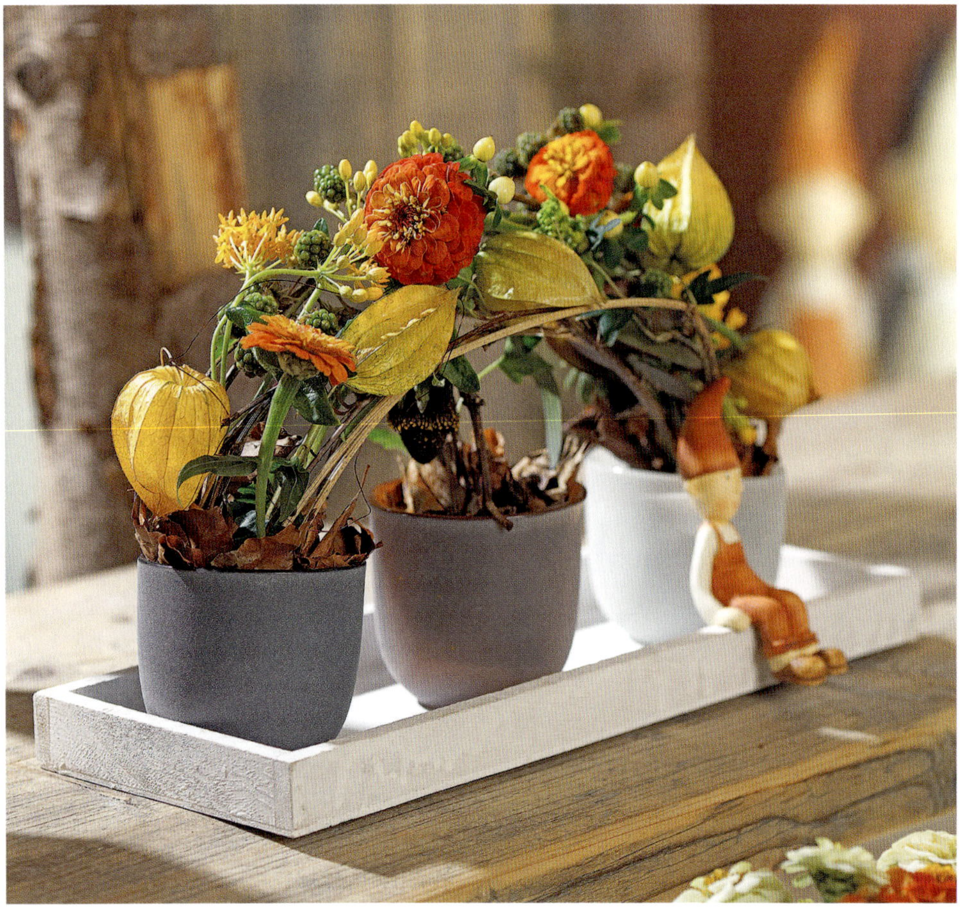

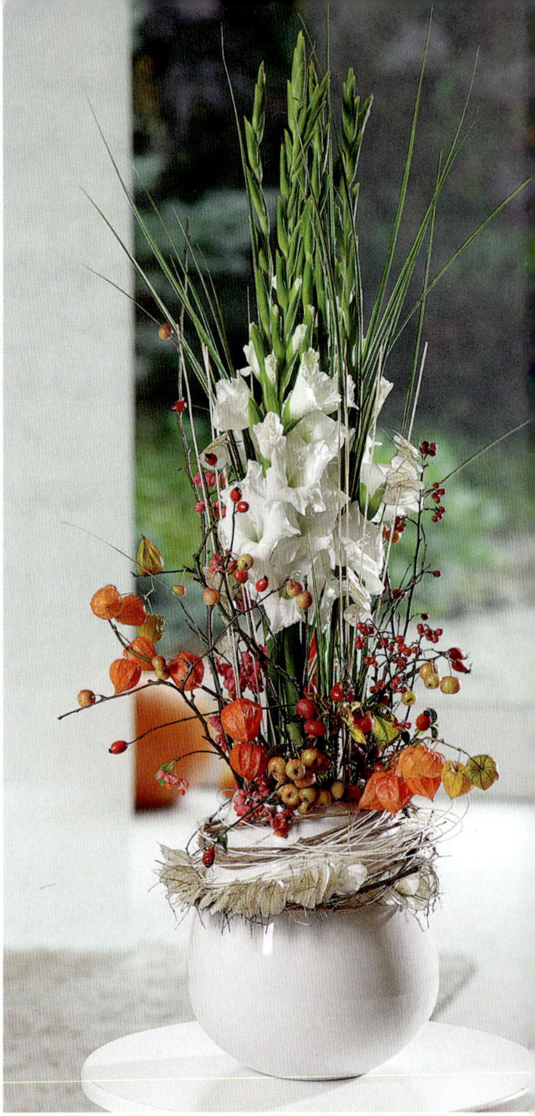

ELEGANTES ENSEMBLE

Einen Strauß aus langstieligen Gladiolen und Gräsern binden. Physalis, Fruchtstände und Zieräpfel anlegen und mit Bast an dem Strauß fixieren und in eine Vase stellen. Silberblätter auf Draht auffädeln und um das Gefäß legen. Peddigrohr zu einem Kranz formen, durch Zierdraht befestigen und um die Vase legen. Clematisranken herumwinden.

HERBSTLICHE ETAGERE

Den oberen Teil der Etagere mit gewässertem Frischblumensteckschaum auslegen und mit Chrysanthemenblüten kompakt bestecken. Für die mittleren Teile Hagebuttenbüschel um einen Drahtkranz mit Zierdraht wickeln und Früchte einlegen. Für den unteren Teil einen gewässerten Frischblumensteckschaumring in die Etagere einsetzen. Physalis, Kastanien und Fruchtstände andrahten. Mit diesen und kurzstieligen Herbstblühern den Ring kompakt bestecken.

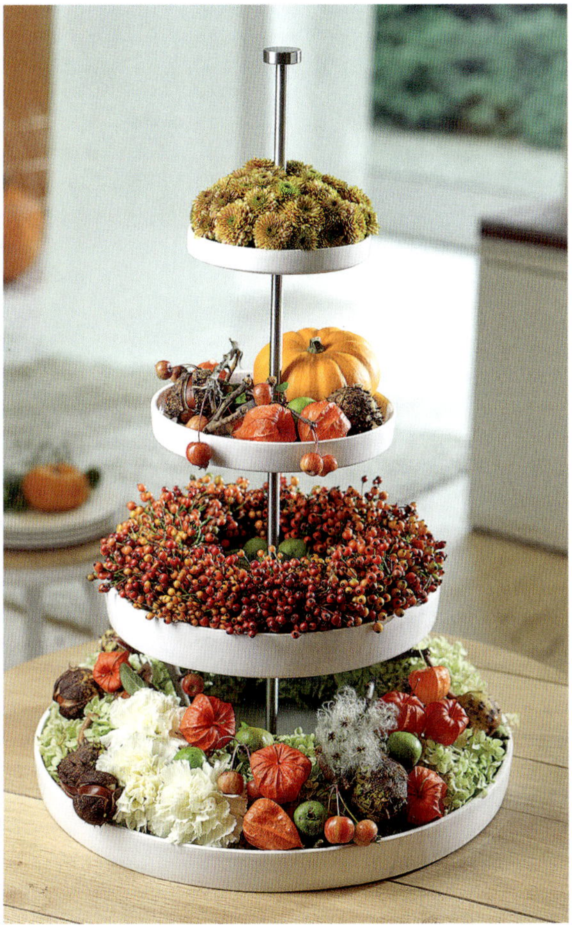

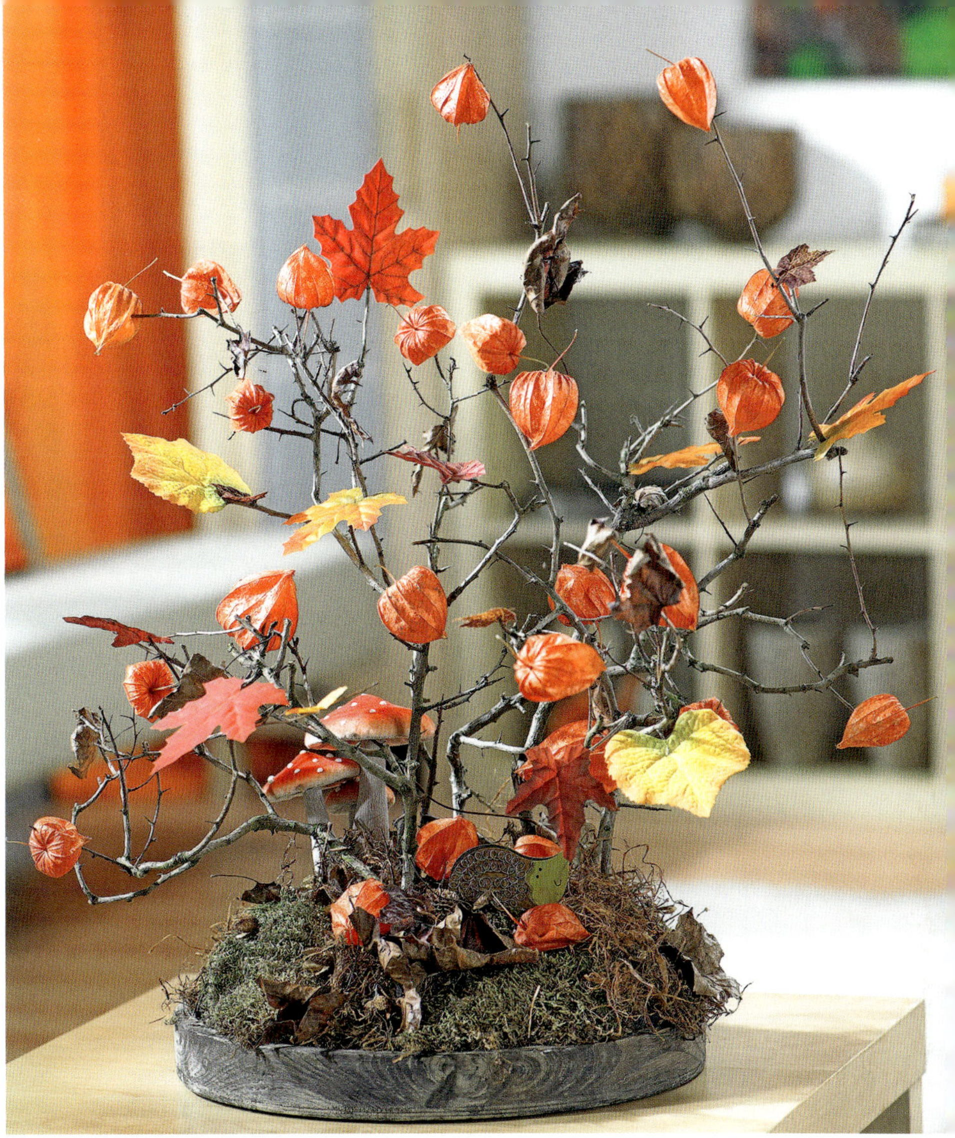

VERSPIELTER LAMPIONBAUM

Eine Trockenblumensteckschaum-Platte in einen Holzteller legen. Äste mit vielen Astgabeln in der Steckmasse fixieren und den Steckschaum mit Laub, Moos und Flechte hügelartig verdecken. Herbstlaub und Lampions mit Heißkleber an den Ästen befestigen. Einzelne Physalis und Accessoires auf das Moos legen.

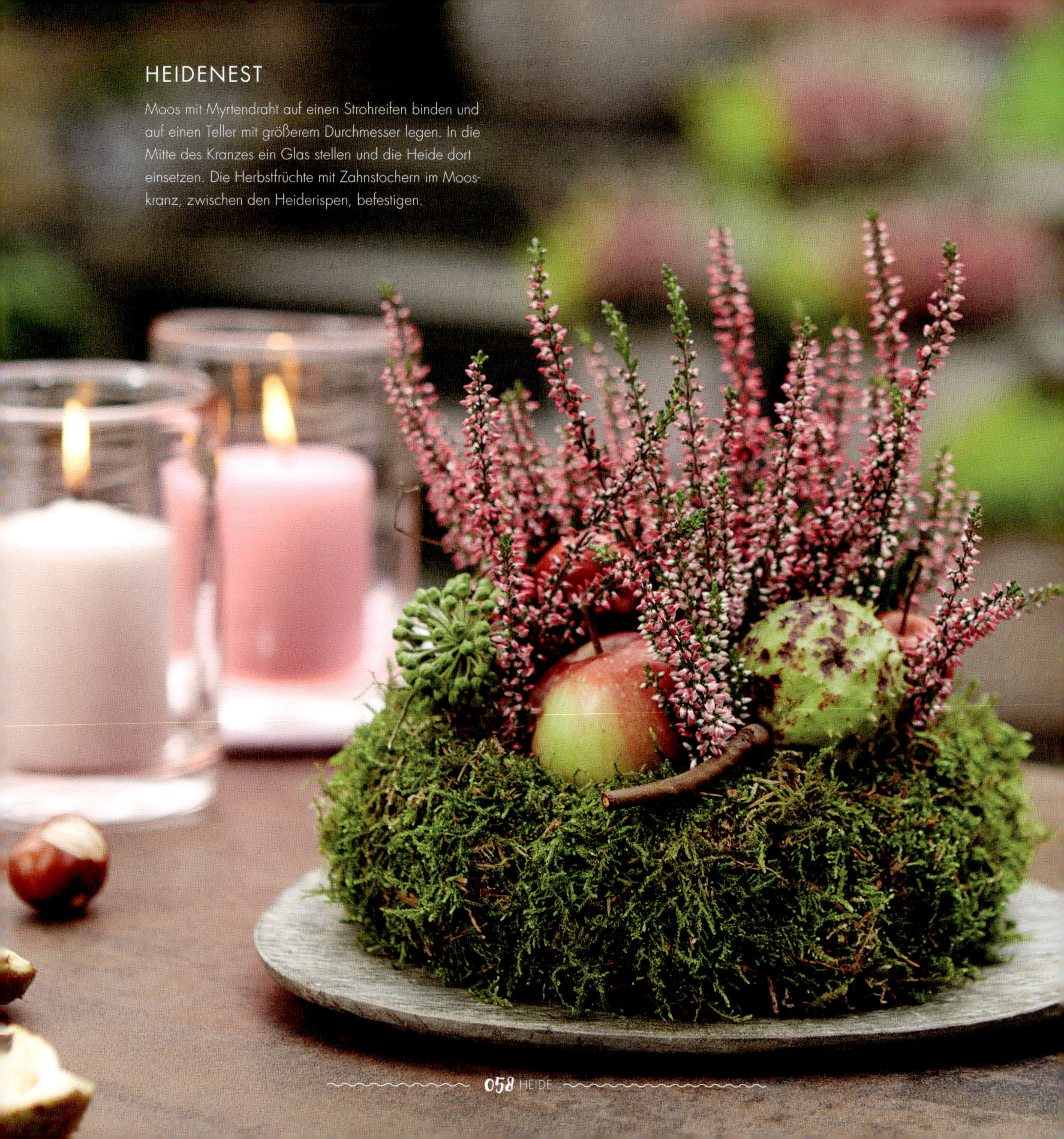

HEIDENEST

Moos mit Myrtendraht auf einen Strohreifen binden und auf einen Teller mit größerem Durchmesser legen. In die Mitte des Kranzes ein Glas stellen und die Heide dort einsetzen. Die Herbstfrüchte mit Zahnstochern im Mooskranz, zwischen den Heiderispen, befestigen.

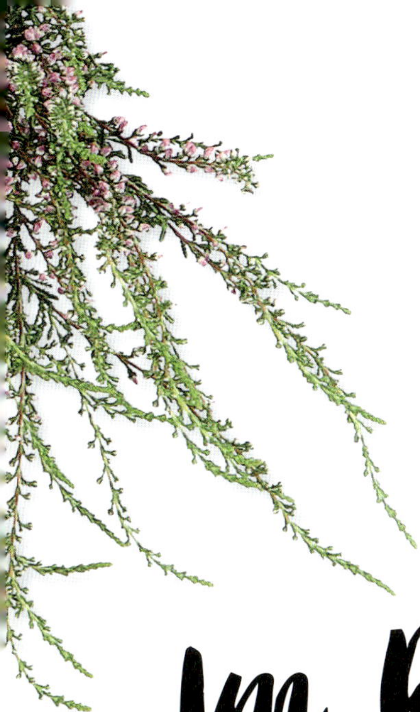

Im Reich der Heide

In der Gegend rund um Lüneburg und weit darüber hinaus wird sie geliebt. Das meist in leuchtendem Violett erstrahlende Kraut, eigentlich ein Zwergstrauch, bedeckt nicht nur den Boden in der Natur auf besondere Weise, sondern eignet sich mit seinen schönen Blütenrispen auch für selbst gemachten Tisch- und Raumschmuck ganz wunderbar.

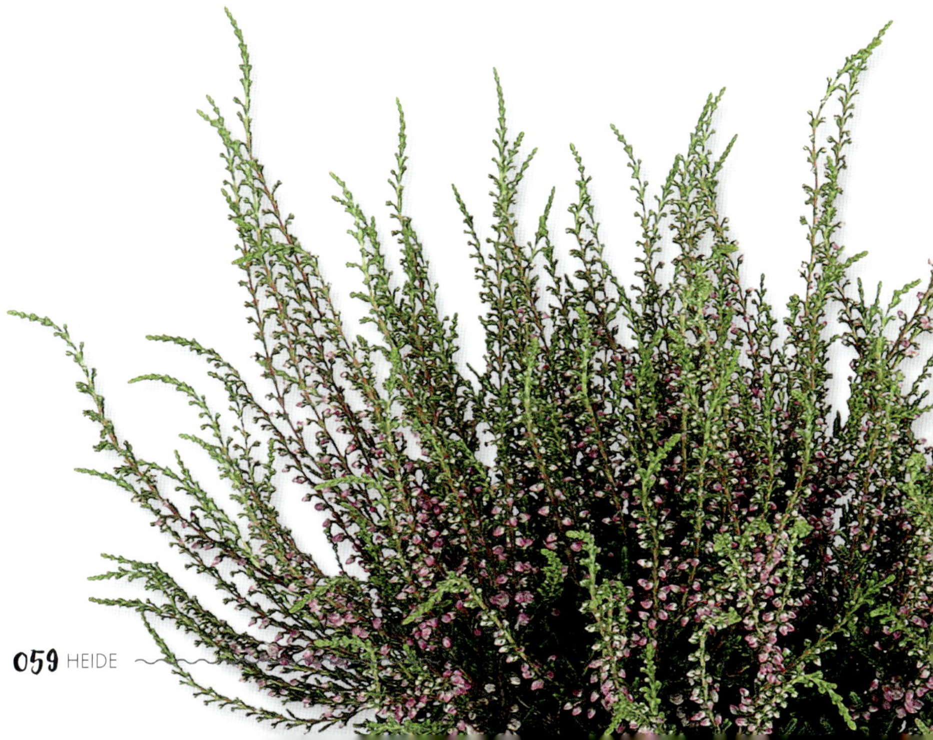

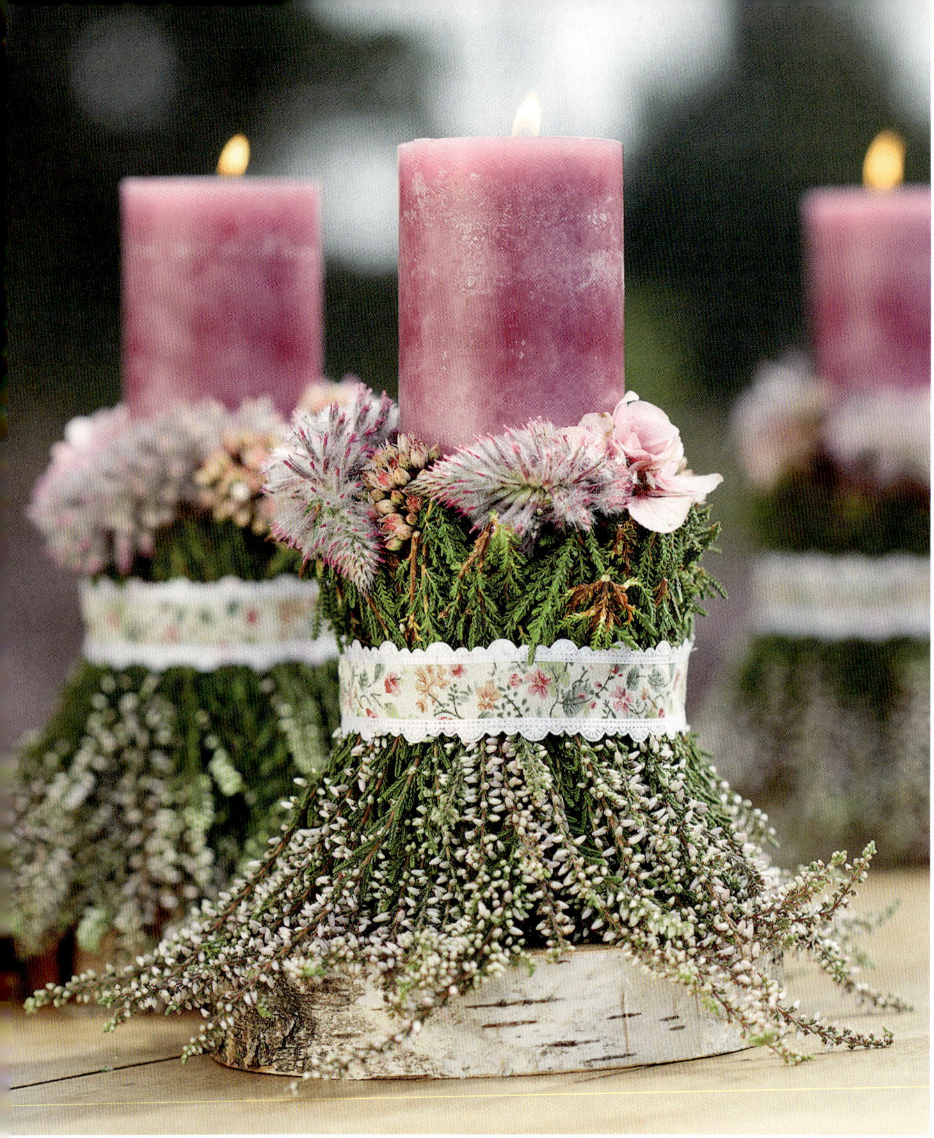

SCHMÜCKENDES KLEID

Einen Frischblumensteckschaum-Zylinder wässern und in Folie einschlagen. Einen Pinholder auf die Holzscheibe kleben und den Steckschaum daraufstecken. Heide rundherum mit den Blütenrispen nach unten aufgefächert anlegen und mit Wickeldraht befestigen. Mittig um die Heide schmückendes Band binden. Eine Kerze mit angeklebtem Pinholder im Steckschaum fixieren. Die freien Bereiche an der Kerze mit Blüten ausstecken.

RISPENMANTEL

Alternativ Besenheide rundherum mit den Blütenrispen nach oben aufgefächert anlegen. In die Mitte Schmetterlingsflieder, Dahlien, Johanniskraut, Hortensien, Haarschöpfchen, Zinnie und Wiesengräser einstecken. Um die Heide noch ein schmückendes Band wickeln.

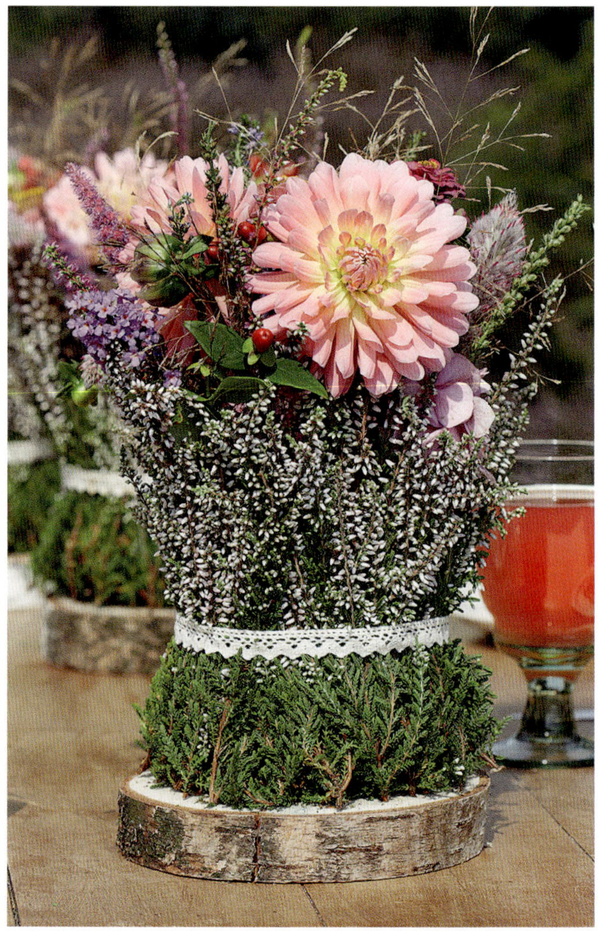

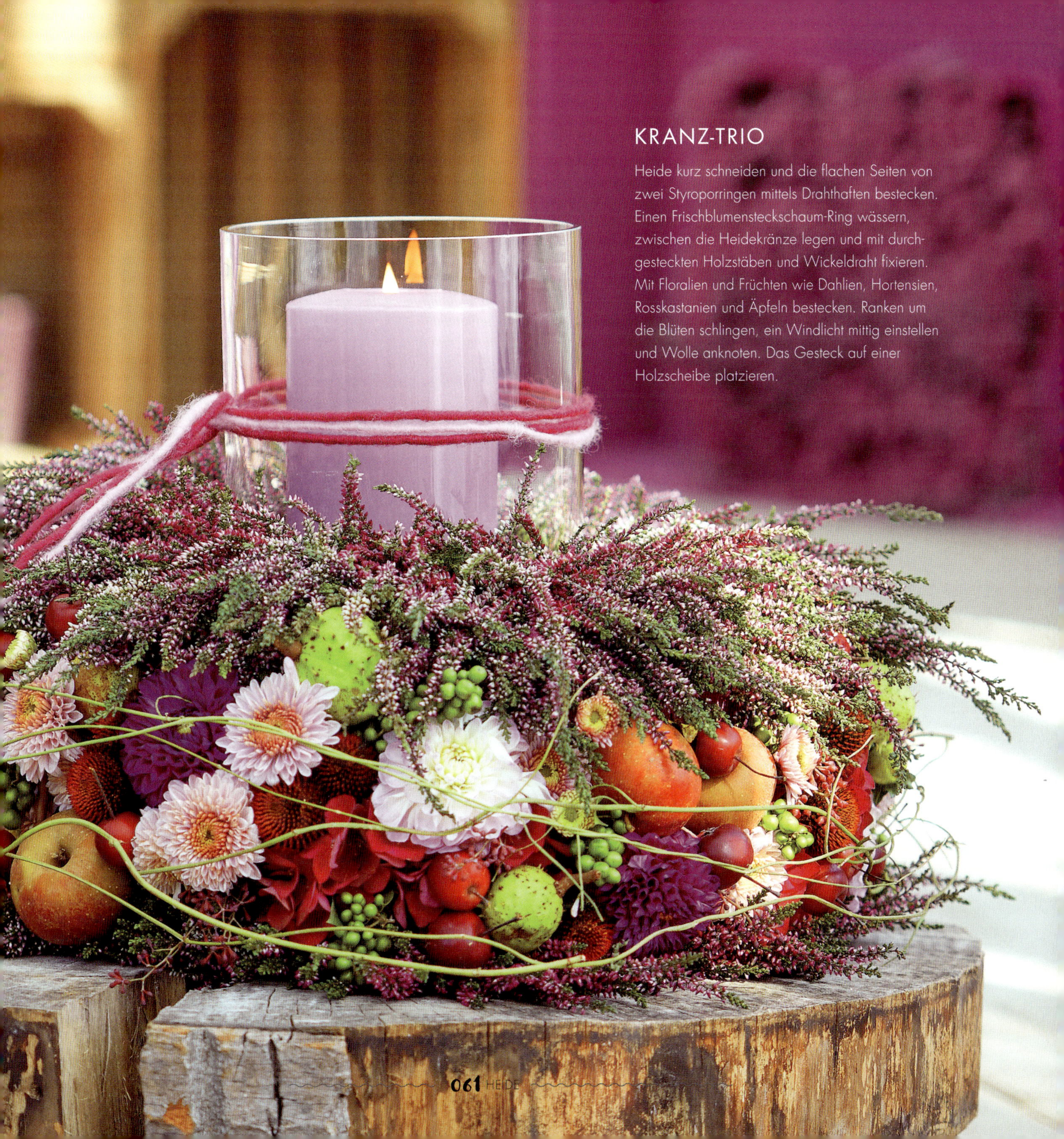

KRANZ-TRIO

Heide kurz schneiden und die flachen Seiten von zwei Styroporringen mittels Drahthaften bestecken. Einen Frischblumensteckschaum-Ring wässern, zwischen die Heidekränze legen und mit durchgesteckten Holzstäben und Wickeldraht fixieren. Mit Floralien und Früchten wie Dahlien, Hortensien, Rosskastanien und Äpfeln bestecken. Ranken um die Blüten schlingen, ein Windlicht mittig einstellen und Wolle anknoten. Das Gesteck auf einer Holzscheibe platzieren.

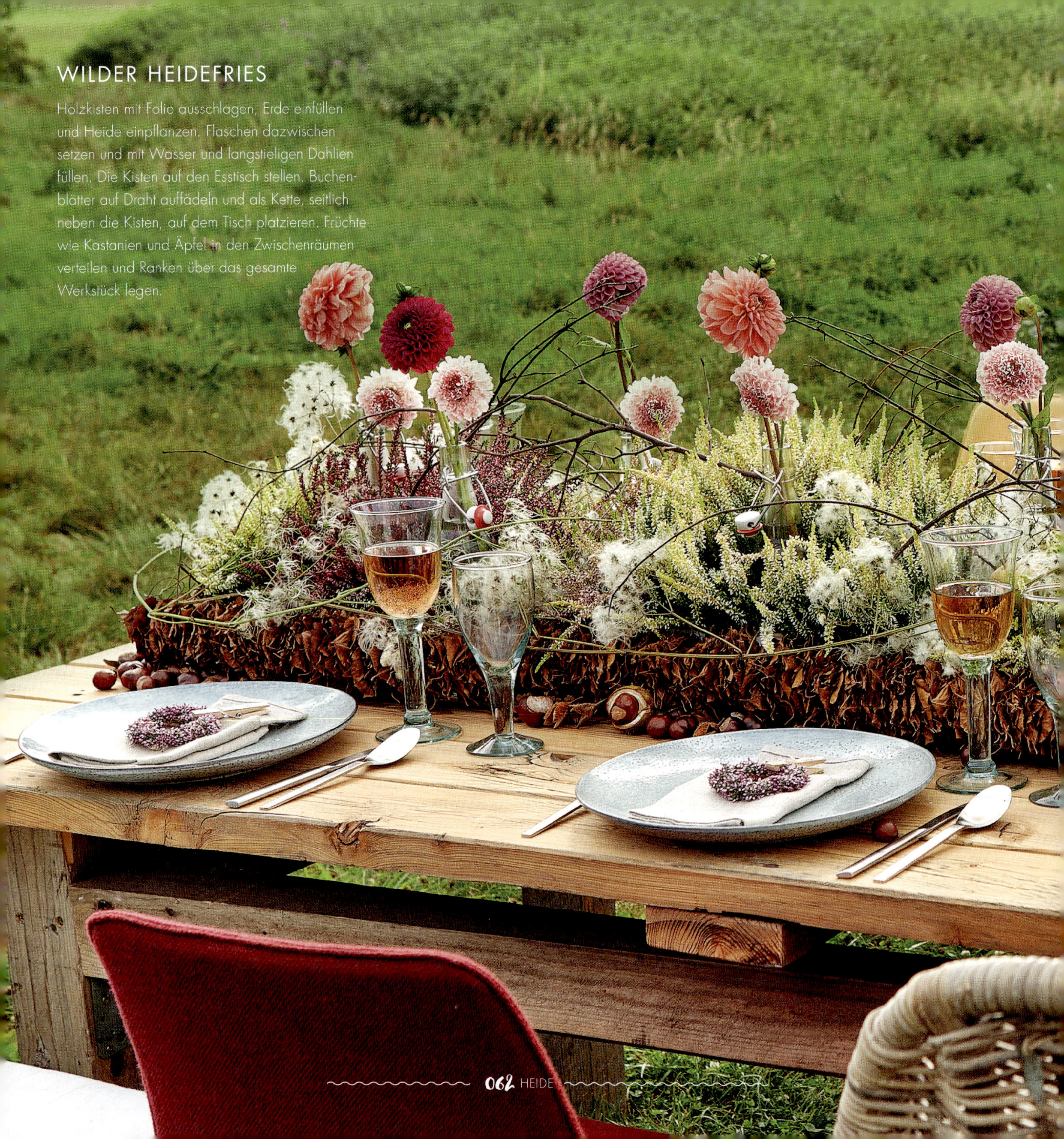

WILDER HEIDEFRIES

Holzkisten mit Folie ausschlagen, Erde einfüllen und Heide einpflanzen. Flaschen dazwischen setzen und mit Wasser und langstieligen Dahlien füllen. Die Kisten auf den Esstisch stellen. Buchenblätter auf Draht auffädeln und als Kette, seitlich neben die Kisten, auf dem Tisch platzieren. Früchte wie Kastanien und Äpfel in den Zwischenräumen verteilen und Ranken über das gesamte Werkstück legen.

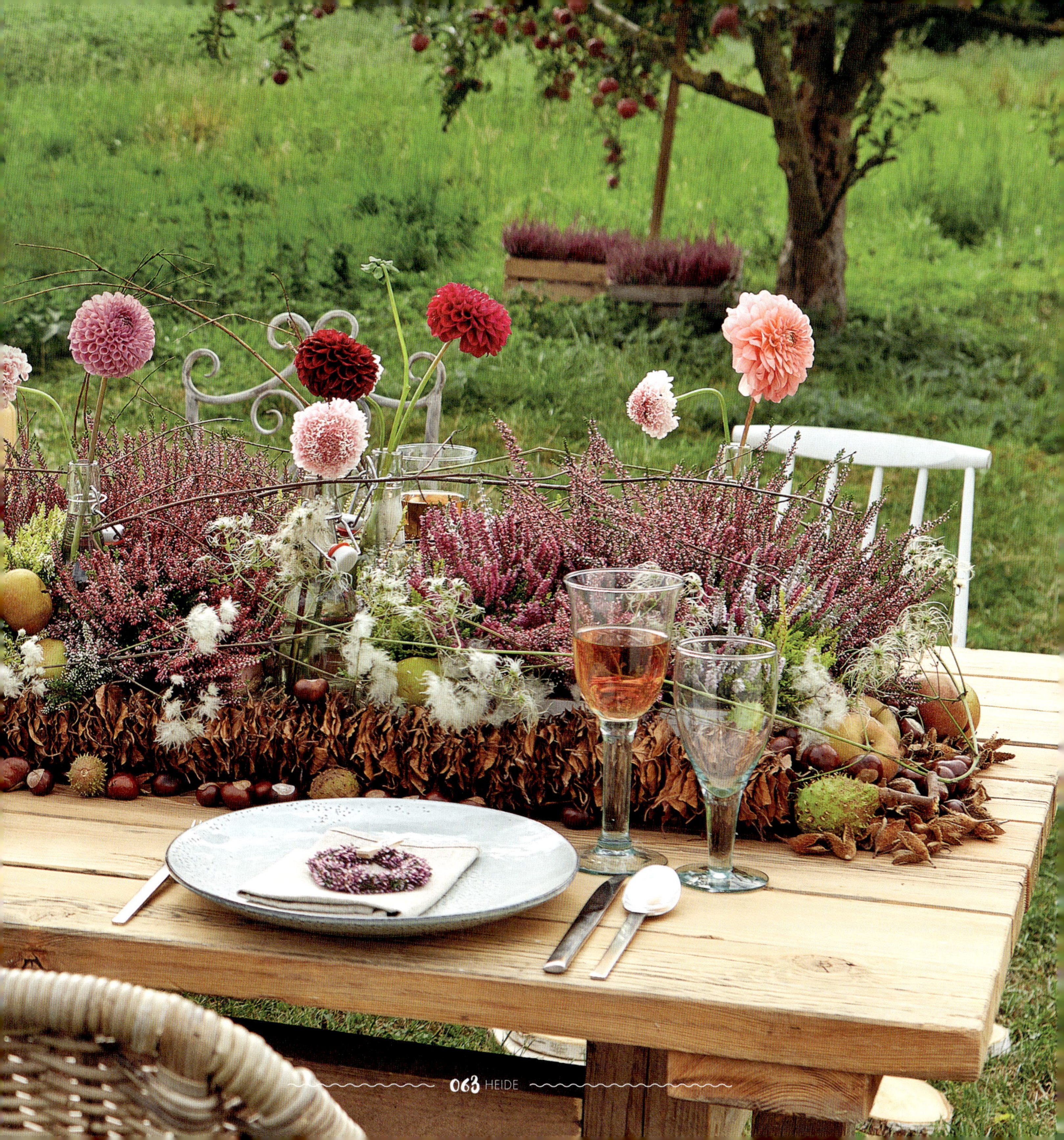

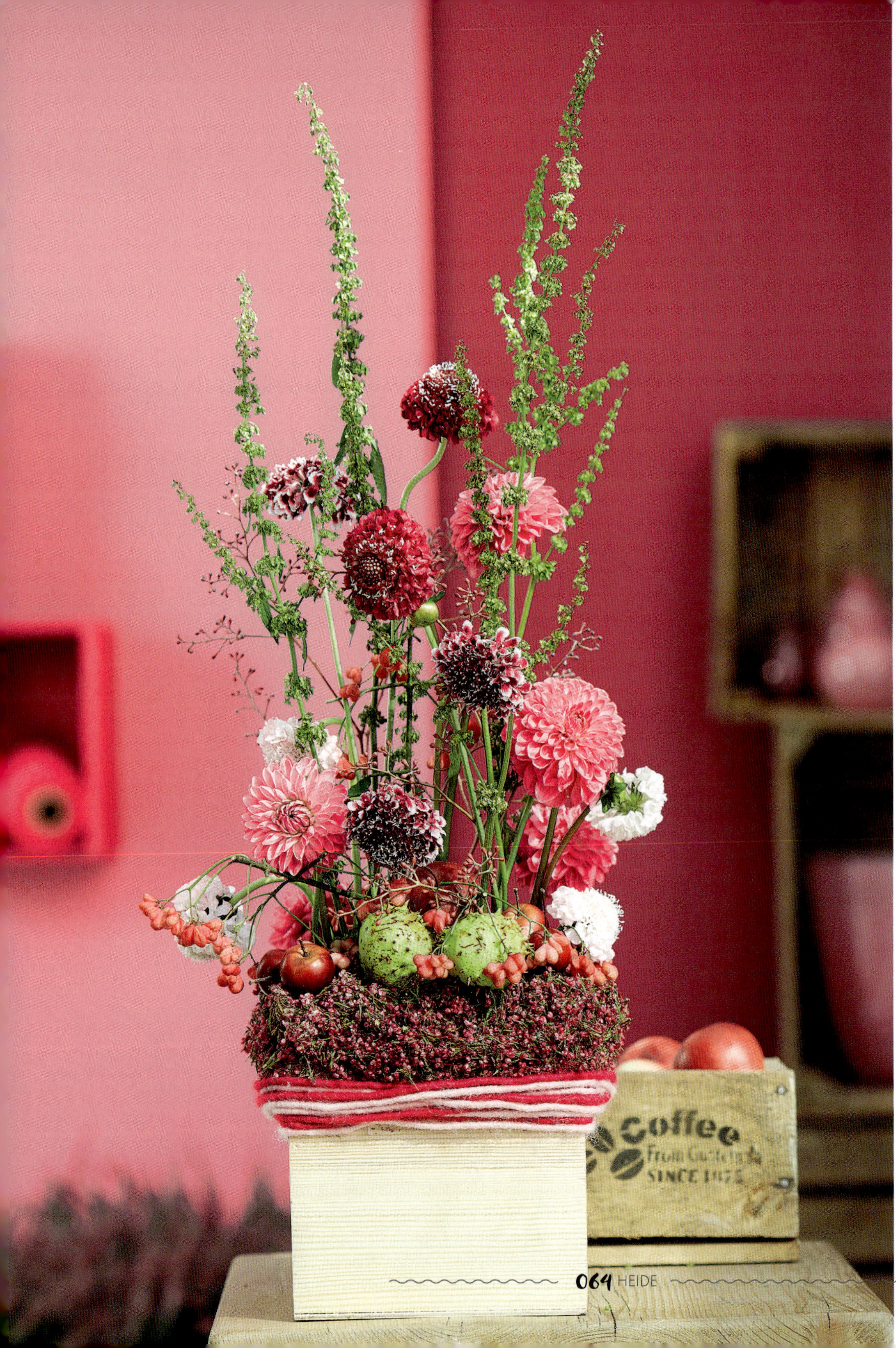

HEIDE-HAUBE

Frischblumensteckschaum in ein hohes Glas setzen und letzteres in ein Holzgefäß stellen. Den überstehenden Rand und die Öffnung mit Klebeband abkleben. Die Heide klein schneiden und mit Holzleim vermischen. Diese Masse auf dem Klebeband anbringen und mit Zierdraht umwickeln. Löcher in die Erika-Haube stechen und Blüten dort durchstecken. Herbstfrüchte mit Zahnstochern einstecken und Wolle um das Gefäß wickeln.

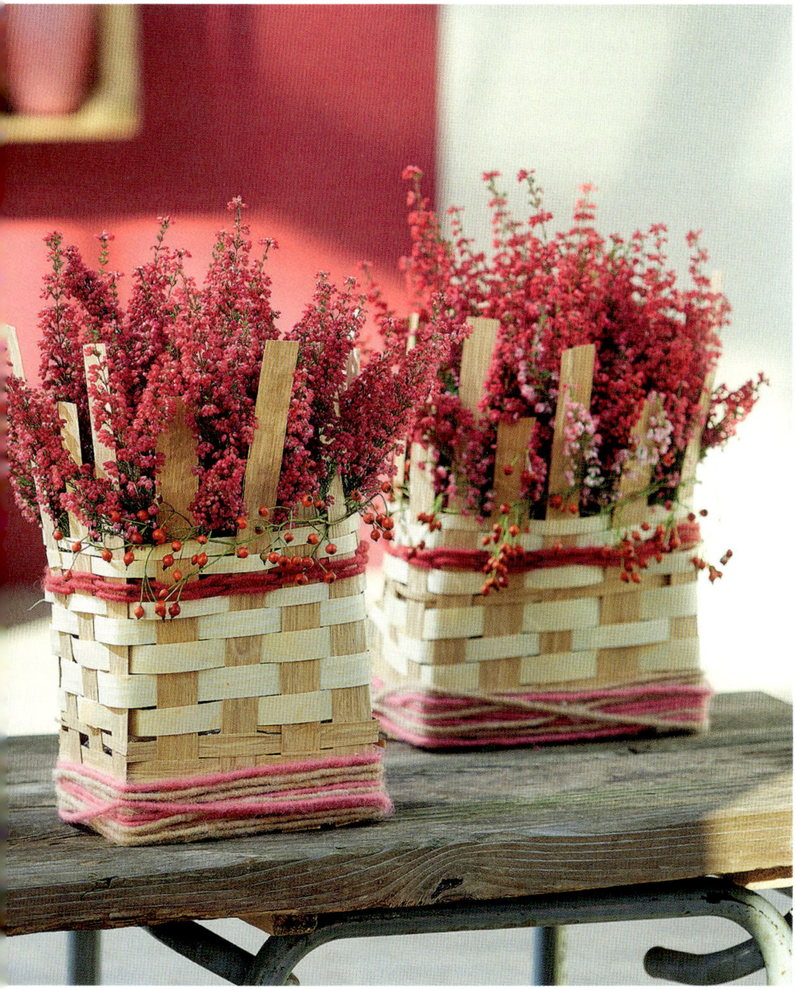

BAUMSCHEIBEN-MANSCHETTE

Auf einem Gefäß seitlich mit Heißkleber Holzscheiben befestigen. Kordeln um das Gefäß knoten. Den Topf mit Folie auslegen und Heide einsetzen. Äpfel und Kastanien mithilfe von Zahnstochern zwischen die Blütenrispen einstecken. Eicheln andrahten und ebenfalls einsetzen.

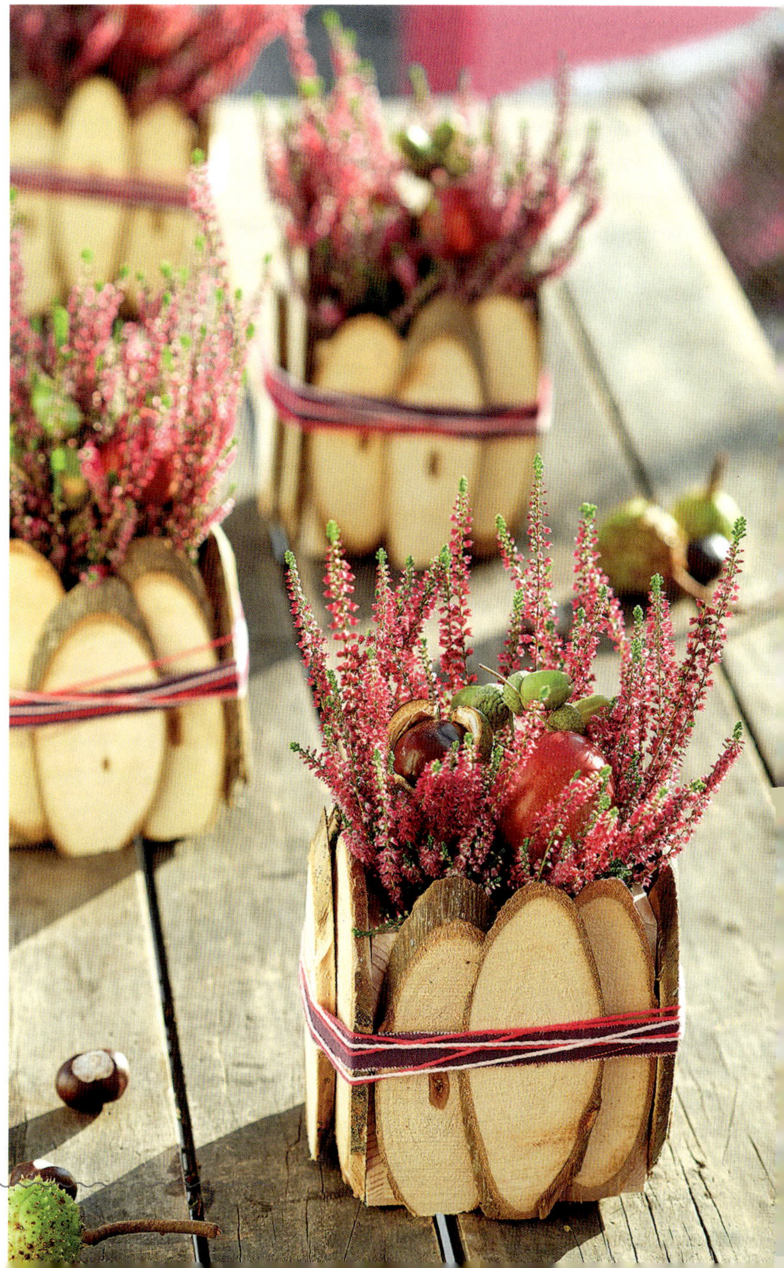

FLECHTWERK

Festere Spanstreifen seitlich an ein Holzbrett tackern und weichere Streifen quer einweben. Am oberen Rand des Gefäßes Wolle mit einflechten und auch den unteren Teil des Holzbretts mit Wolle umwickeln. Gefäß mit Folie auslegen und Heide einstellen und Hagebuttenzweige in das Gewebe einfädeln.

MAISBLATT-KORB

Maisblätter mithilfe eines Tackers auf einer Pappmachéschale fixieren, sodass sie nach oben hin abstehen. Heide und Fetthenne einpflanzen, Erde mit Moos abdecken, Erdbeermais in die Pflanzung legen und mit Draht fixieren.

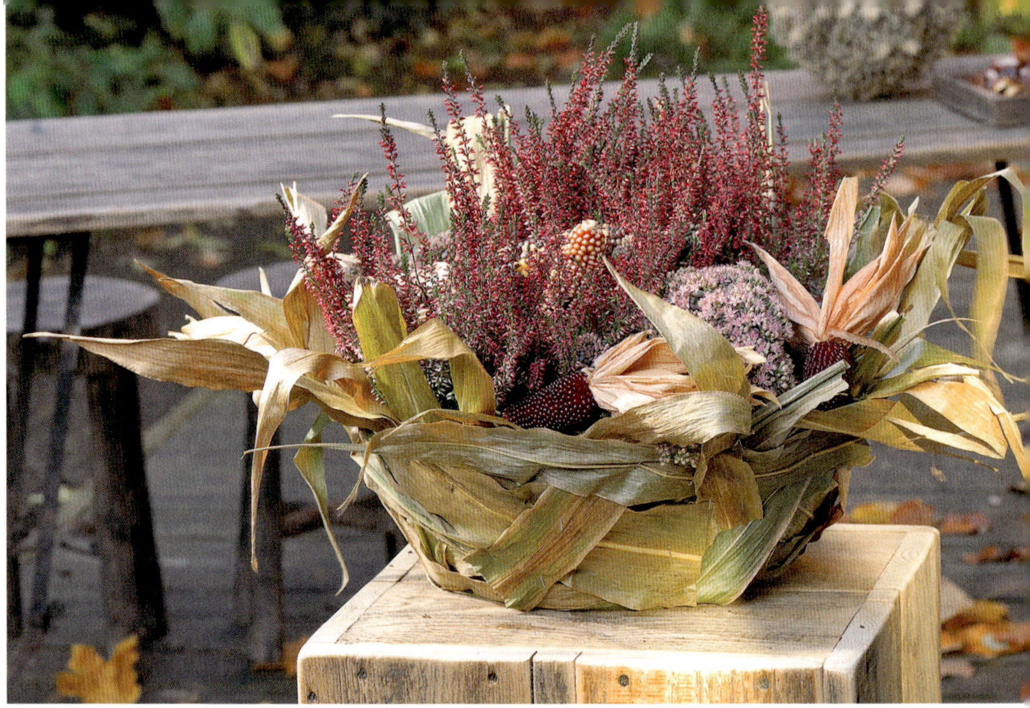

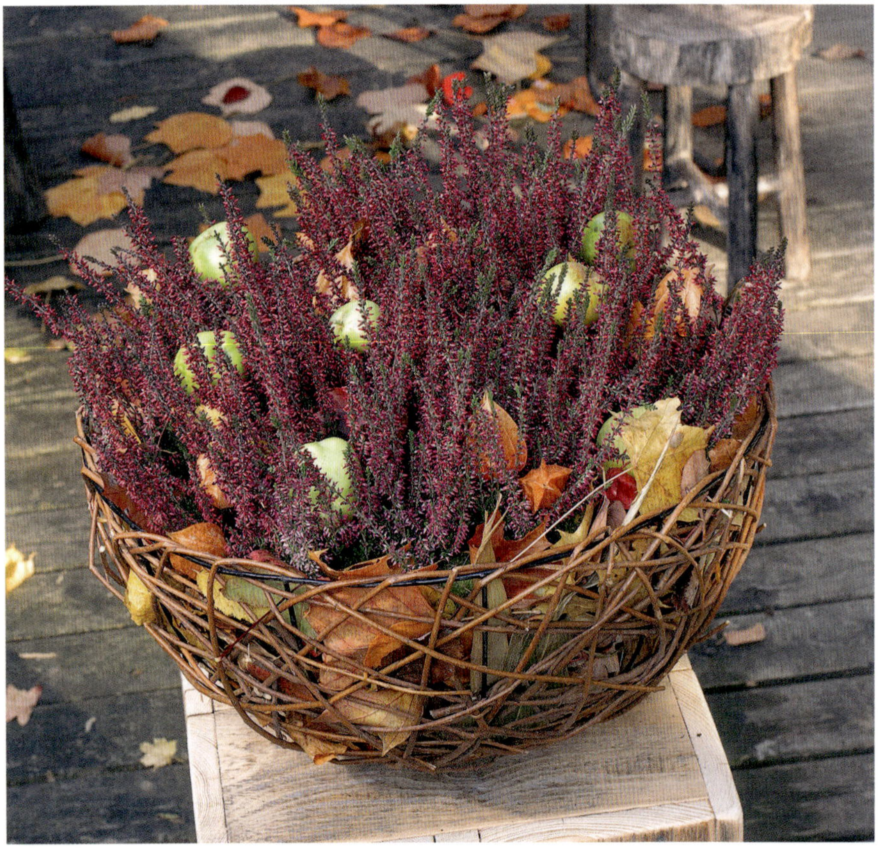

HEIDE-APFEL-BEPFLANZUNG

Herbstblätter zwischen die Pappmachéschale und die Weidenkorb-Halbkugel klemmen. Die Schale mit Heide bepflanzen. Äpfel auf einen Holzstab spießen, Physalis andrahten und beides in der Pflanzung fixieren.

Was du brauchst:

Pappmachéschale, Tacker, Schmuckdraht, Erde, Herbstlaub und Heide

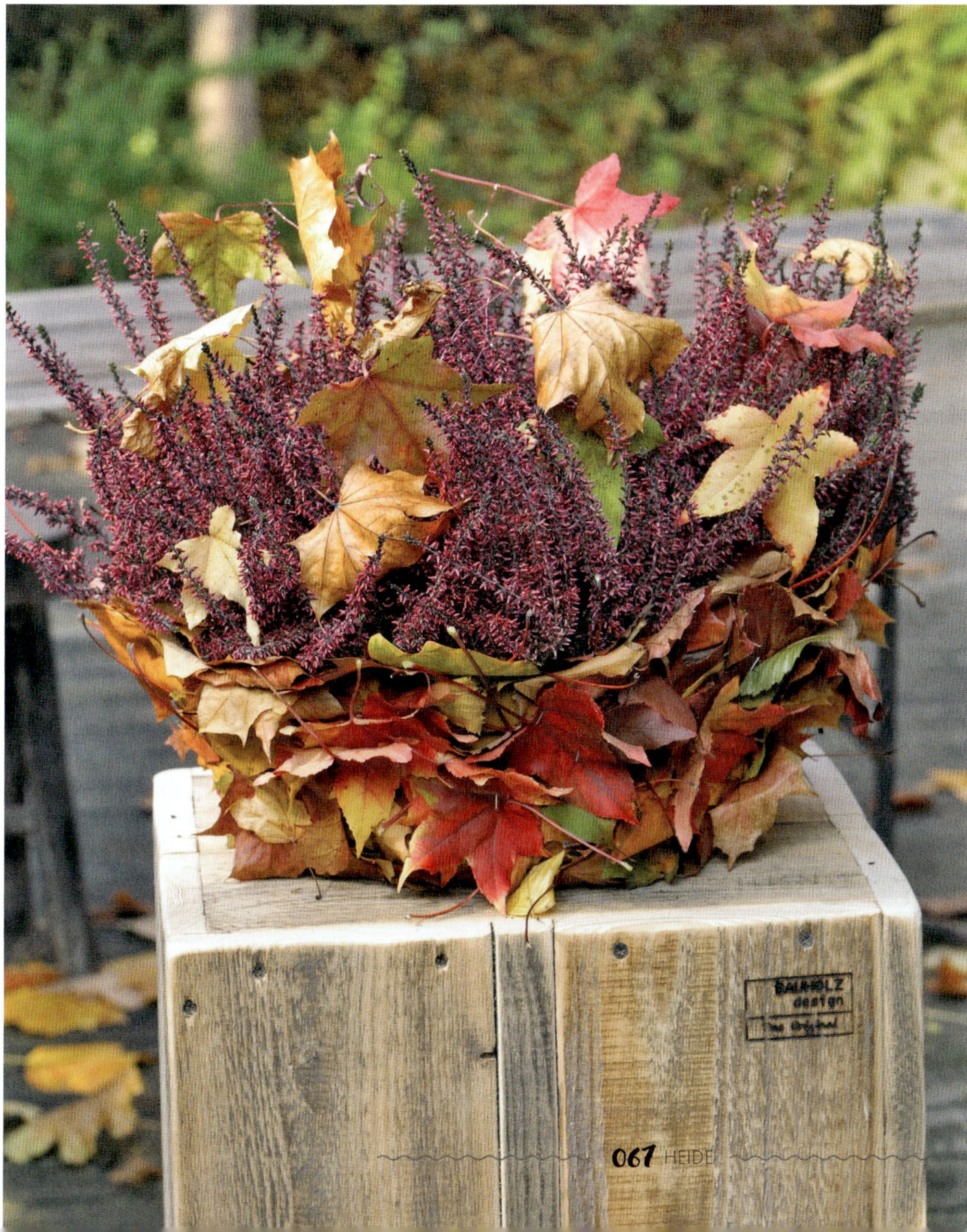

1. Herbstblätter mithilfe eines Tackers auf einer Pappmachéschale fixieren. Heide in die Blätterschale pflanzen.

2. Ein paar Herbstblätter mit Schmuckdraht andrahten, zwischen die Blütenrispen setzen und so über der Heide tanzen lassen.

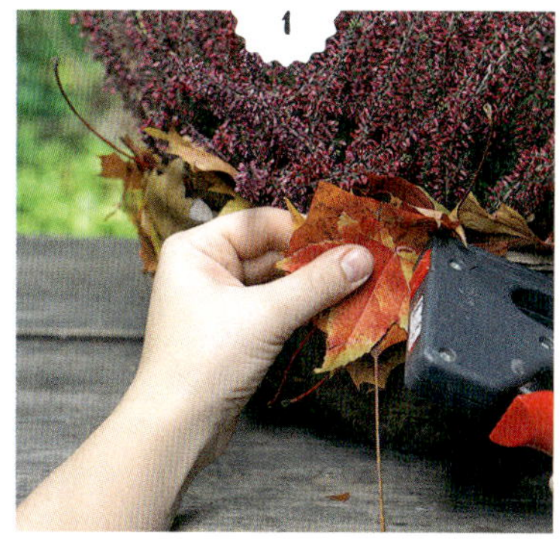

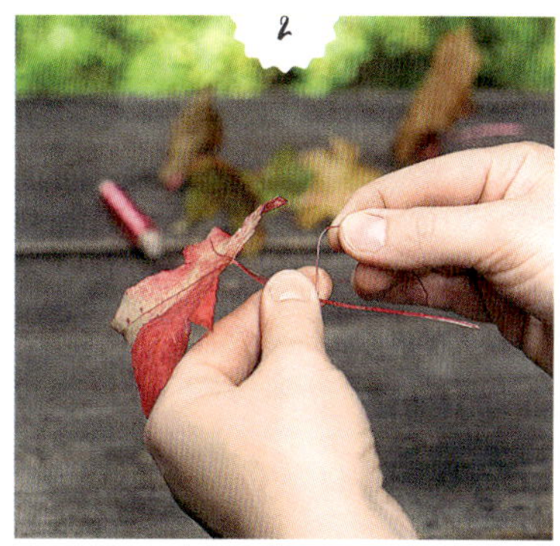

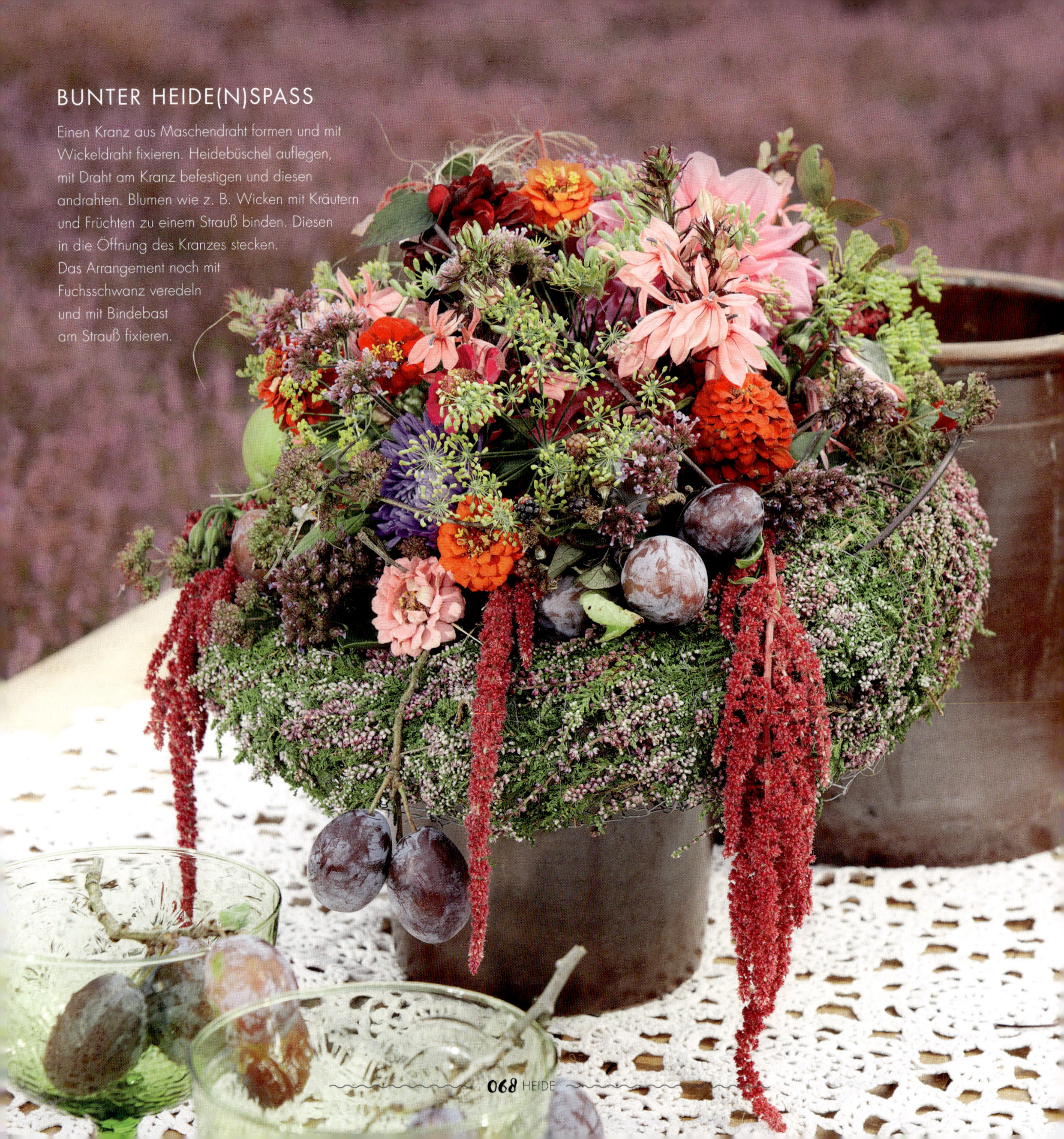

BUNTER HEIDE(N)SPASS

Einen Kranz aus Maschendraht formen und mit Wickeldraht fixieren. Heidebüschel auflegen, mit Draht am Kranz befestigen und diesen andrahten. Blumen wie z. B. Wicken mit Kräutern und Früchten zu einem Strauß binden. Diesen in die Öffnung des Kranzes stecken. Das Arrangement noch mit Fuchsschwanz veredeln und mit Bindebast am Strauß fixieren.

LUFTIG GEBETTET

Heide in Büschel schneiden und mit Stützdraht andrahten. Aus Nelken, Jungfer im Grünen, Rosen und Taubenskabiosen einen Strauß kompakt binden. Heidedrahtungen als Manschette um die Blüten legen und am Strauß anlegen.

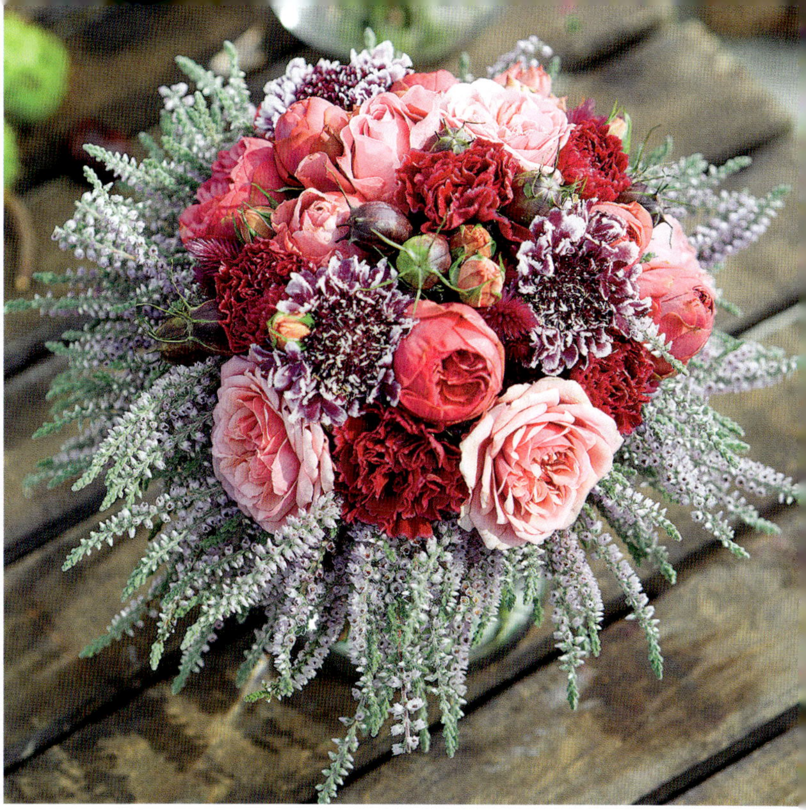

LIEGEND GEBUNDEN

Aus herbstlichen Blühern wie Besenheide, Schmetterlingsflieder, Wilde Möhre, Dahlien, Hortensien und Haarschöpfchen einen Strauß binden. Die Bindestelle mit Schmuckband umwickeln.

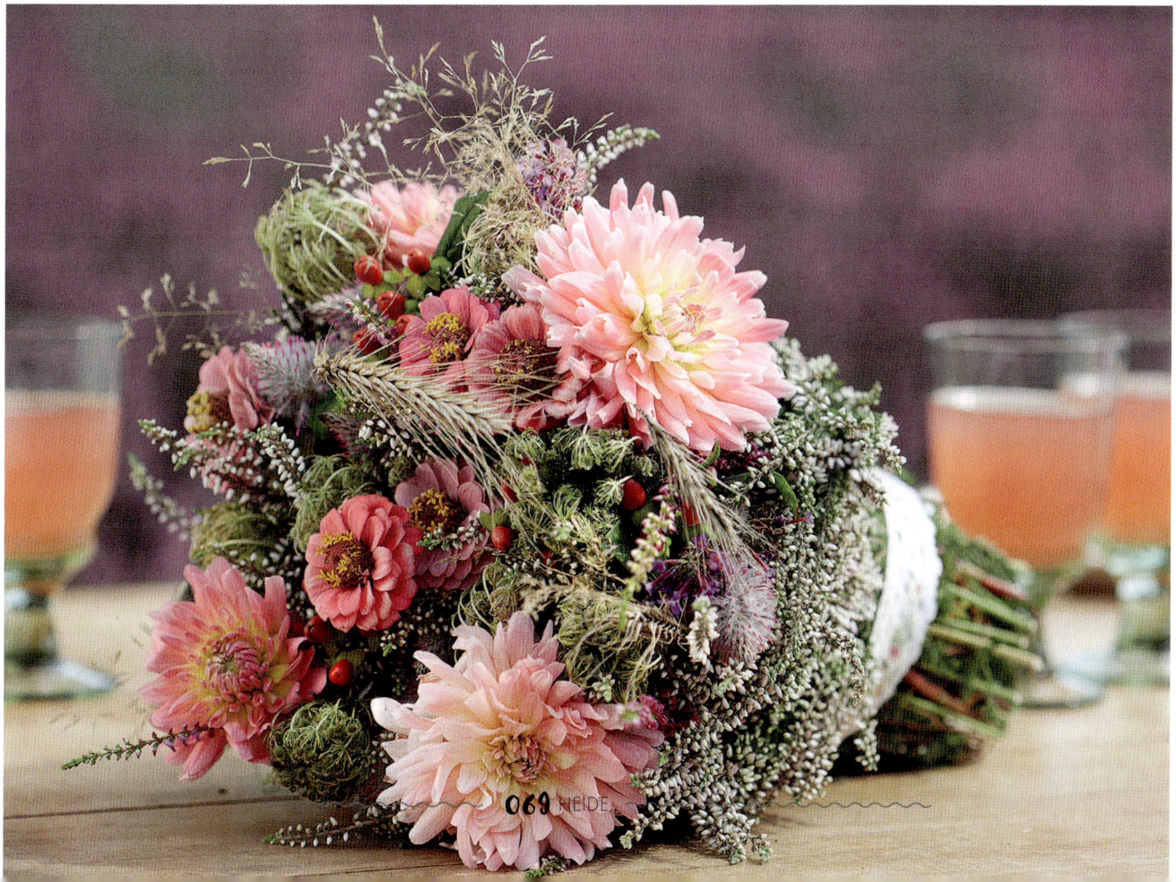

GRÜNER OUTDOORKRANZ

Heide mit wilder Möhre und Gräsern auf einen Wellendrahtring wickeln und mit Wickeldraht fixieren. Schwemmholz und Physalisstiele an einen Strick binden und an dem Kranz festknoten.

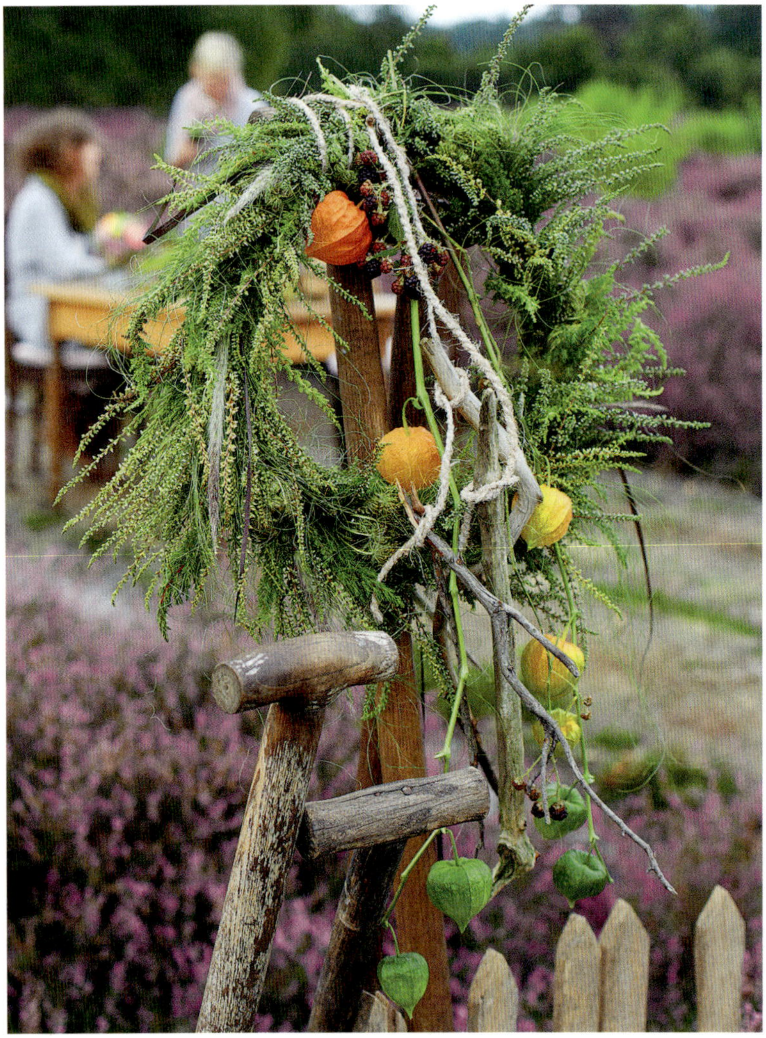

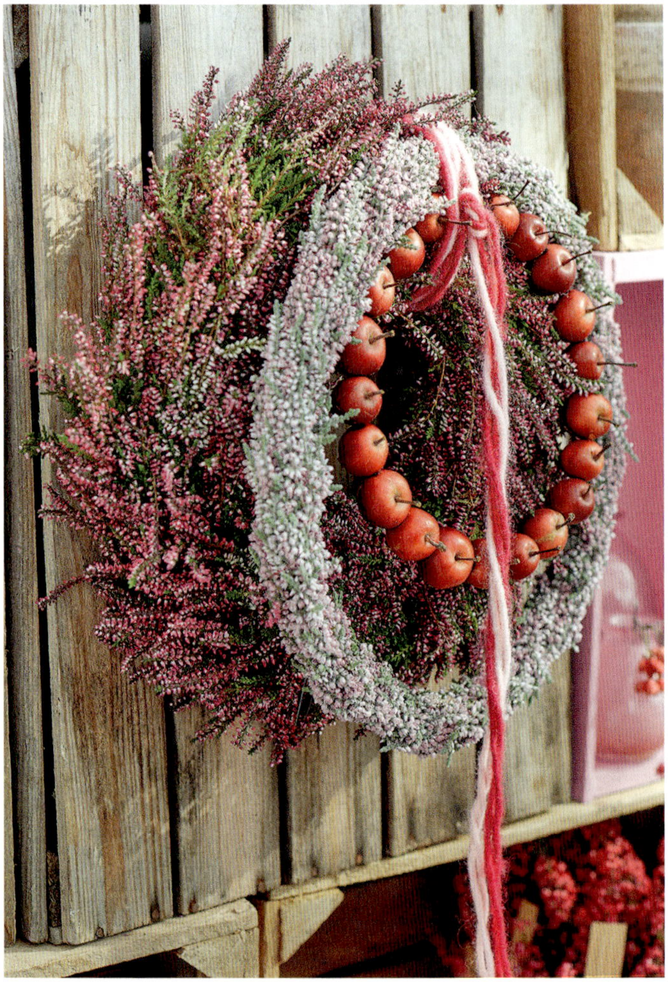

VARIANTENREICHER HEIDEKRANZ

Strohrömer mithilfe von Wickeldraht mit Heide umbinden. Nun einen Drahtreif mit dem Kraut ummanteln, auf einen weiteren Äpfel auffädeln. Die drei Kränze mit Wolle zusammenknoten und die Kordel lang herunterhängen lassen.

HOCH BEPFLANZT

Vier dicke Äste als Füße an die Holzkiste schrauben. Letztere mit Folie und Dränagevlies auslegen und mit Besenheide, Glockenheide, Indischem Spinat und Lampenputzergras bepflanzen und Äste dazwischen legen. Kiste mit Wolle umwickeln. Einige Zweige außen an die Kiste schrauben.

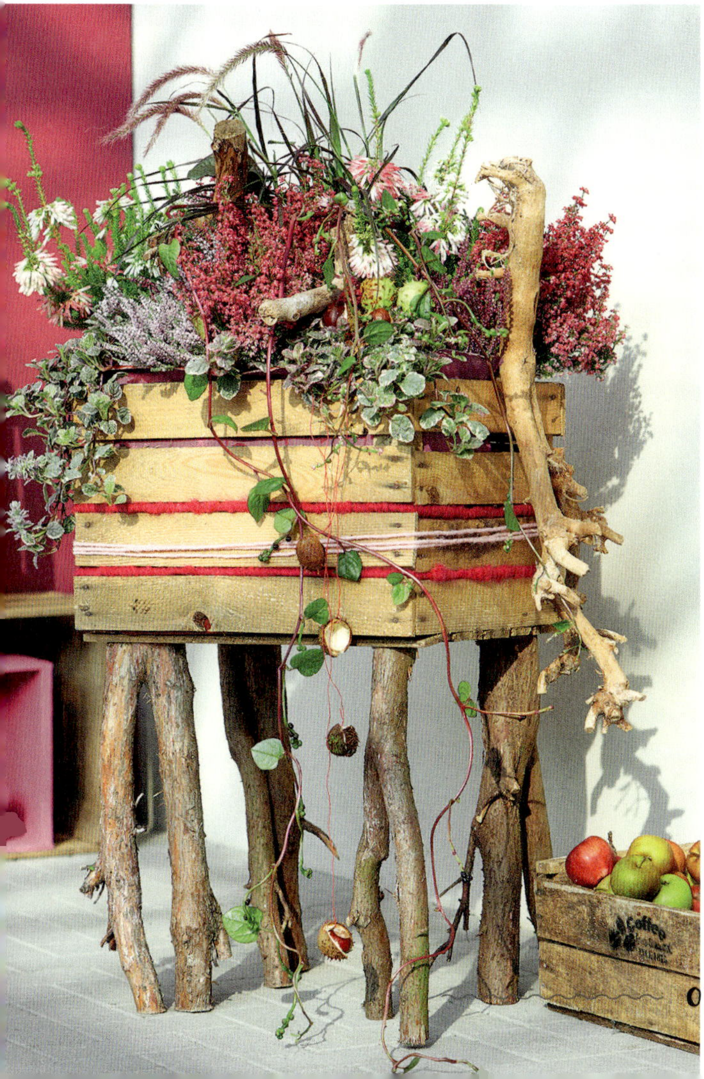

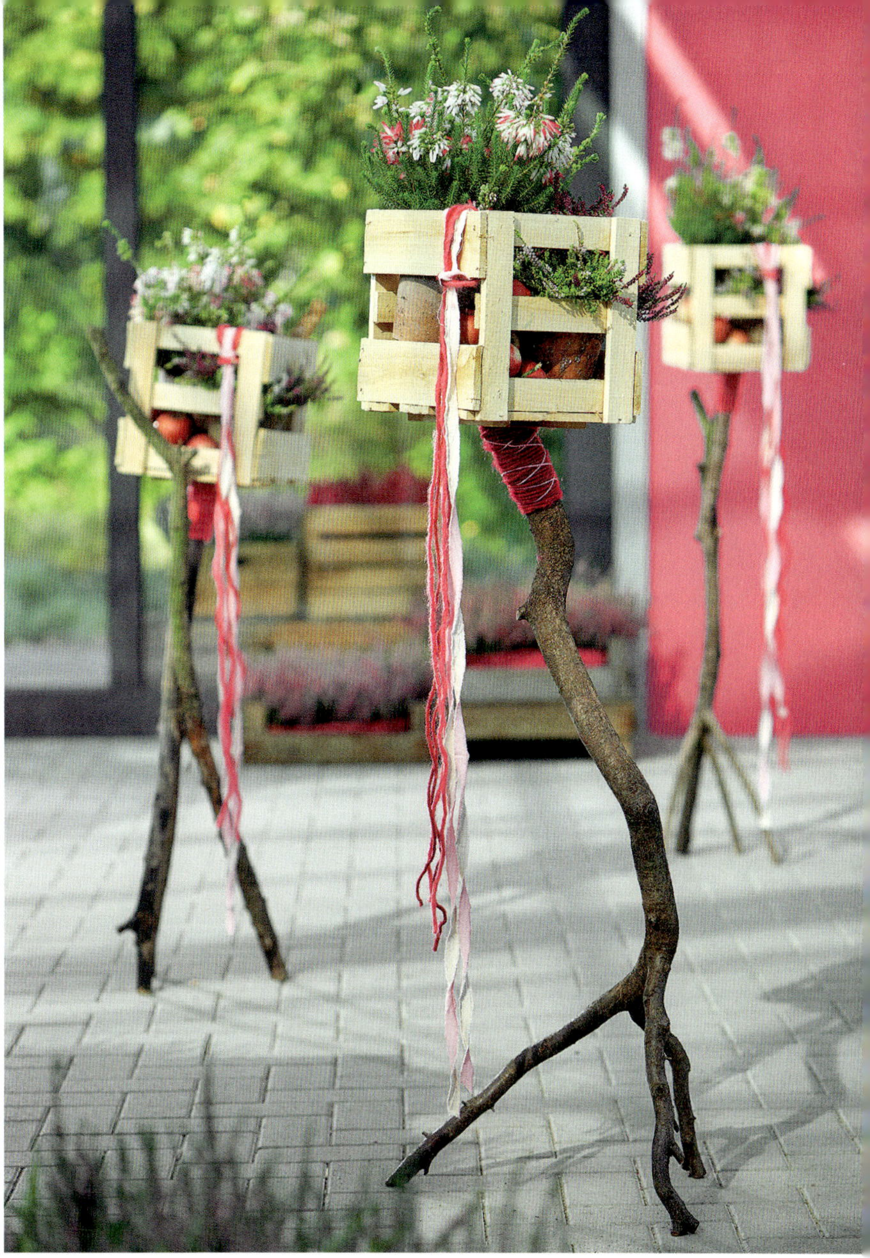

AUF STELZEN GESETZT

Einen Ast mit der Astgabel nach unten aufstellen und eine Holzkiste mit Schrauben daran fixieren. Heide in Töpfen in die Kiste stellen und diese mit Holzscheiten und Äpfeln füllen. Leinen in Streifen reißen und mit Wolle an die Kiste knoten.

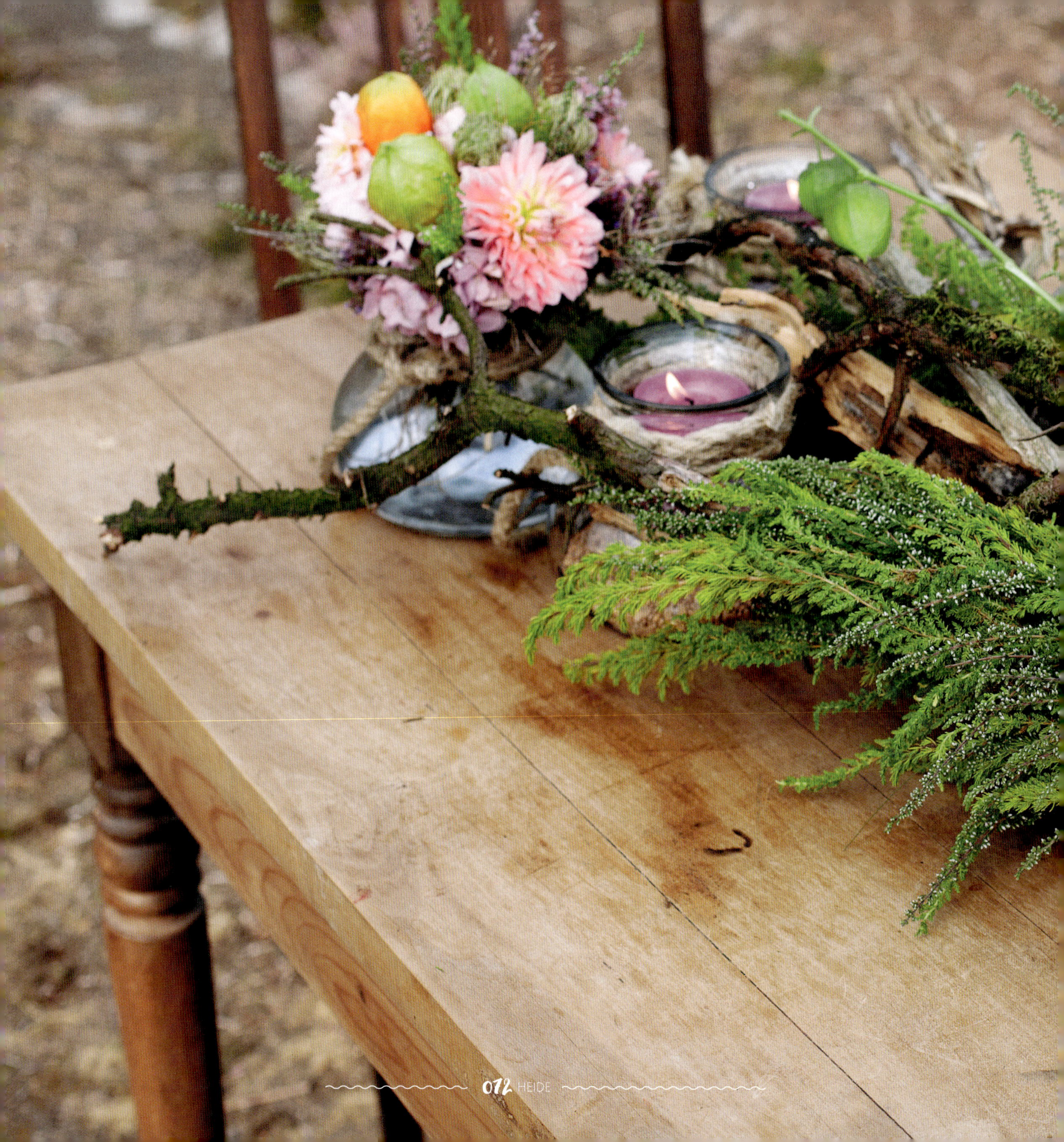

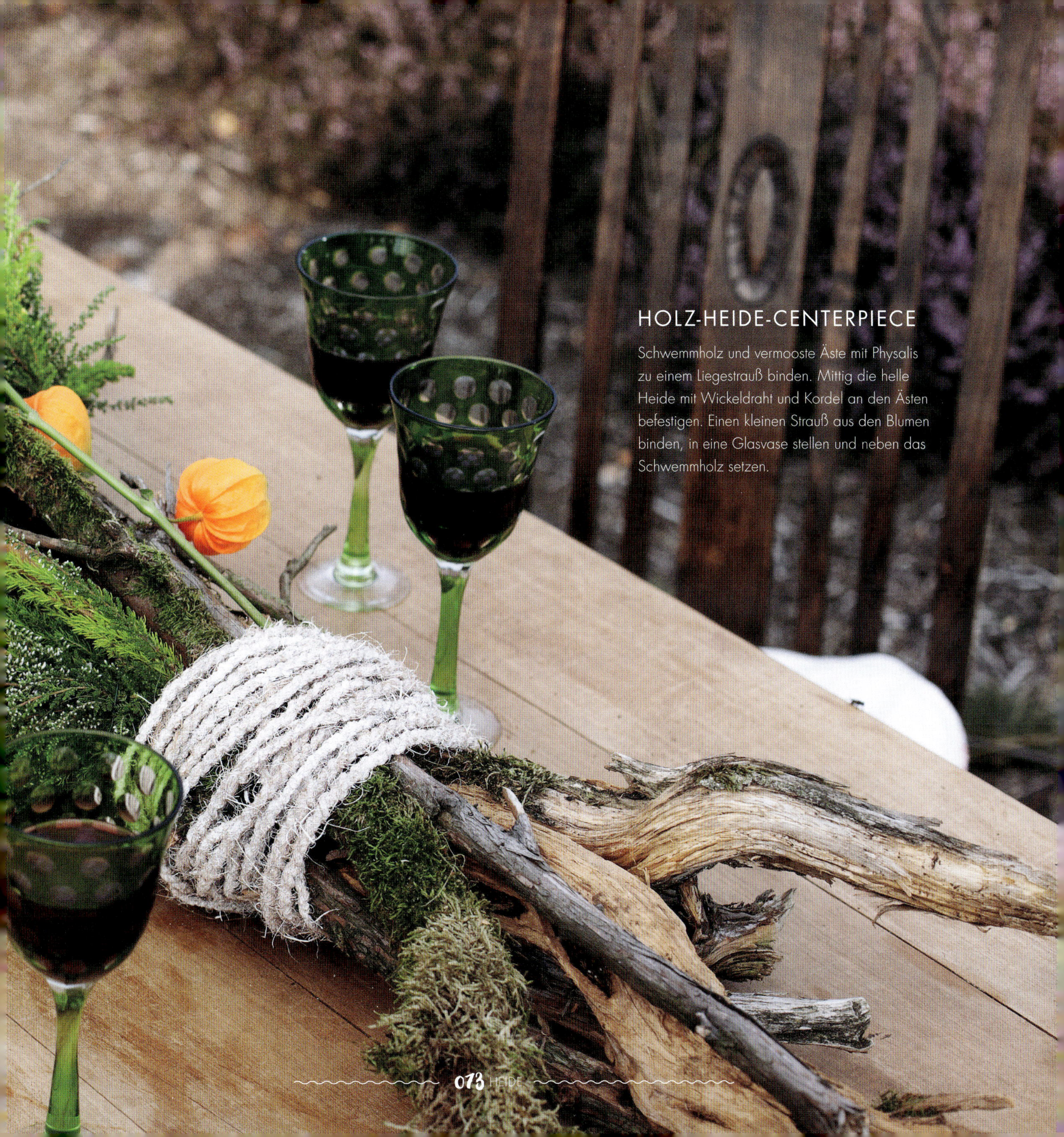

HOLZ-HEIDE-CENTERPIECE

Schwemmholz und vermooste Äste mit Physalis zu einem Liegestrauß binden. Mittig die helle Heide mit Wickeldraht und Kordel an den Ästen befestigen. Einen kleinen Strauß aus den Blumen binden, in eine Glasvase stellen und neben das Schwemmholz setzen.

AKZENTGEBENDE MANSCHETTE

Einen Strohrömer mit Heide umwickeln und andrahten. Floralien wie Dahlien mit Fetthenne, Montbretien und Hortensien kombinieren in die Heidemanschette hinein binden.

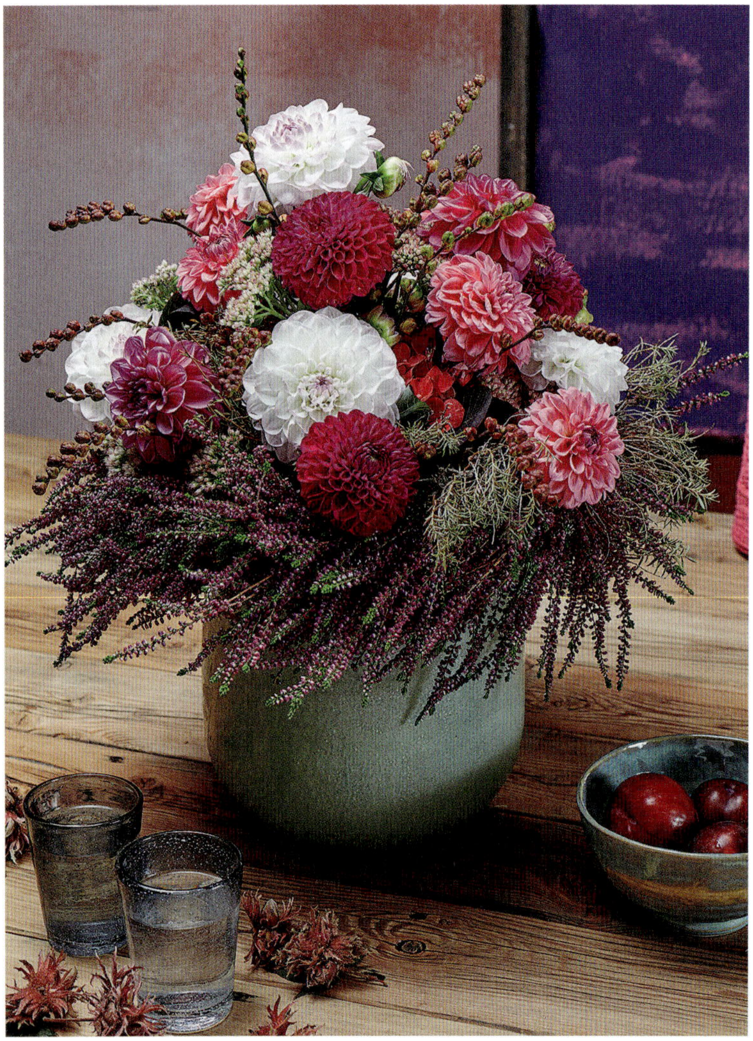

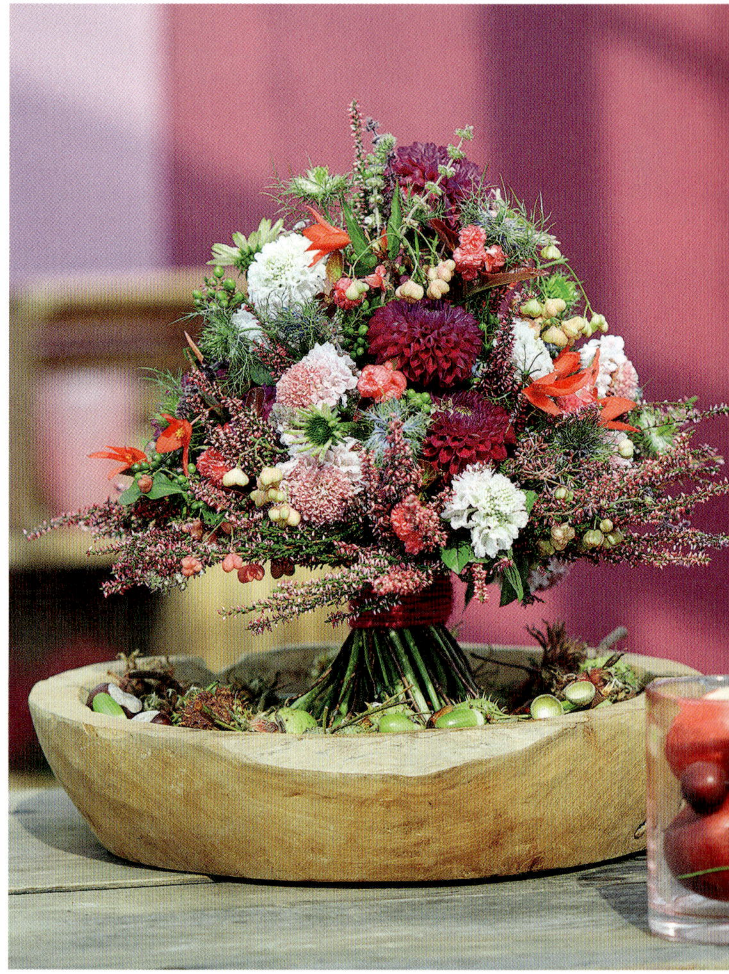

BLÜTEN-MIX

Einen Strauß kuppelförmig aus Dahlien, Sonnenhut, Pfaffenhütchen, Fuchsie, Liguster, Taubenskabiosen und Jungfer im Grünen binden. Die Bindestelle mit Wolle umwickeln.

HEIDE-RISPENSTRAUSS

Einzelne Heiderispen andrahten. Aus Herbstblühern, Disteln und Fruchtständen einen gemischten Strauß binden. Die Heide zwischen und unter den Blumenschmuck stecken und verbinden.

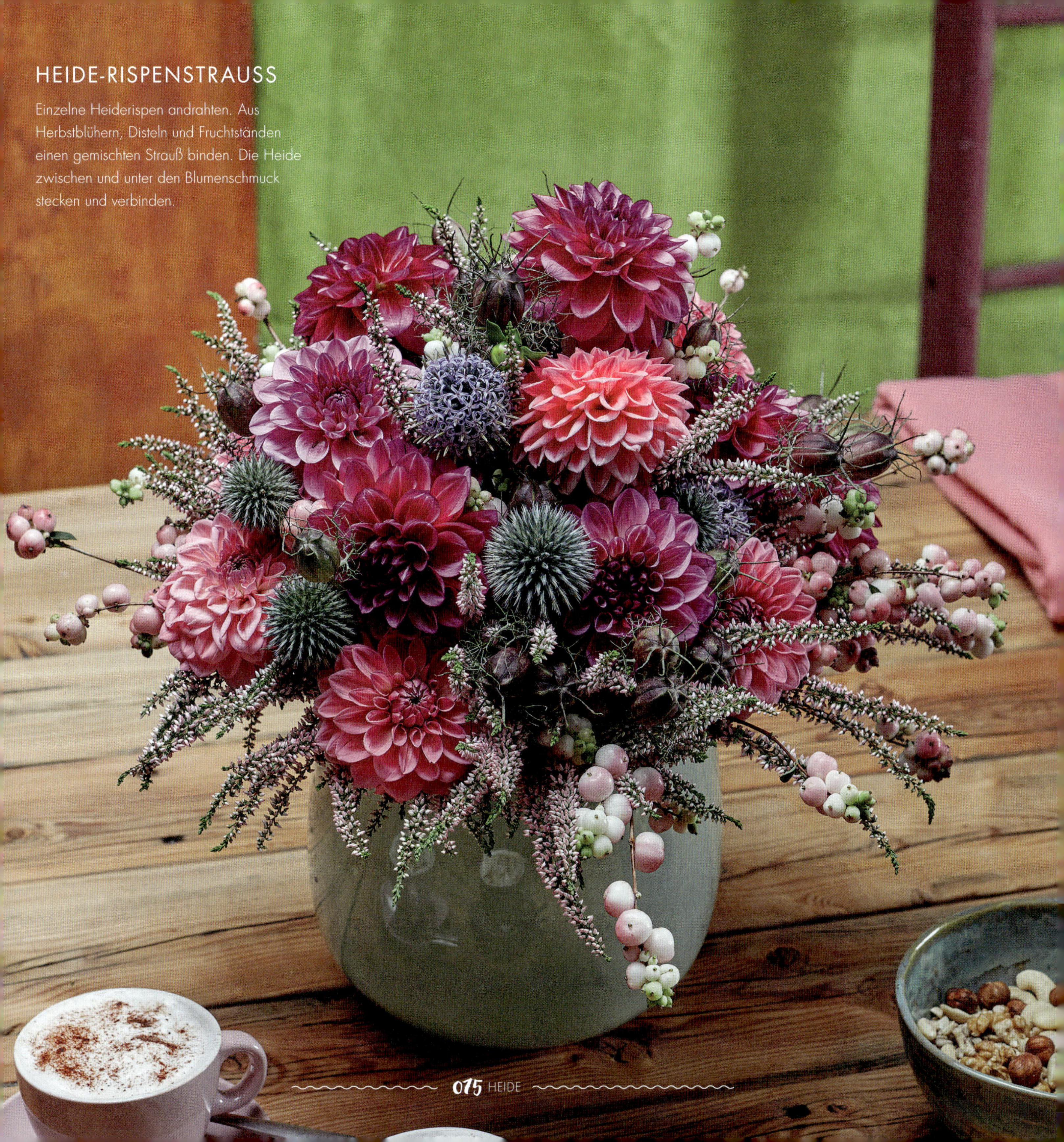

EINE KISTE VOLL HEIDEGLÜCK

Mit Jute einen Holzkasten auslegen und Erde einfüllen. Heide, Efeu, Lampenputzergras und Waldrebe einpflanzen und Ziermais zwischen die Blumen legen. Gefärbte Leinenstreifen um die Kiste legen und verknoten.

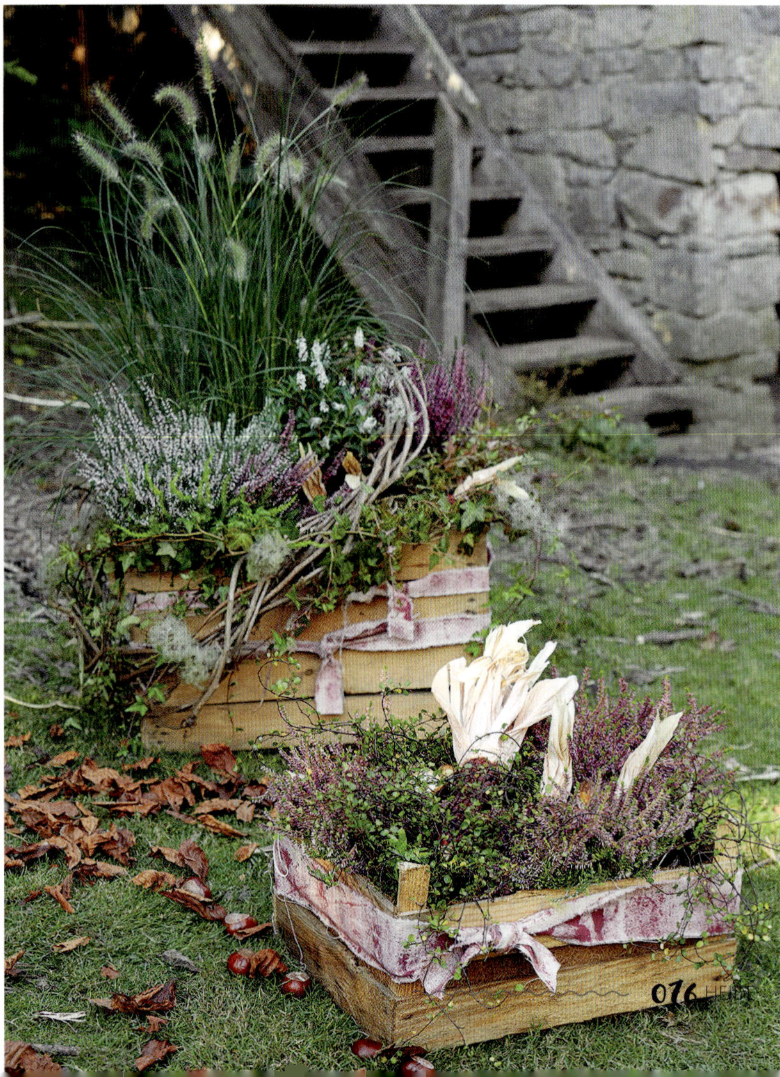

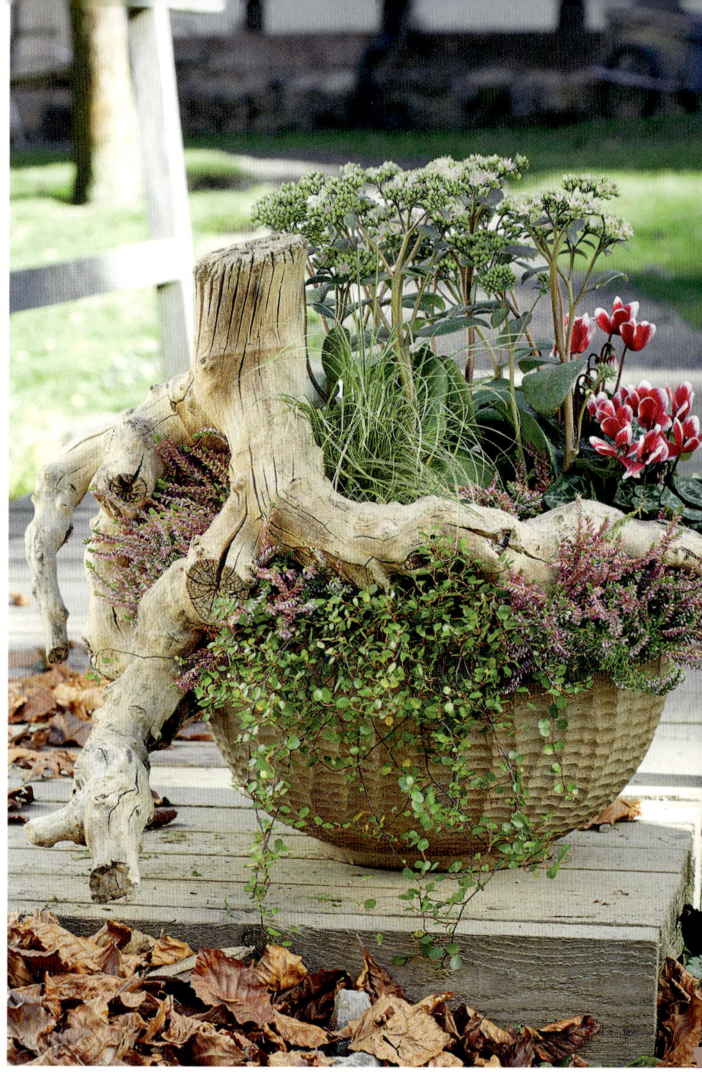

WURZELSCHMUCK

Erde in das Gefäß füllen und Besenheide, Segge, Alpenveilchen, Mühlenbeckie und Fetthenne einsetzen. Die Holzwurzel eindekorieren, eventuell Löcher hineinbohren und dort Holzstäbe fixieren, die in das Gefäß gesteckt werden.

EYECATCHER IM KOFFER

Koffer erst mit Zeitung, dann mit Folie auslegen und Erde einfüllen. Eine Baumwurzel einsetzen und Heide, Efeu, Chrysanthemen und Skimmie um die Wurzel herum einpflanzen.

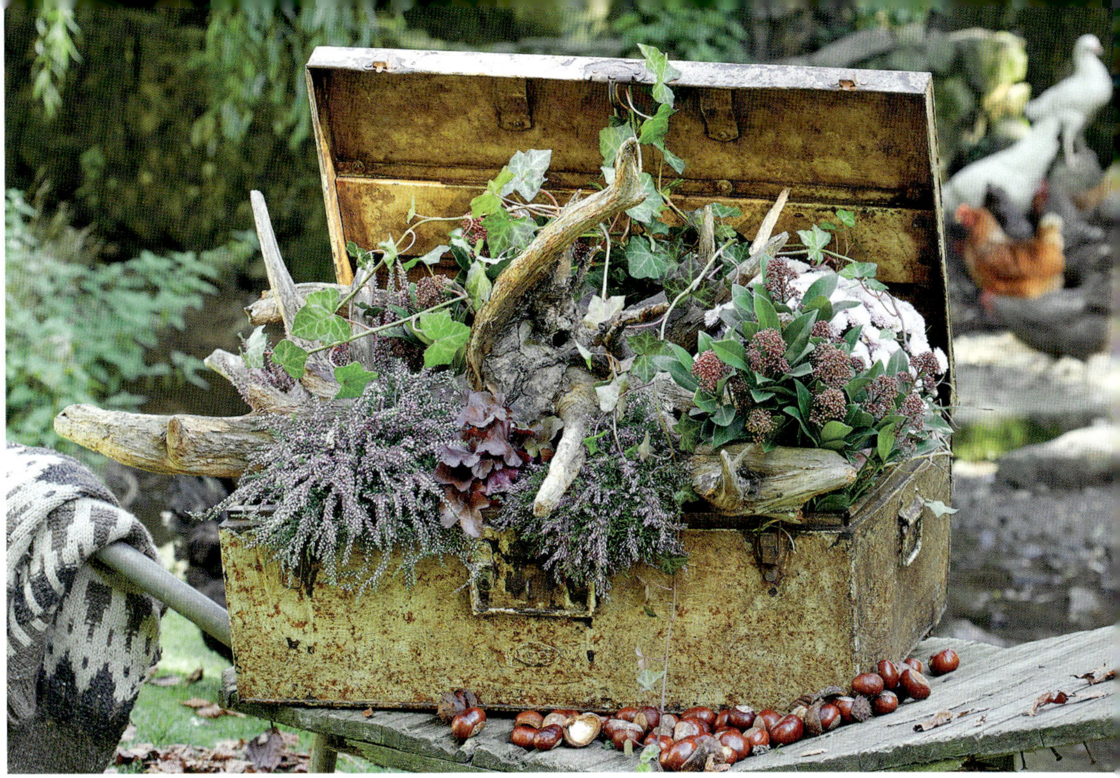

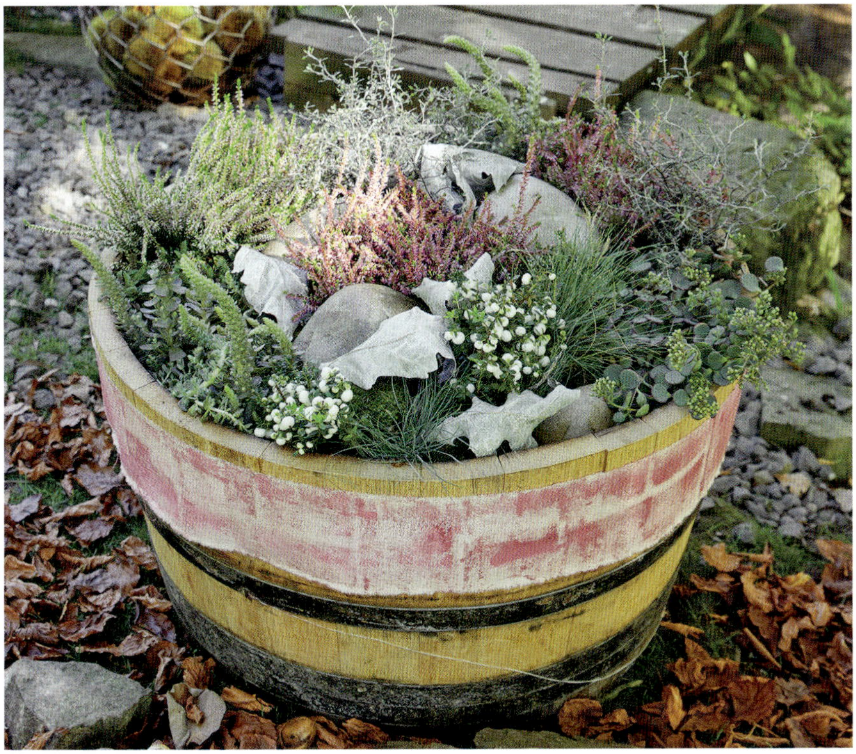

HEIDEFASS

Pflanzerde in das Fass füllen. Besenheide, Zickzackstrauch, Scheinbeere, Sternwurz und Fetthenne einpflanzen. Mit Steinen und Eichenblättern dekorieren. Gefärbtes Leinen in Streifen reißen, um das Fass legen und mit Heißkleber befestigen.

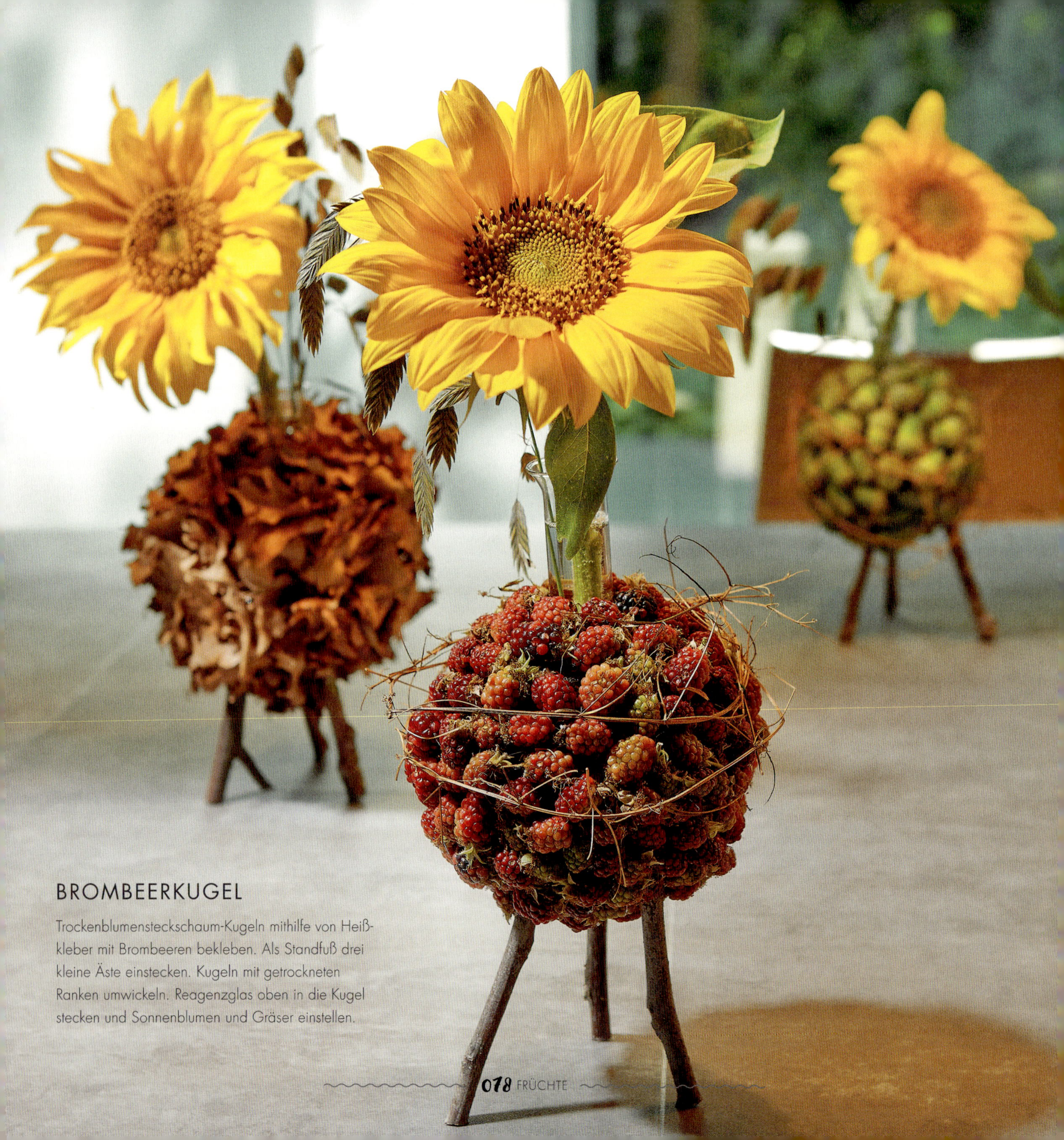

BROMBEERKUGEL

Trockenblumensteckschaum-Kugeln mithilfe von Heißkleber mit Brombeeren bekleben. Als Standfuß drei kleine Äste einstecken. Kugeln mit getrockneten Ranken umwickeln. Reagenzglas oben in die Kugel stecken und Sonnenblumen und Gräser einstellen.

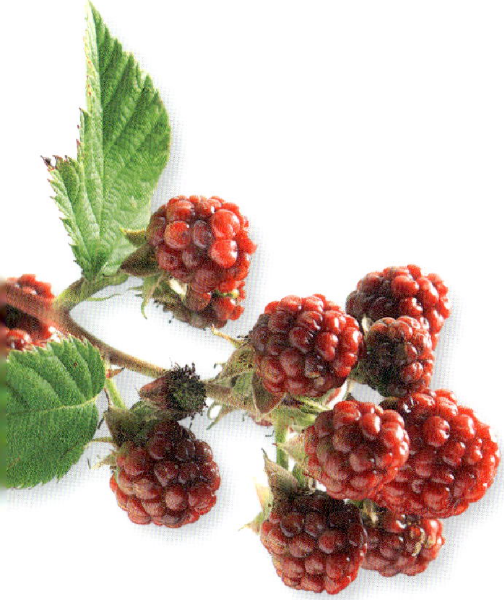

Früchte in Szene gesetzt

Ob Kastanien, Zieräpfel oder Hagebutten – beim Spaziergang durch Wald und Flur lassen sich allerhand Früchte sammeln, die als Ketten verbunden oder in Sträuße und Gestecke eingearbeitet, raffinierte Kreationen ergeben.

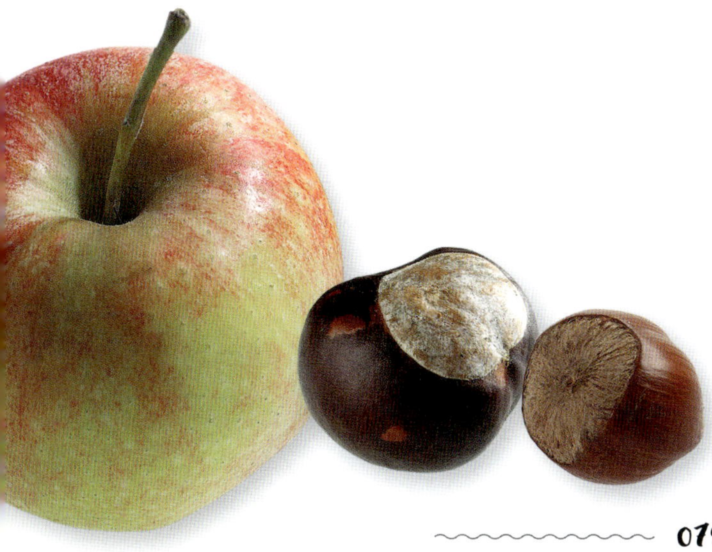

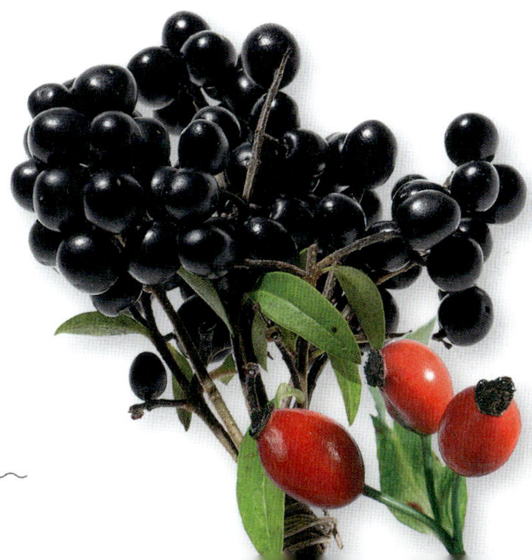

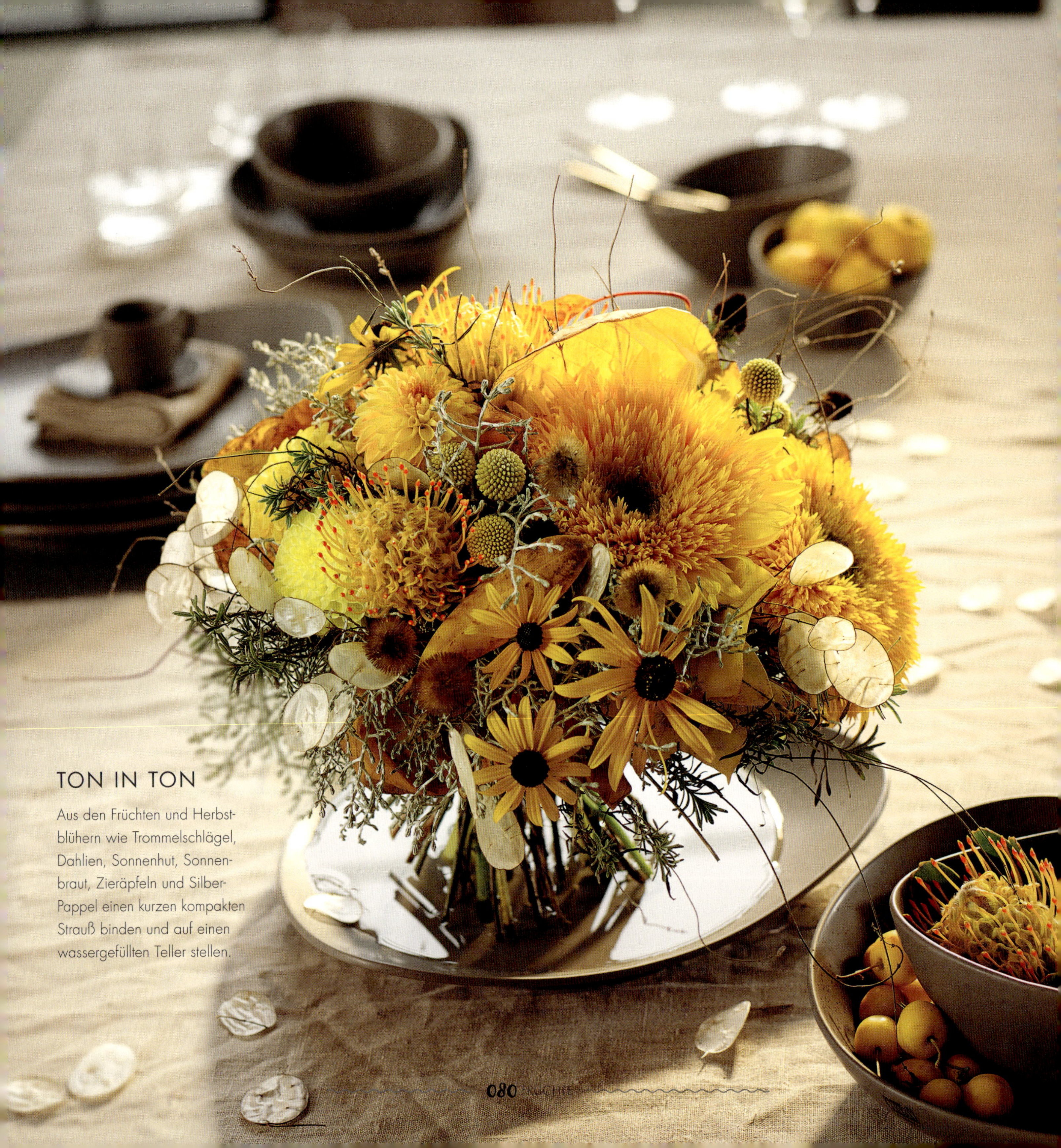

TON IN TON

Aus den Früchten und Herbstblühern wie Trommelschlägel, Dahlien, Sonnenhut, Sonnenbraut, Zieräpfeln und Silber-Pappel einen kurzen kompakten Strauß binden und auf einen wassergefüllten Teller stellen.

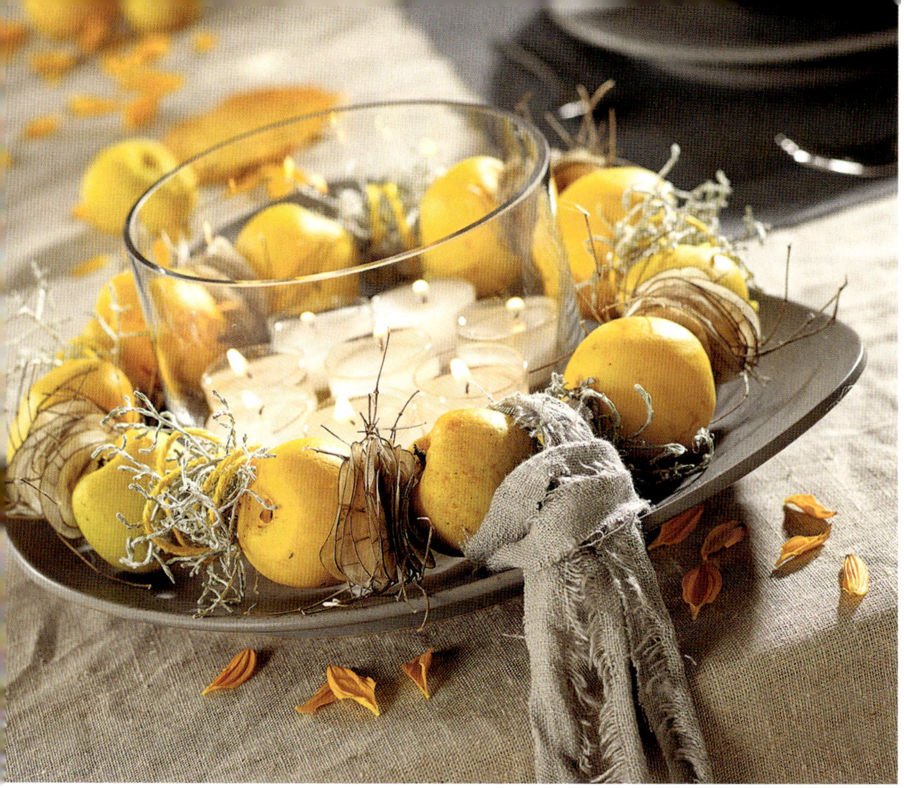

ZIERQUITTENKRANZ

Zierquitten mit Lunaria und Drahtpflanzentrieben zu einem Kranz auf Aluminiumdraht auffädeln. Einen Stoffstreifen an einer Seite anknoten. Kranz auf einen Teller legen und in die Mitte ein Windlicht stellen (links).

Alternativ ein Gefäß mit Wasser füllen und die Triebe der Drahtpflanze einstellen. Eine Sonnenblumenblüte dazwischenstecken. Den Zierquittenkranz locker um das Gefäß drapieren und mit Kordel und Stoffstreifen an der Sonnenblume befestigen (rechts).

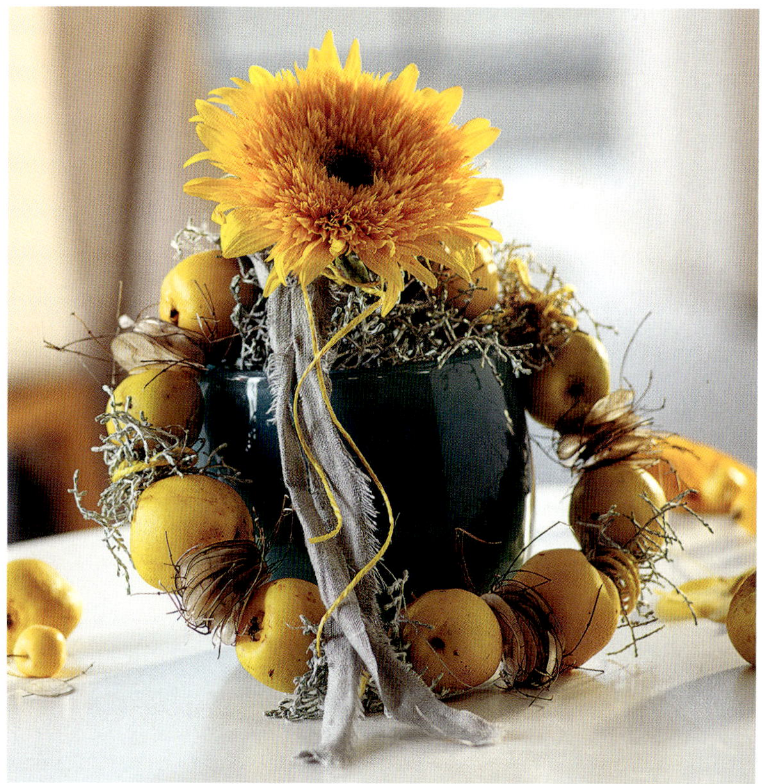

ZIERAPFELBOUQUET

Frischblumensteckschaum wässern und das komplette Gefäß damit ausfüllen. Zieräpfel mit Zahnstochern versehen und um den Rand des Gefäßes stecken. Eicheln, Äpfel und Laub andrahten und zusammen mit Dahlien einstecken. Ein Herbstblatt herausstehen lassen. Band und Kordel um das Gesteck legen und verknoten.

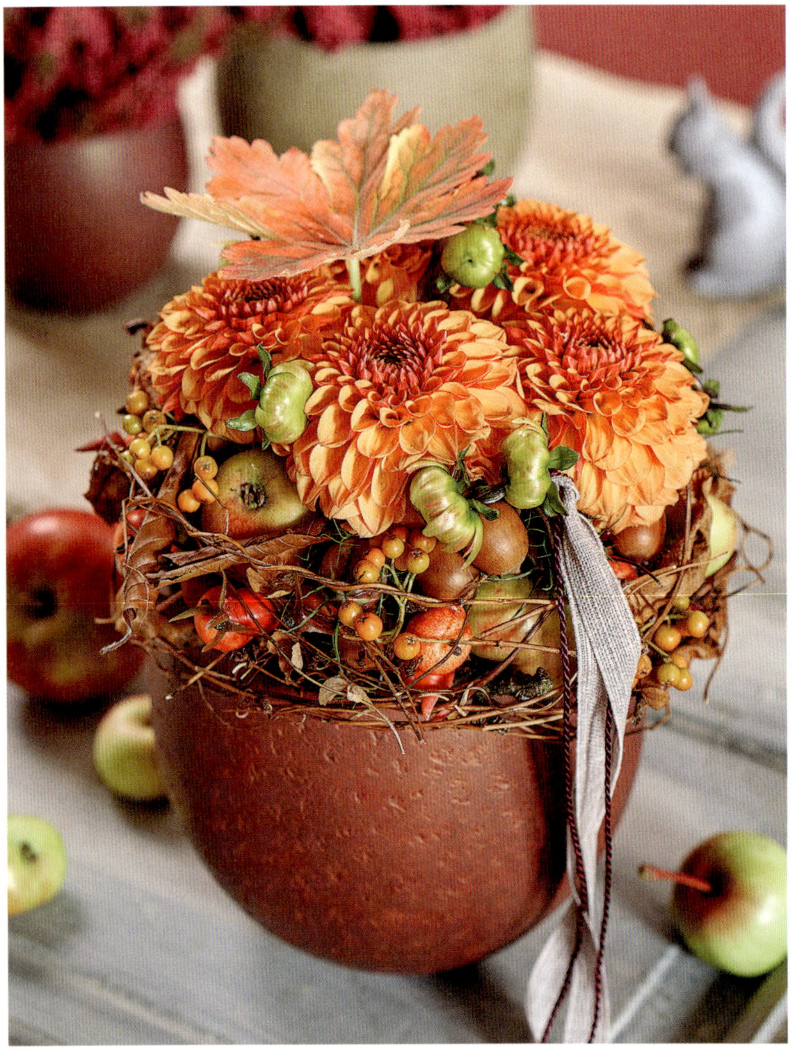

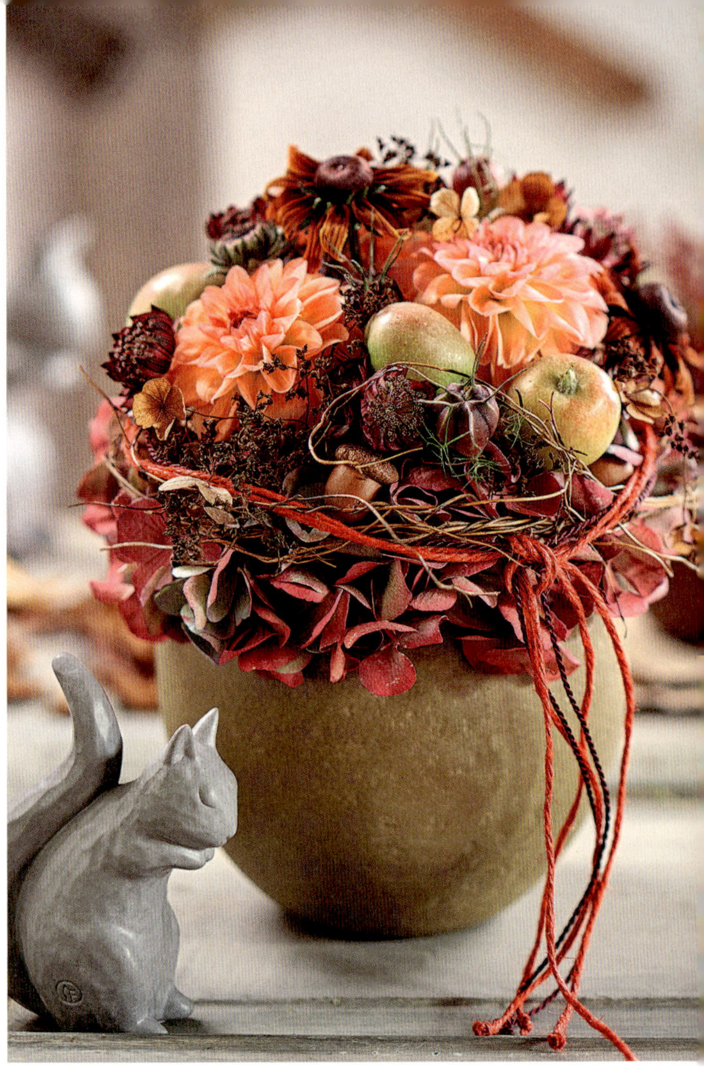

HORTENSIEN-GESTECK

Frischblumensteckschaum wässern und das Gefäß damit ausfüllen. Hortensienblüten kranzförmig in den Steckschaum stecken und mit Haften fixieren. Dahlien und Sonnenhut einsetzen. Äpfel mit Zahnstochern versehen, Eicheln andrahten und beides einstecken. Schmückende Kordel und Band um das Gesteck legen und verknoten.

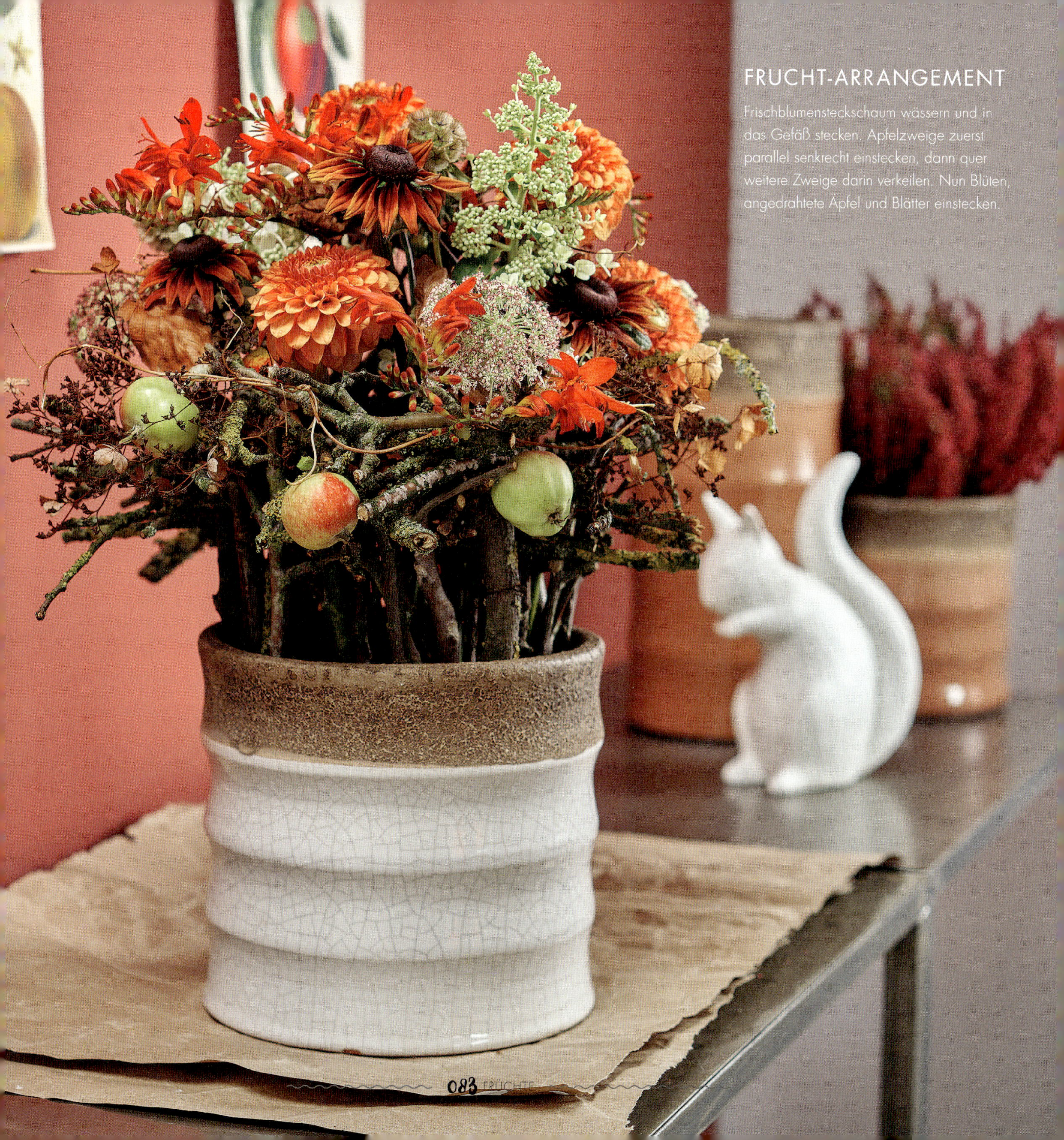

FRUCHT-ARRANGEMENT

Frischblumensteckschaum wässern und in das Gefäß stecken. Apfelzweige zuerst parallel senkrecht einstecken, dann quer weitere Zweige darin verkeilen. Nun Blüten, angedrahtete Äpfel und Blätter einstecken.

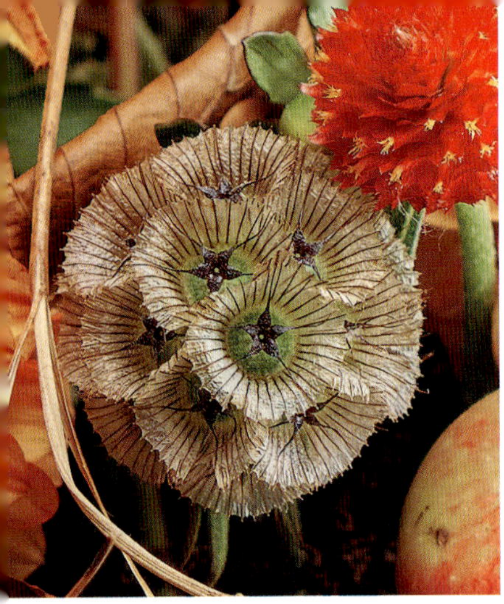

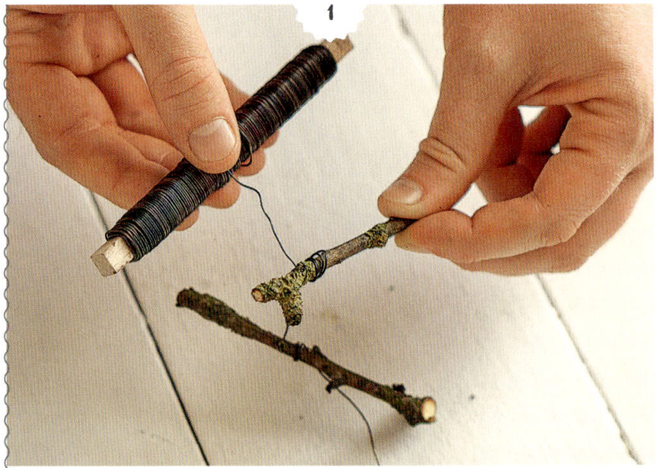

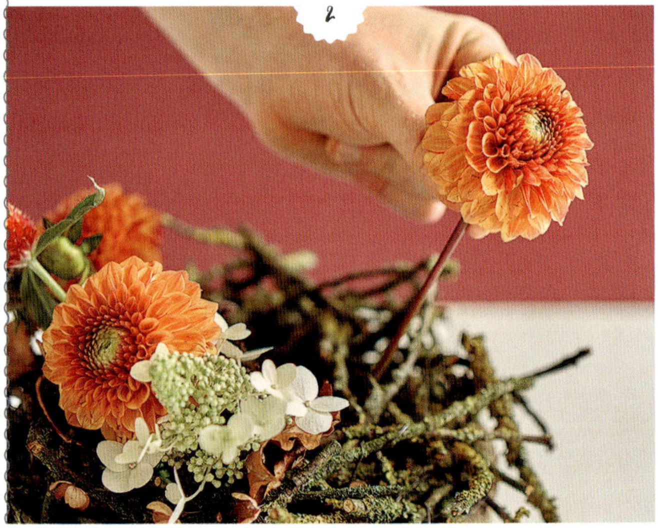

Was du brauchst:

Schale, Frischblumensteckschaum, Wickeldraht, Steckdraht, Holzstäbe, trockene Ranken, Apfelzweige, Äpfel, Floralien wie Dahlien, Sonnenhut, Rispenhortensien, Stern-Skabiose, Kugel-Amarant und Geranien

1. Frischblumensteckschaum wässern und in eine Schale stecken. Apfelbaumzweigstücke kettenartig an einem langen Wickeldraht fixieren. Diese Kette in der Schale mit Steckdraht fixieren.

2. Dahlien, Sonnenhut und weitere Herbstblüher einstecken. Äpfel auf Holzstäbe spießen, einsetzen und trockene Ranken über das Gesteck legen.

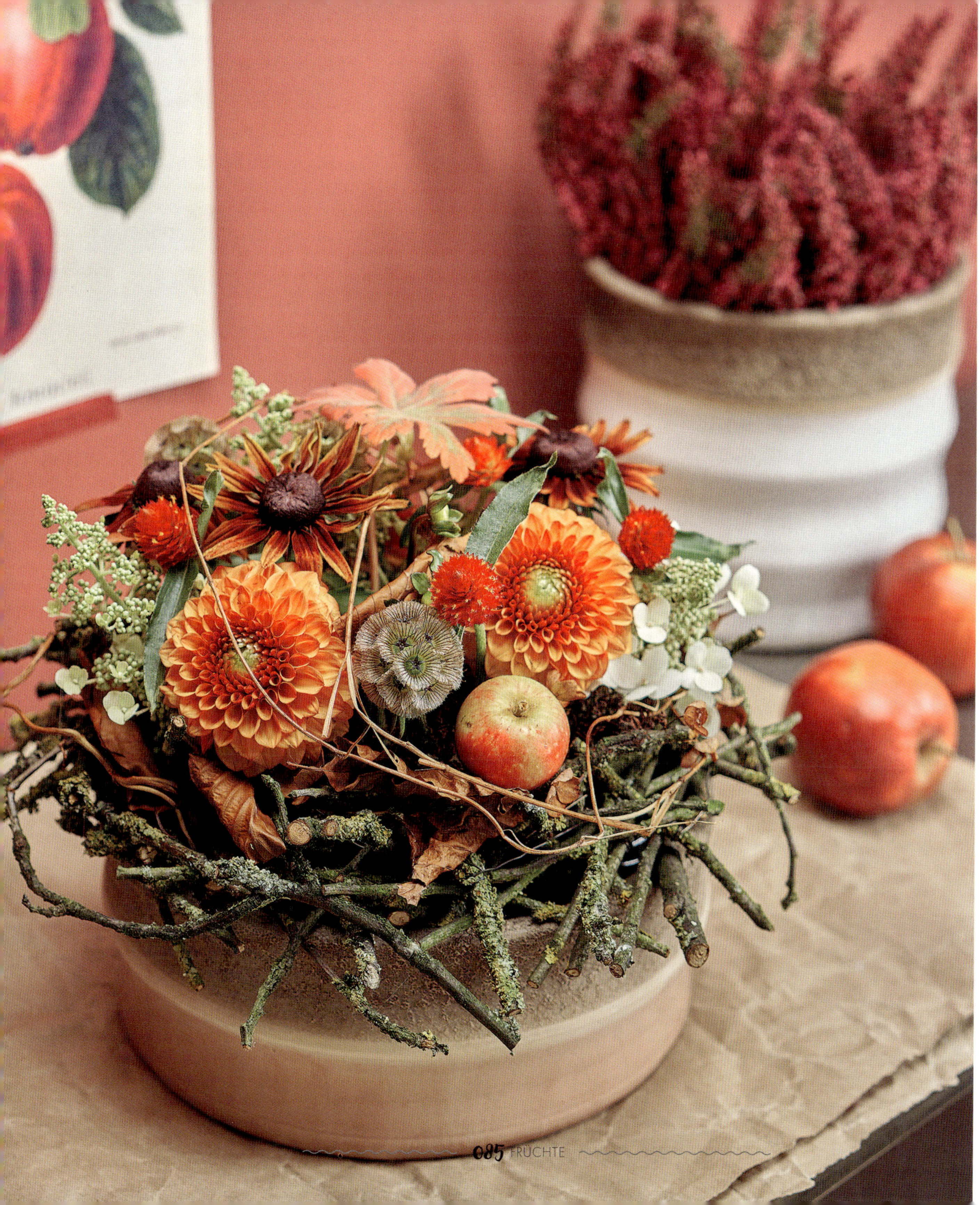

KUPPELKUNST

Eine Frischblumensteckschaum-Kugel halbieren und wässern. Zieräpfel auf Zahnstocher stecken und einsetzen. Floralien in Reihen nebeneinander stecken. Farbiges wasserfestes Kunststoffband in Streifen schneiden, zu Tuffs zusammennehmen und einstecken.

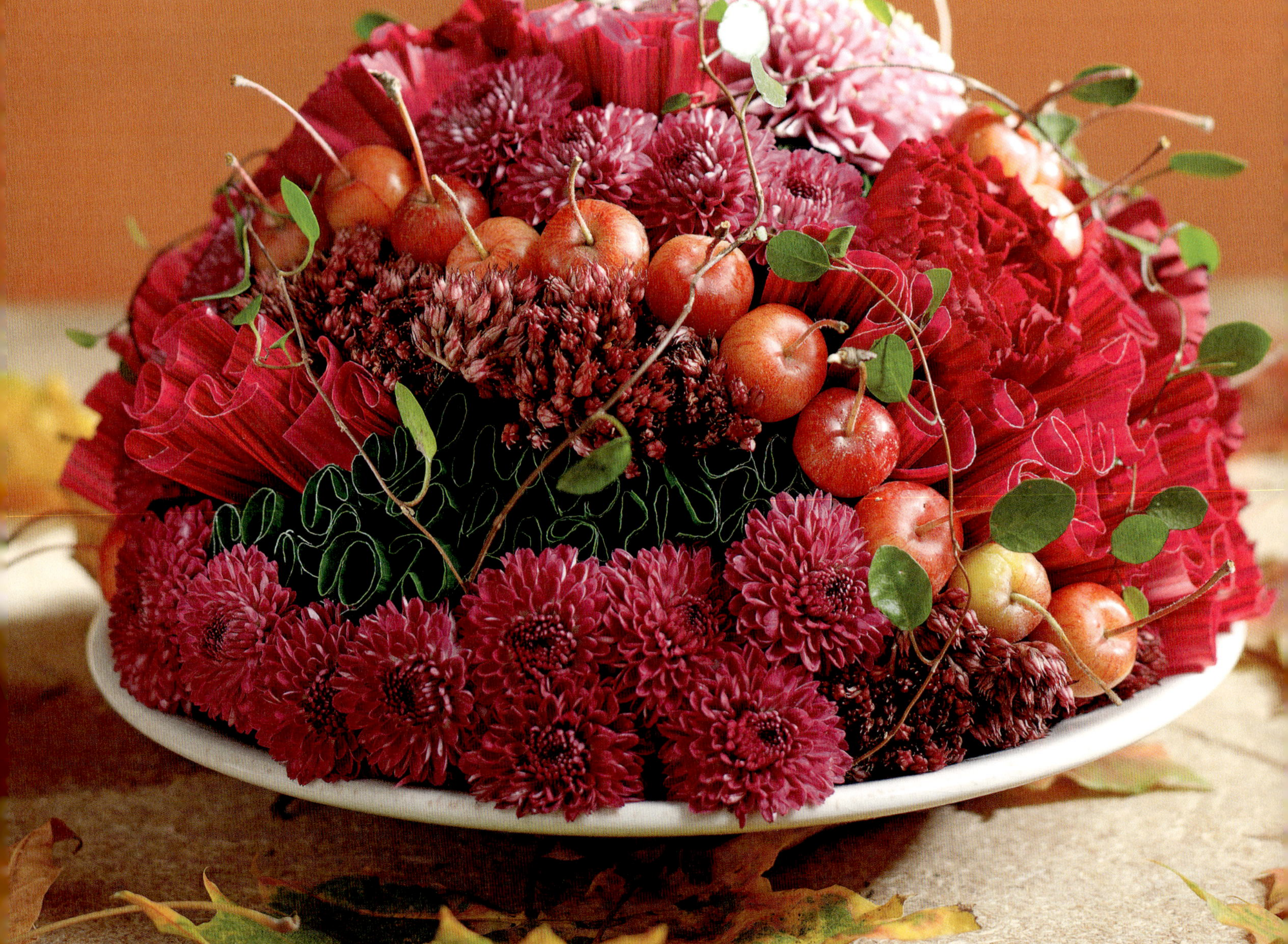

HERBSTLICHE HALBKUGEL

Hagebutten mithilfe von Steckdraht zu zwei Ketten aufreihen und diese in die halbierte Frischblumensteckschaum-Kugel stecken. Darüber zu Tuffs zusammengenommenes Kunststoffband einsetzen. Den Rest der Halbkugel mit Floralien und angedrahteten Physalis bestecken.

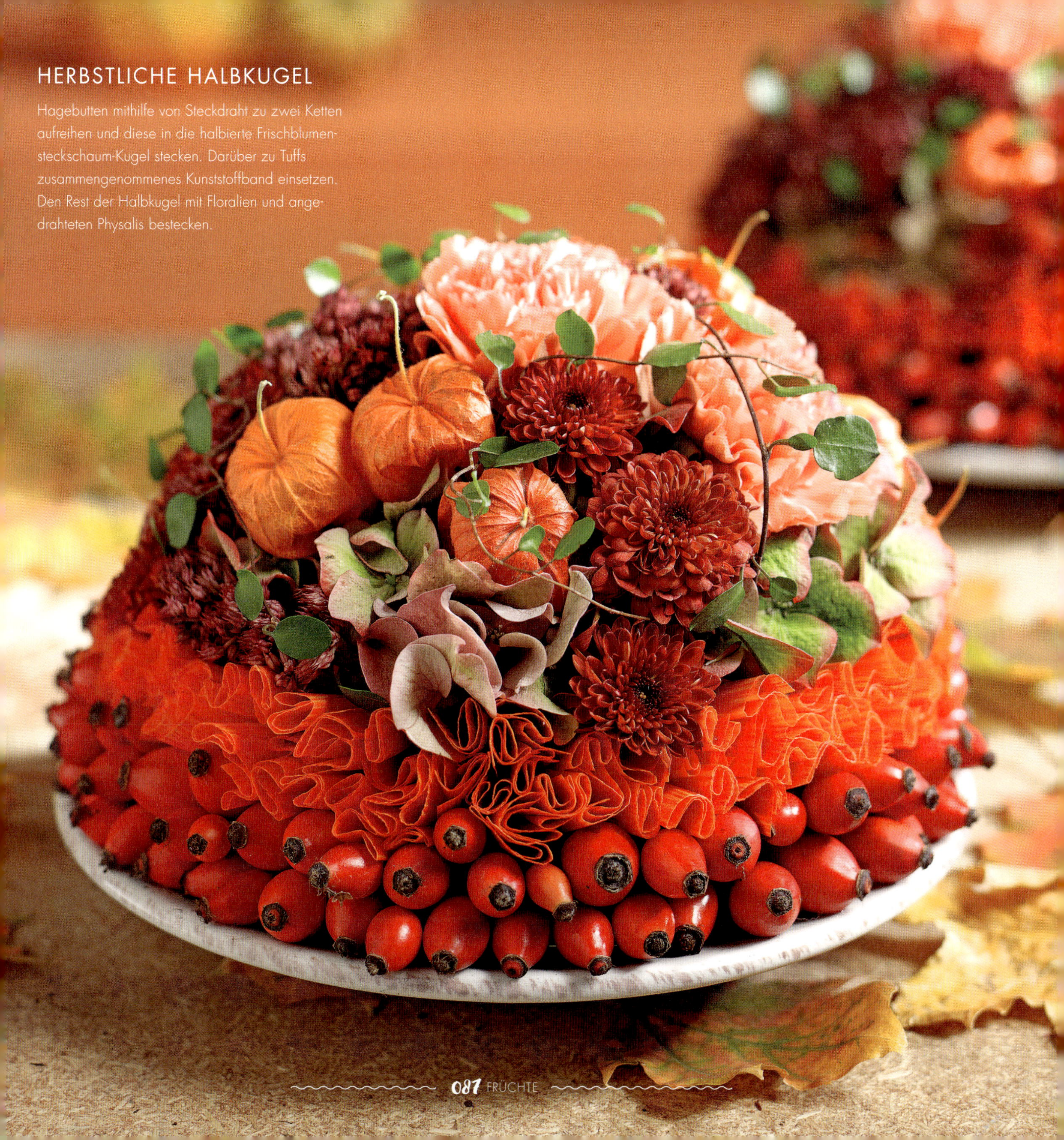

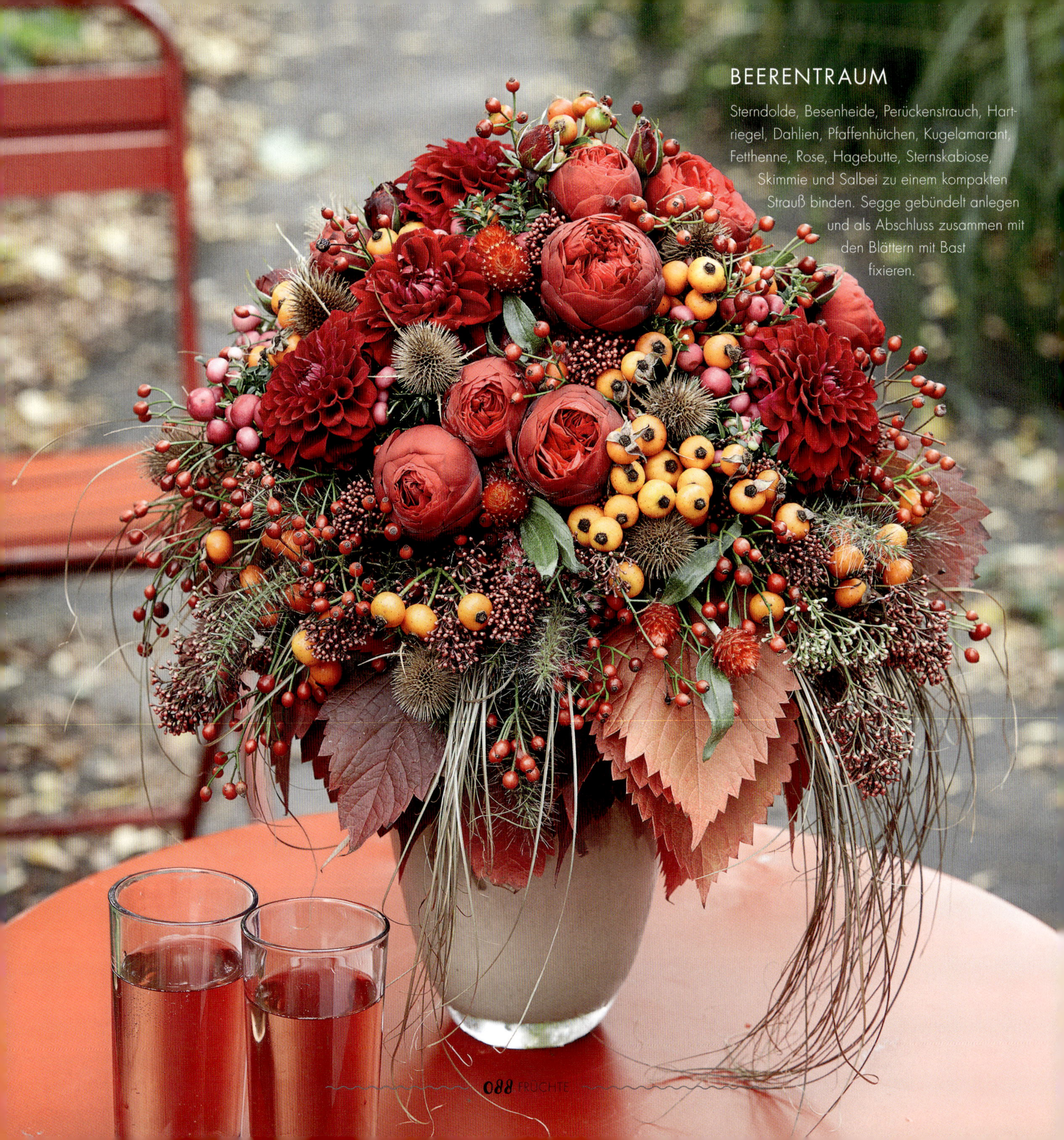

BEERENTRAUM

Sterndolde, Besenheide, Perückenstrauch, Hartriegel, Dahlien, Pfaffenhütchen, Kugelamarant, Fetthenne, Rose, Hagebutte, Sternskabiose, Skimmie und Salbei zu einem kompakten Strauß binden. Segge gebündelt anlegen und als Abschluss zusammen mit den Blättern mit Bast fixieren.

ÜPPIGE APFELLIEBE

Die Äpfel auf Holzstäbe stecken, Ahornblätter teilweise andrahten und mit Dahlien, Purpurglöckchen, Rosen, Fetthenne und Lampenputzergras zu einem Strauß binden. Eine Manschette aus Blättern und Gräsern unter den Strauß legen und miteinander befestigen.

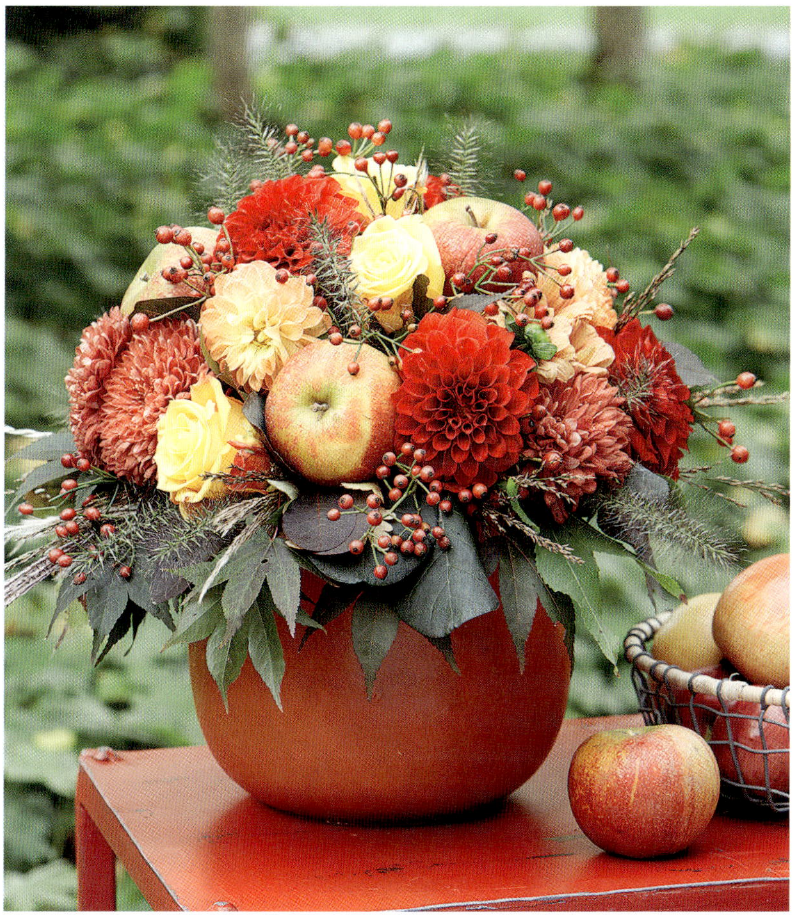

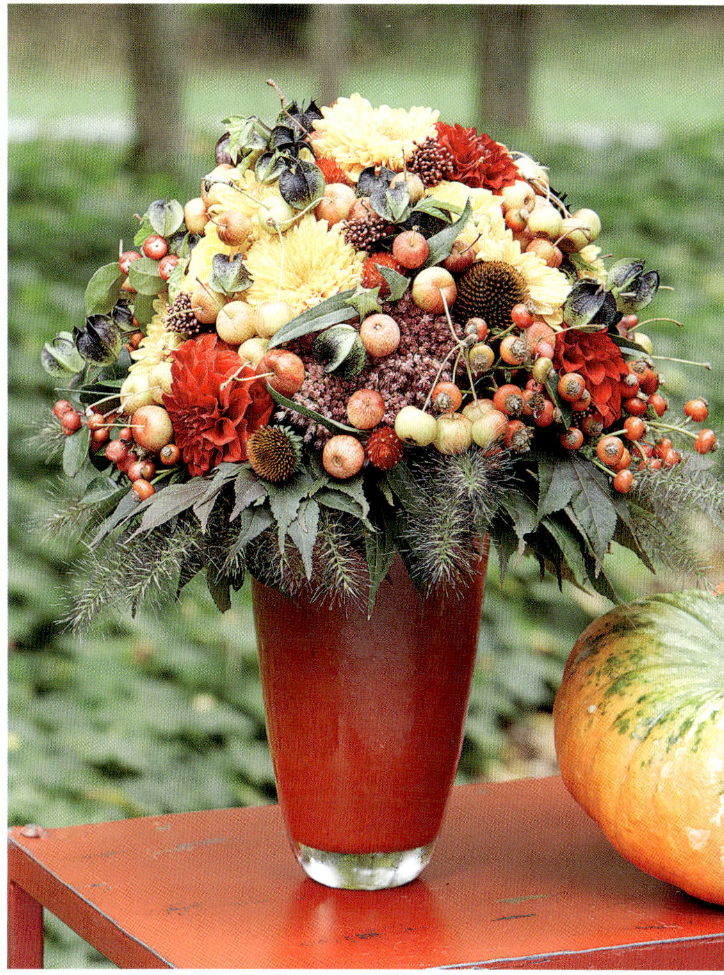

BEERENGLÜCK

Alternativ, statt üppiger Blüten und Früchte, zarte Zieräpfel und Hagebutten andrahten und gemeinsam mit Igelkopf, Chrysanthemen, Dahlien, Kugelamarant, Blaue Lampionblume und Skimmie zu einem Strauß binden. Eine Manschette aus Ahornblättern und Gräsern als Abschluss anlegen und mit Bast befestigen.

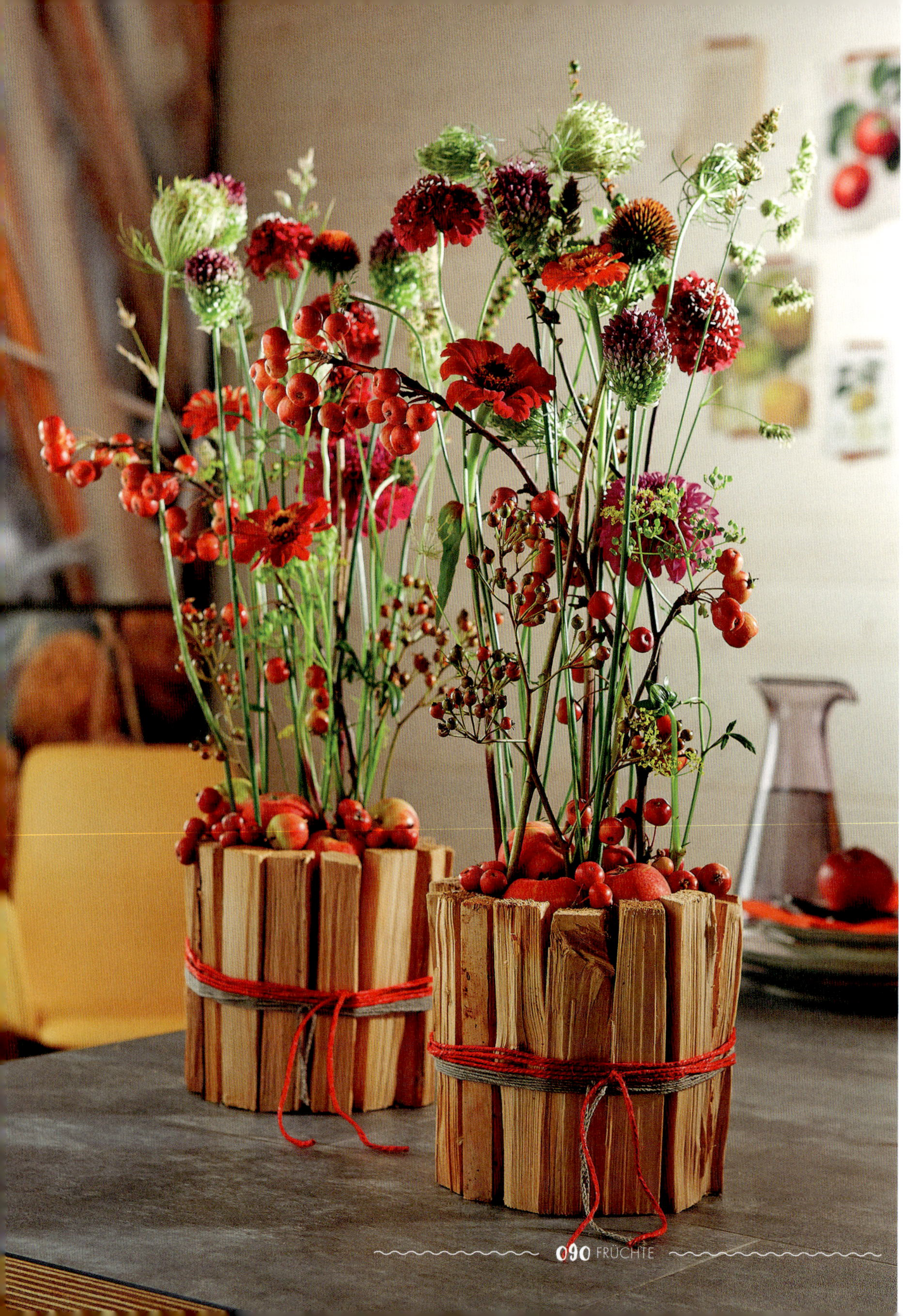

ERNTEWIESE

Holzstücke mit Heißkleber an einem Glas befestigen und mit verschiedenen Garnen umwickeln. Gewässerten Frischblumensteckschaum einfüllen und Blüten einstecken. Äpfel auf Holzstäben fixieren und in den Steckschaum setzen.

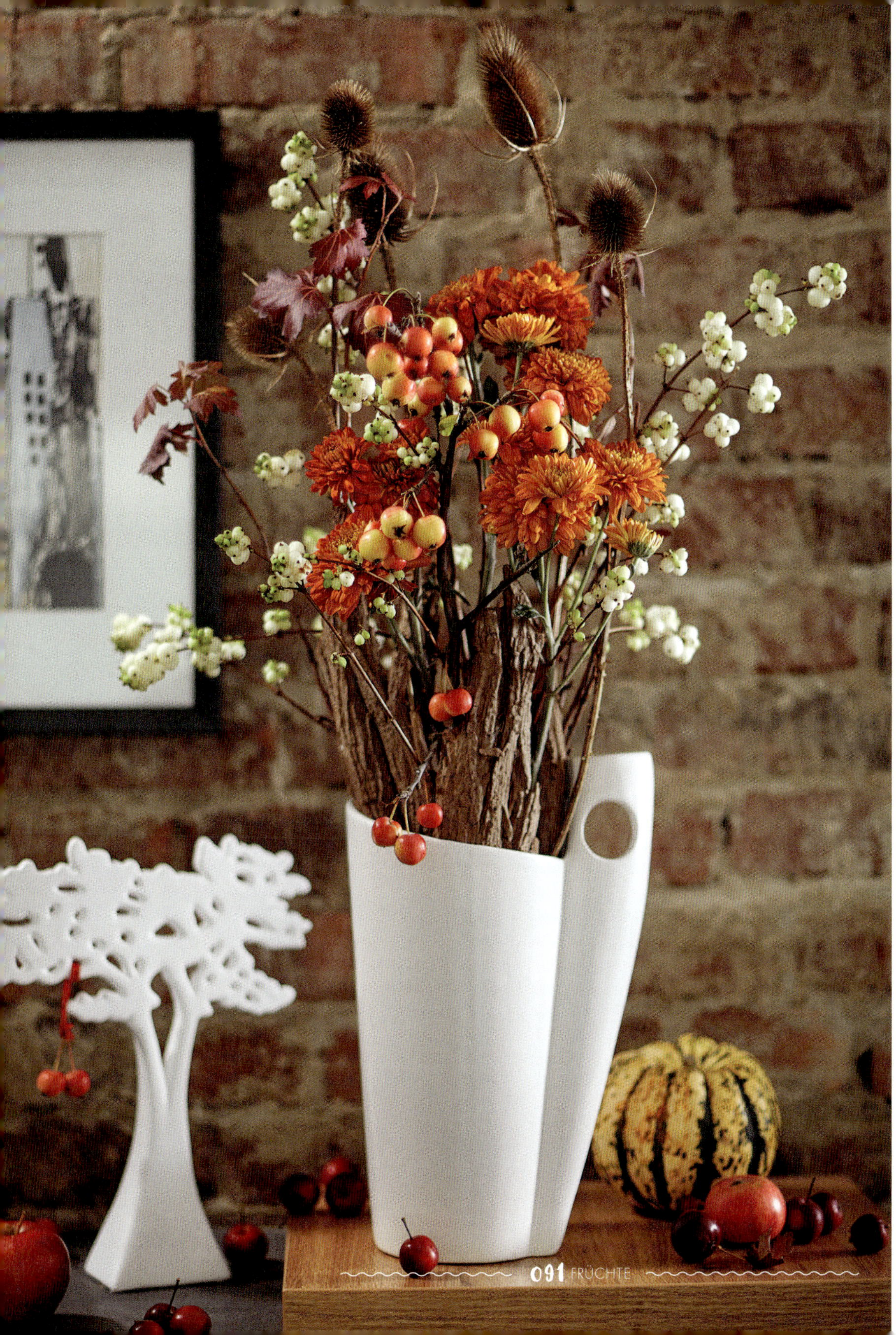

RINDEN-FRÜCHTE-GESTECK

Rindenstücke parallel in die Vase einstellen. Fruchtstände, Schneebeere, Chrysanthemen, Zieräpfel und getrocknete Floralien zwischen die Rinde einstecken.

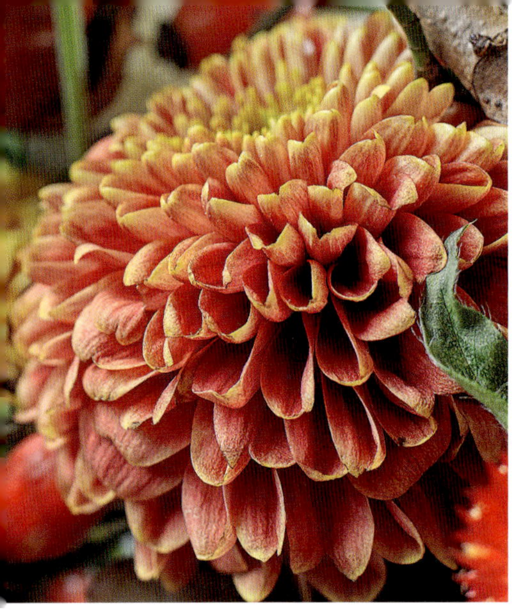

Was du brauchst:

Glasschale, Kastanienzweige, Herbstblätter, Rebenbindedraht, Dahlien, Purpurglöckchen, Hortensien, Stern-Skabiose und Hagebuttenzweige

1. Kastanienzweige einritzen, aufbiegen und mithilfe von Rebenbindedraht kranzförmig miteinander verbinden. Mit dem Gerüst den Gefäßrand der wassergefüllten Glasschale umspielen. Die herbstlichen Blüher und Früchte am Stiel kurz schneiden und kompakt zwischen die Äste Dahlien einstecken. Ein Herbstblatt herausstehen lassen. Band und Kordel um das Gesteck legen und verknoten.

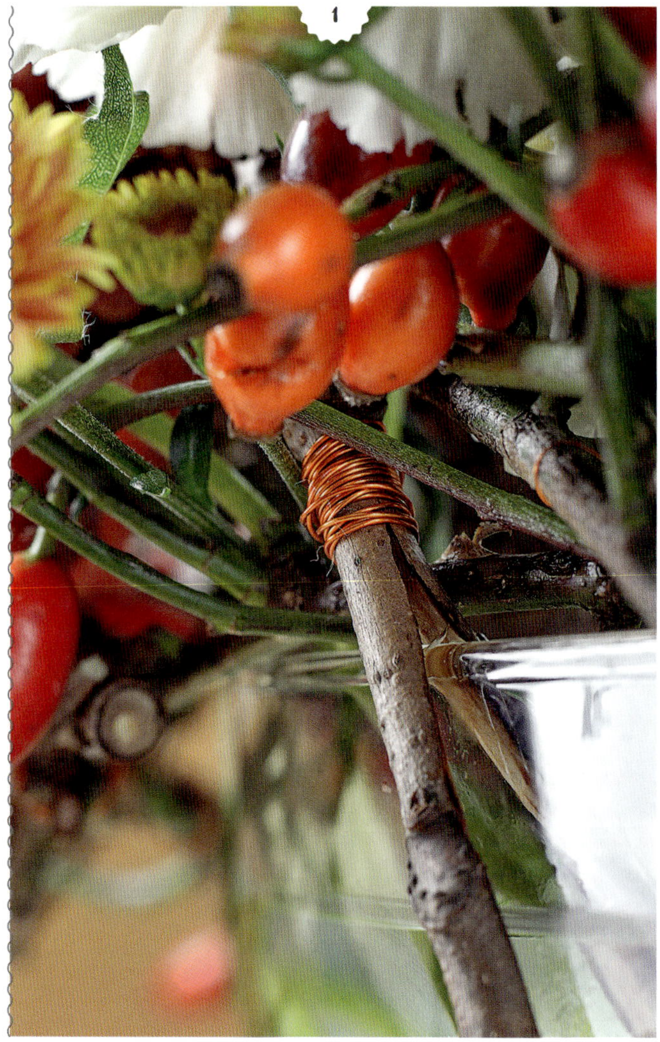

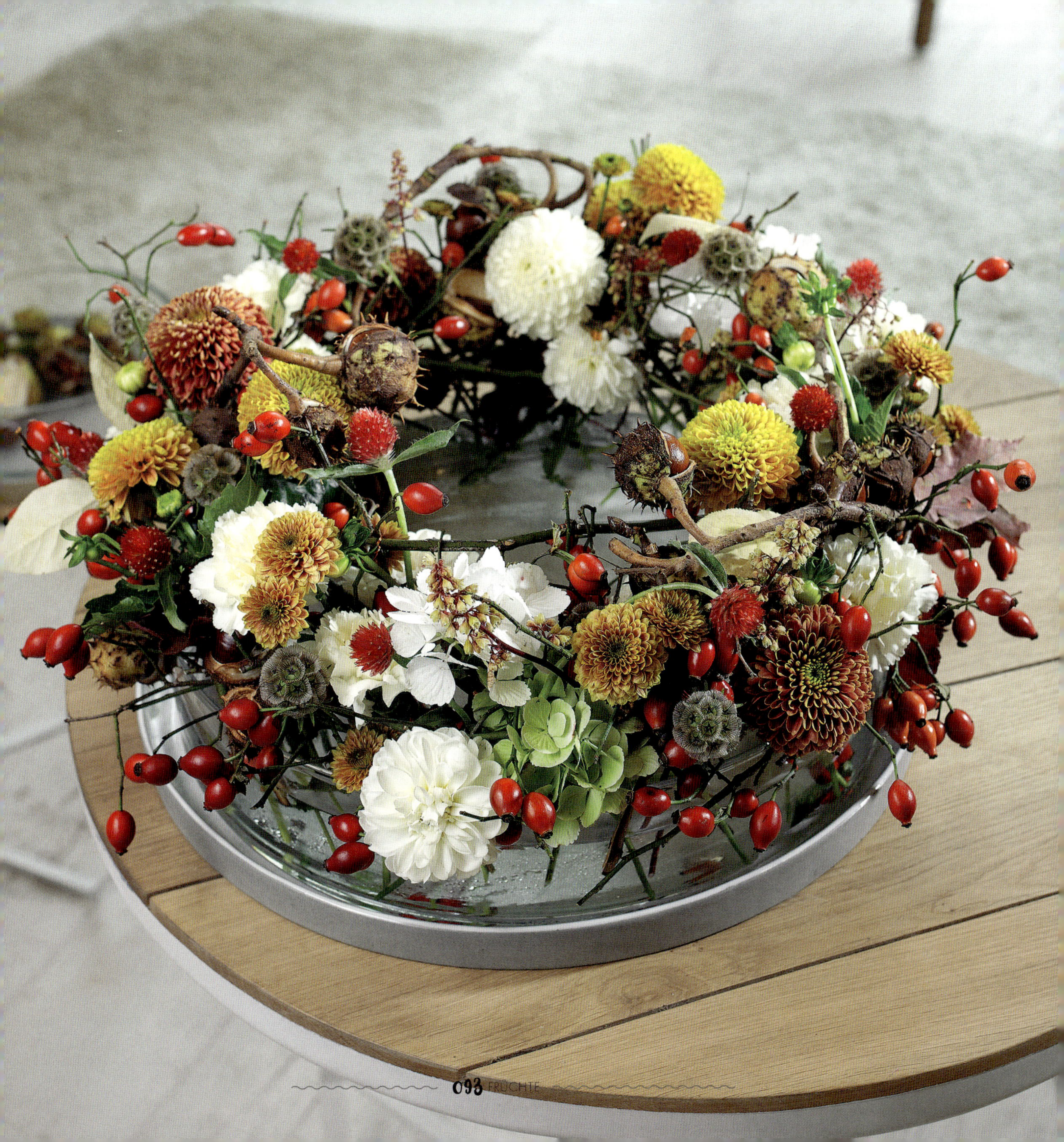

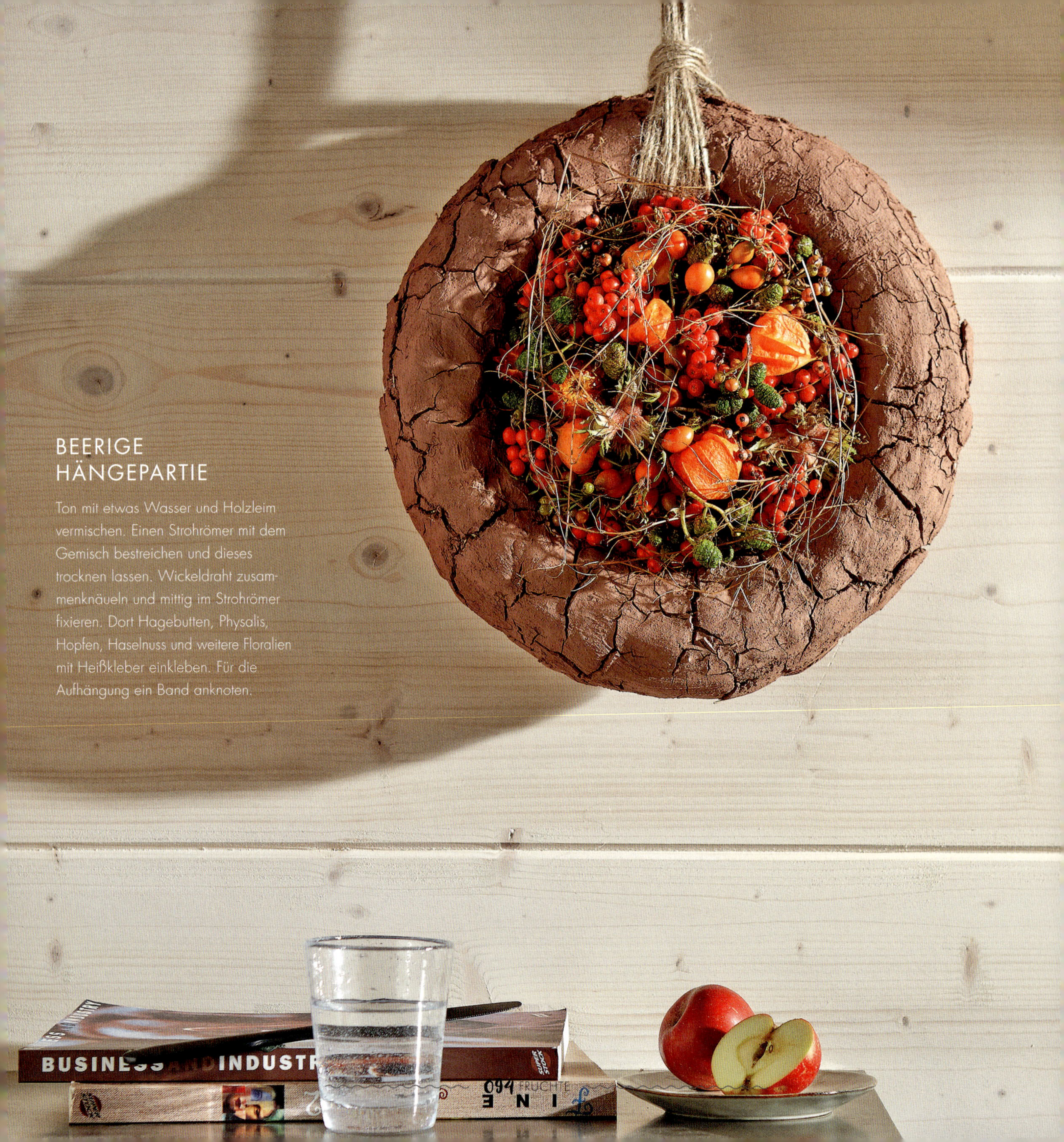

BEERIGE HÄNGEPARTIE

Ton mit etwas Wasser und Holzleim vermischen. Einen Strohrömer mit dem Gemisch bestreichen und dieses trocknen lassen. Wickeldraht zusammenknäueln und mittig im Strohrömer fixieren. Dort Hagebutten, Physalis, Hopfen, Haselnuss und weitere Floralien mit Heißkleber einkleben. Für die Aufhängung ein Band anknoten.

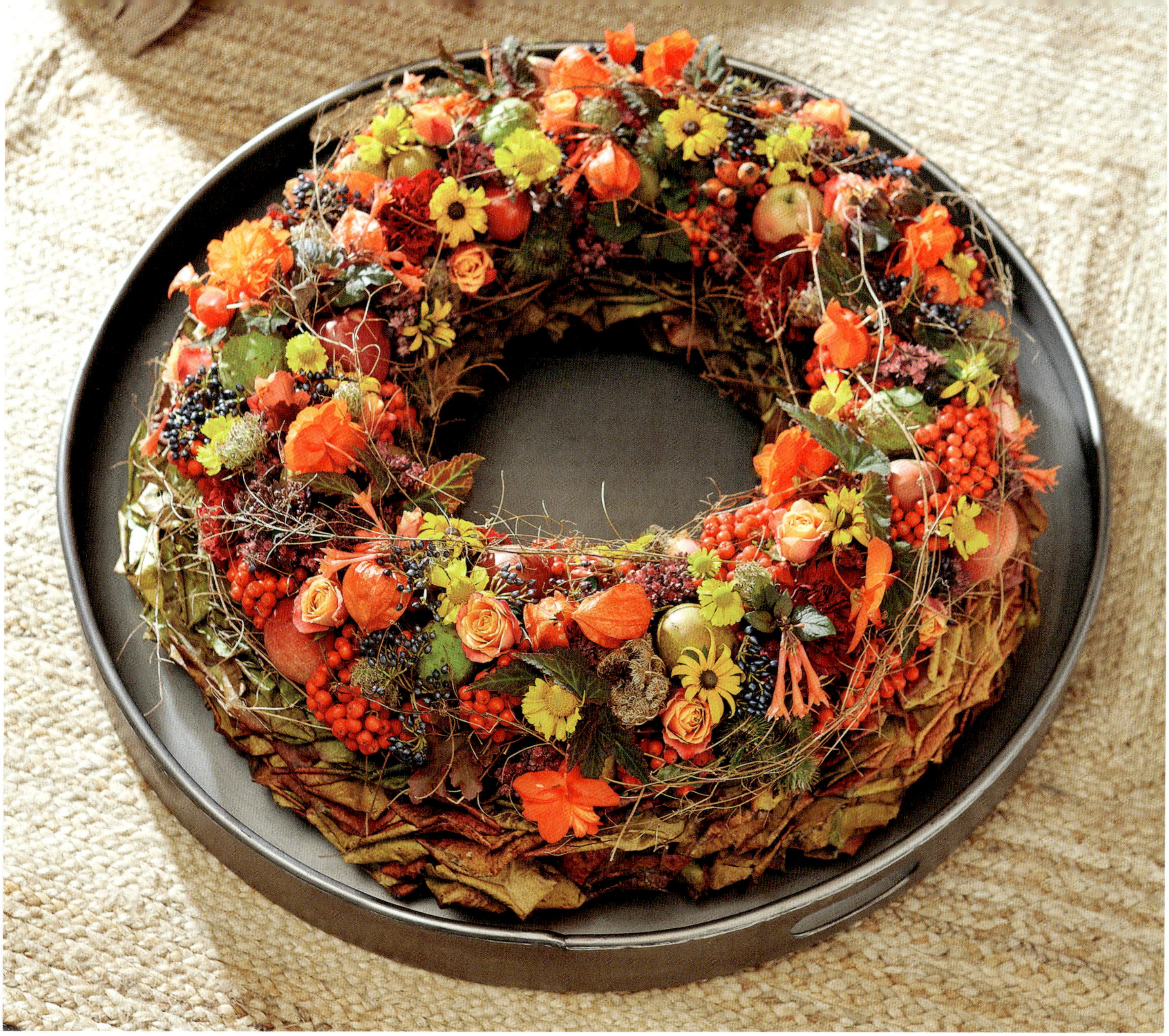

FRÜCHTEKRANZ

Frischblumensteckschaumkranz mit Holzstäben auf einem Strohrömer befestigen. Bronzeblätter falten und mittels Haften in den Strohrömer stecken, sodass dieser vollständig bedeckt ist. Kranz mit Hagebutten, Äpfeln, Brombeeren, Herbstblüten, getrockneten Materialien und Blättern bestecken.

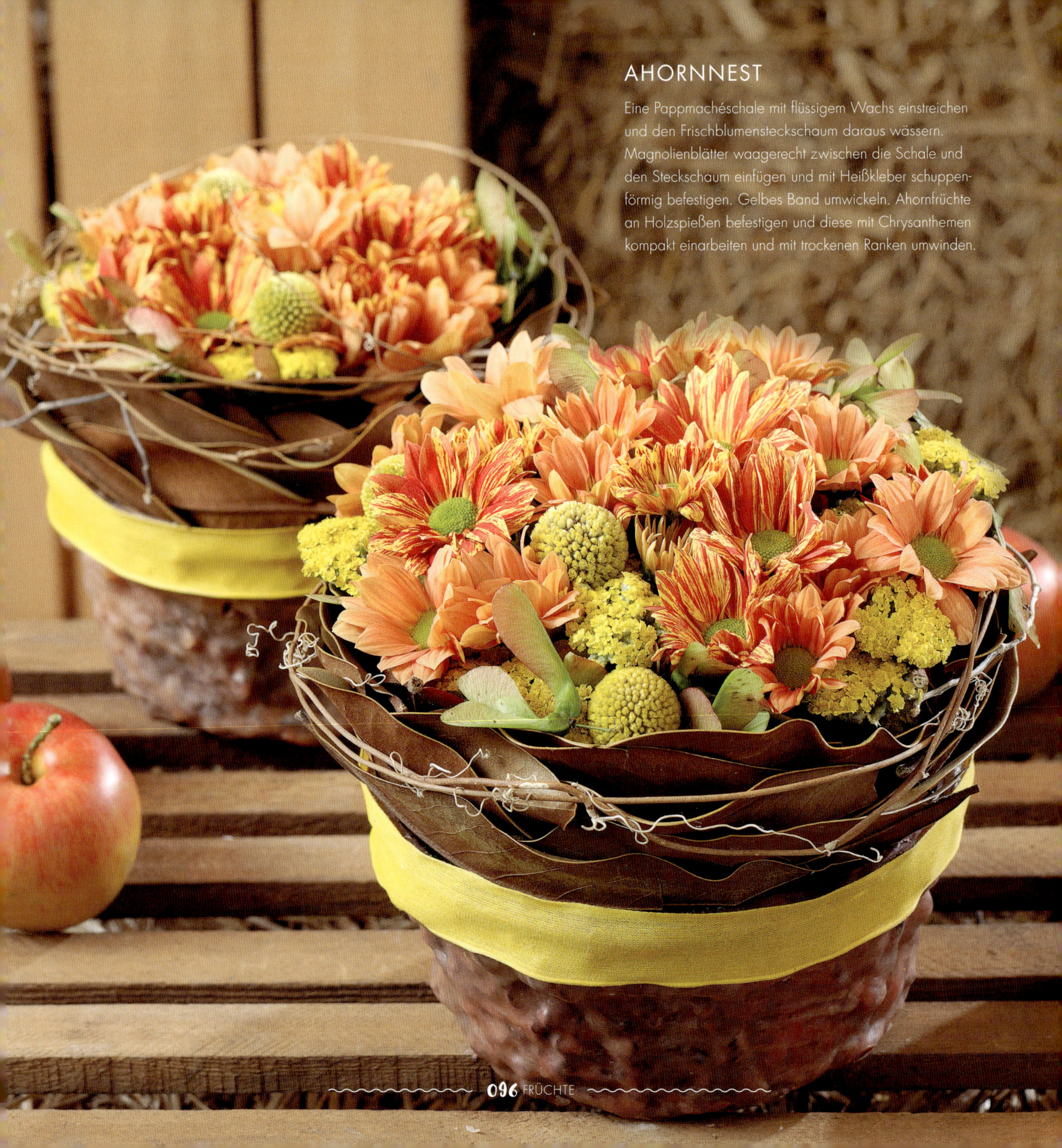

AHORNNEST

Eine Pappmachéschale mit flüssigem Wachs einstreichen und den Frischblumensteckschaum daraus wässern. Magnolienblätter waagerecht zwischen die Schale und den Steckschaum einfügen und mit Heißkleber schuppenförmig befestigen. Gelbes Band umwickeln. Ahornfrüchte an Holzspießen befestigen und diese mit Chrysanthemen kompakt einarbeiten und mit trockenen Ranken umwinden.

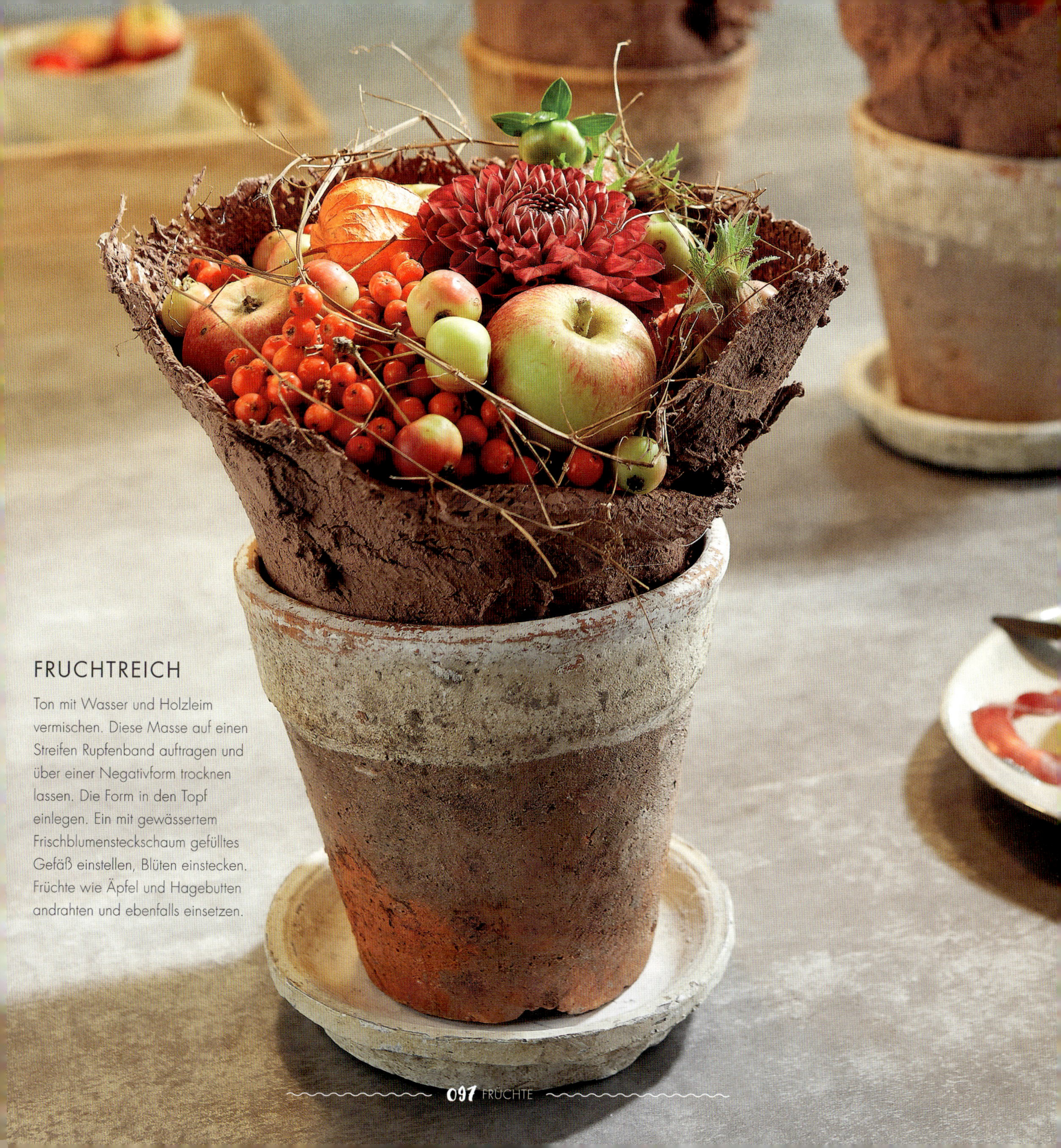

FRUCHTREICH

Ton mit Wasser und Holzleim vermischen. Diese Masse auf einen Streifen Rupfenband auftragen und über einer Negativform trocknen lassen. Die Form in den Topf einlegen. Ein mit gewässertem Frischblumensteckschaum gefülltes Gefäß einstellen, Blüten einstecken. Früchte wie Äpfel und Hagebutten andrahten und ebenfalls einsetzen.

HAGEBUTTEN-LAUBSTRAUSS

Hagebuttenzweige und herbstliche Blumen zu einem Strauß fassen und mit angedrahtetem Laub sowie Hirse auflockern und mit Bast fixieren.

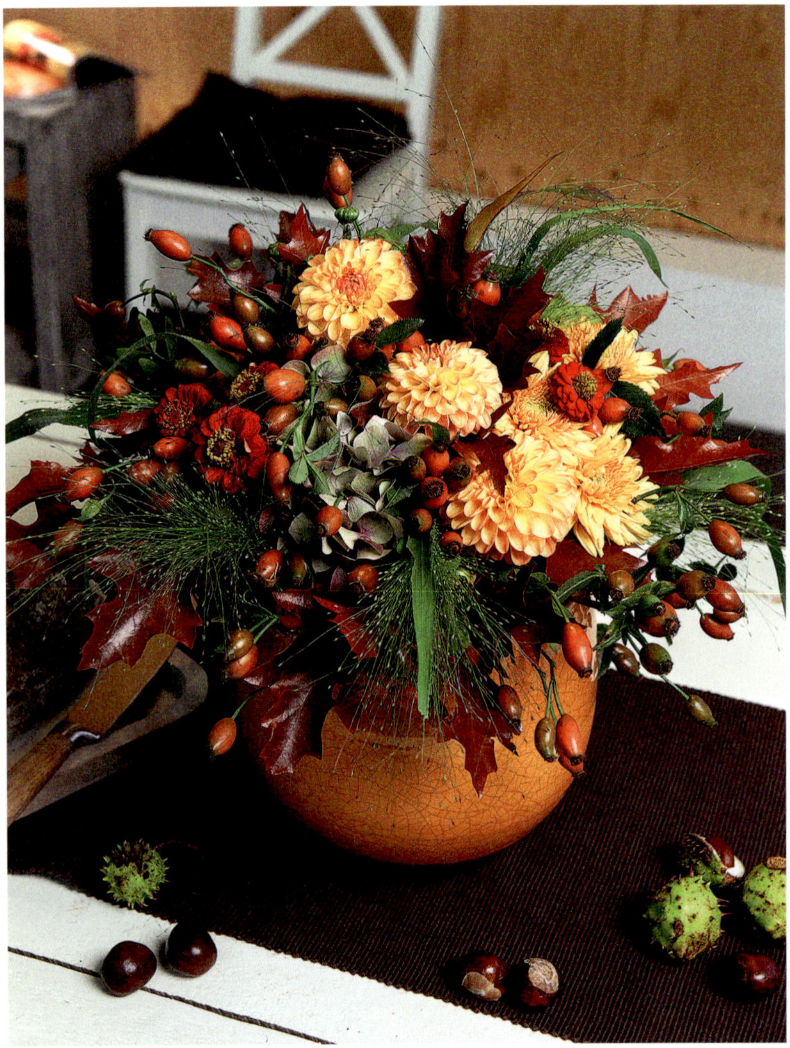

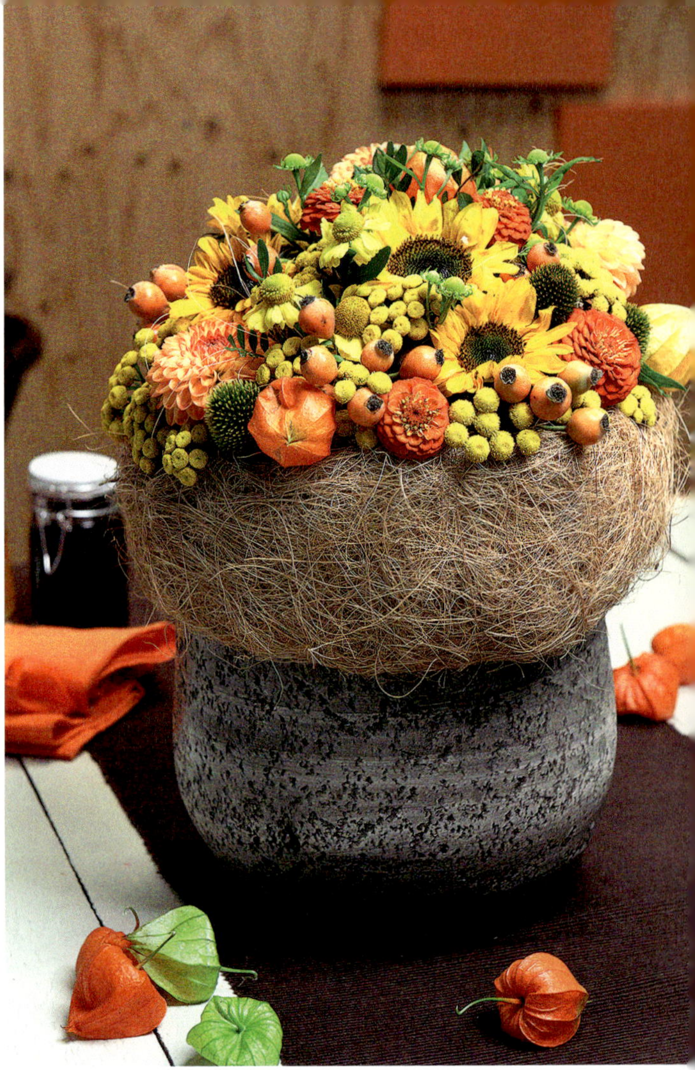

KOKOSMANSCHETTE

Einen Streifen Pappe mit doppelseitigem Klebeband und Kokosfasern bekleben und von innen andrahten. Einen Herbststrauß in die Manschette einarbeiten. Die Physalis mit Heißkleber einkleben.

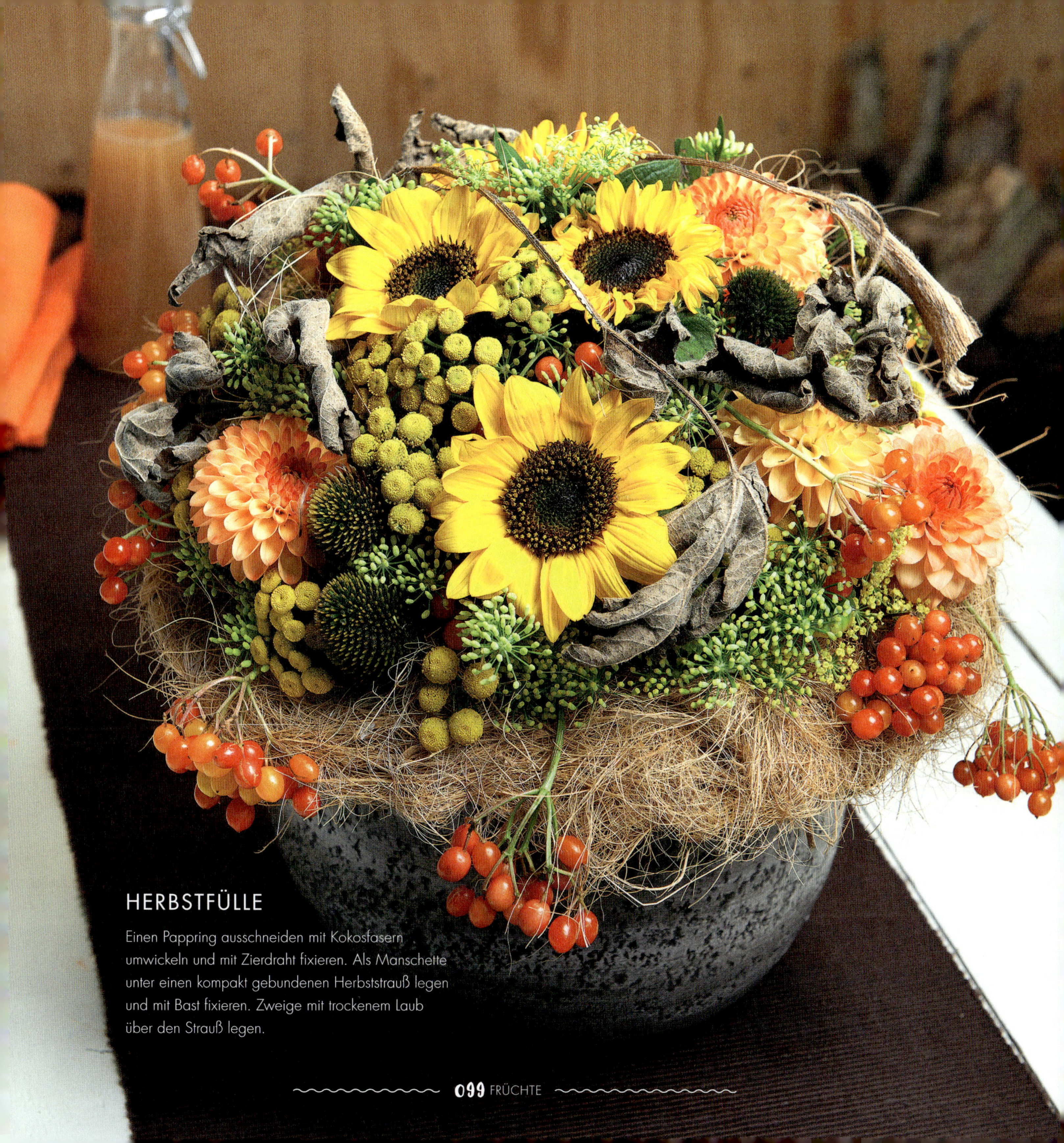

HERBSTFÜLLE

Einen Pappring ausschneiden mit Kokosfasern umwickeln und mit Zierdraht fixieren. Als Manschette unter einen kompakt gebundenen Herbststrauß legen und mit Bast fixieren. Zweige mit trockenem Laub über den Strauß legen.

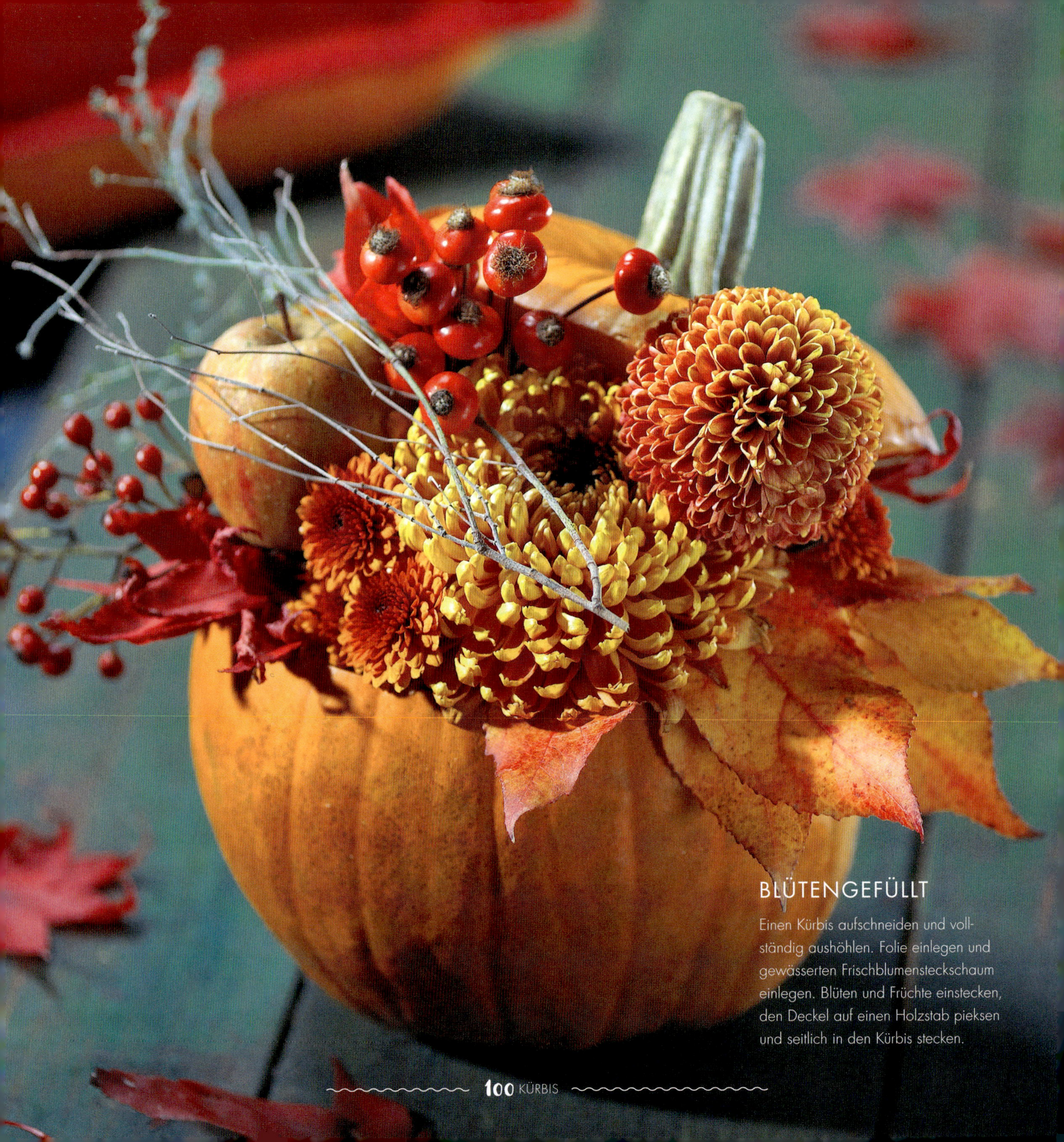

BLÜTENGEFÜLLT

Einen Kürbis aufschneiden und vollständig aushöhlen. Folie einlegen und gewässerten Frischblumensteckschaum einlegen. Blüten und Früchte einstecken, den Deckel auf einen Holzstab piksen und seitlich in den Kürbis stecken.

Kürbis-Kreationen

Es gibt sie in klein, in groß, in Orange, Weiß oder Schwarz. In welcher Farbe und Form er auch erscheint, der Kürbis macht immer etwas her. Ein besonderes Highlight ist die kugelige Riesenbeere vor allem zu Halloween, wenn die geschnitzten Fratzen und Laternen vor den Haustüren leuchten. Wer's lieber verspielter mag, der dekoriert den Kürbis mit Herbstblühern und Früchten zu außergewöhnlichen Arrangements.

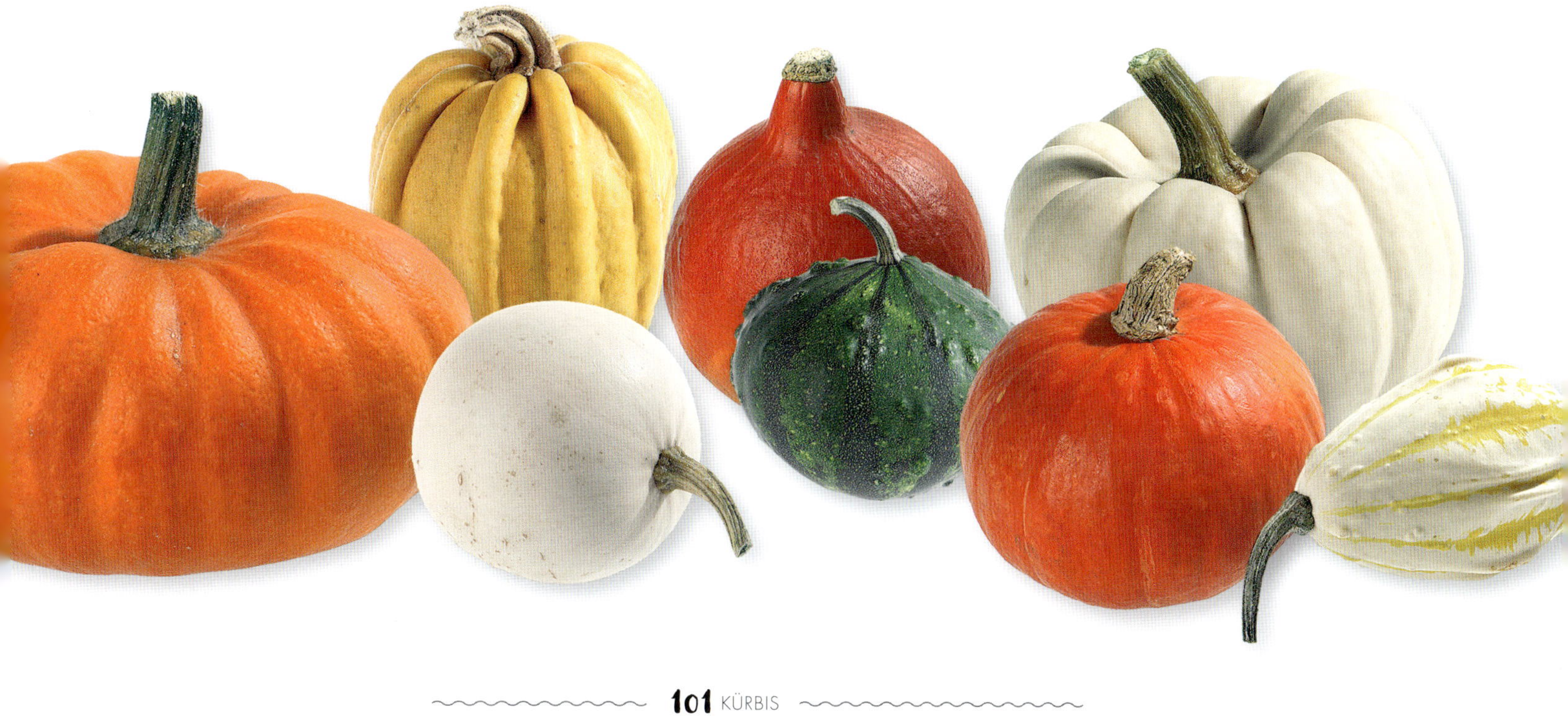

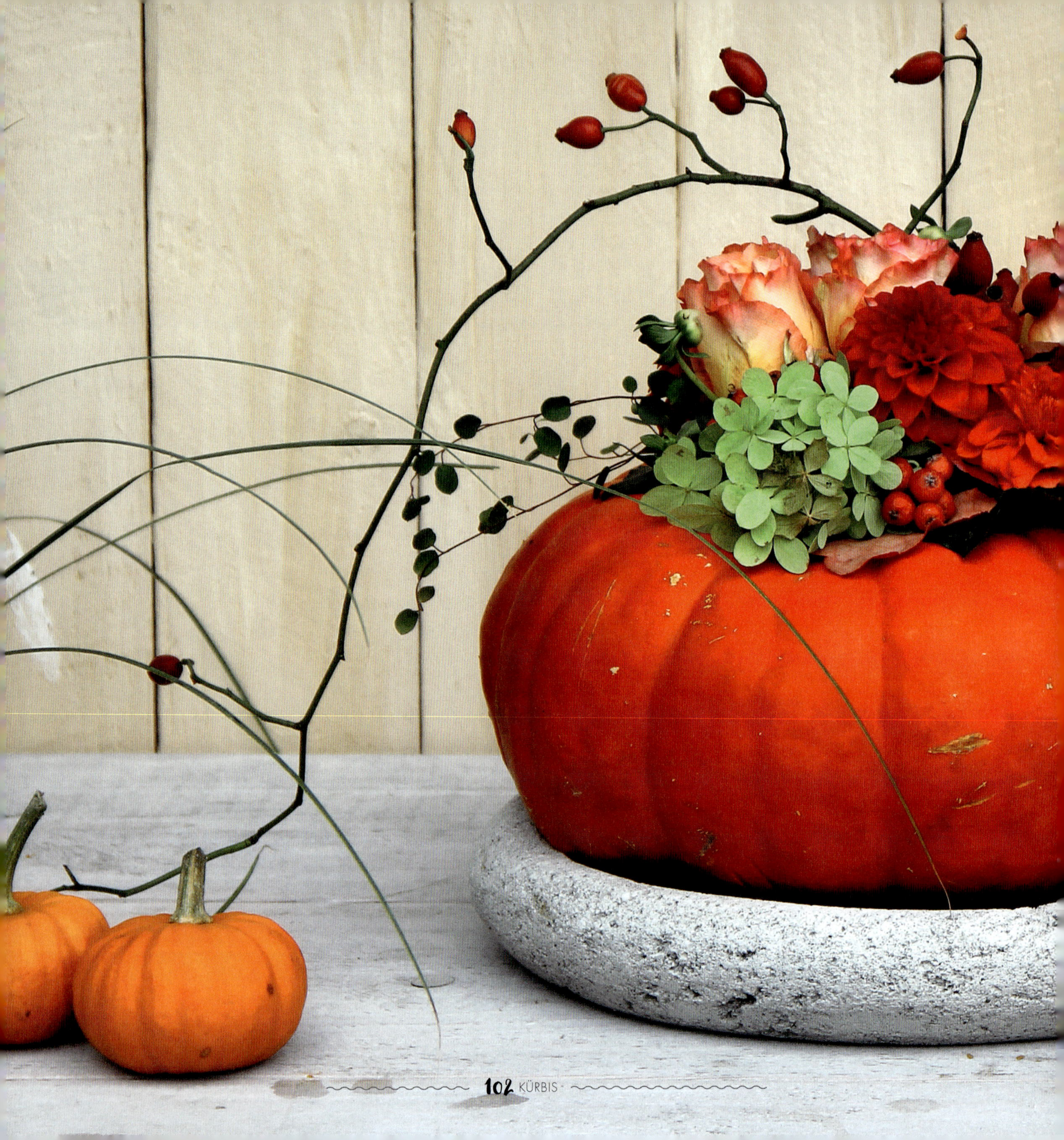

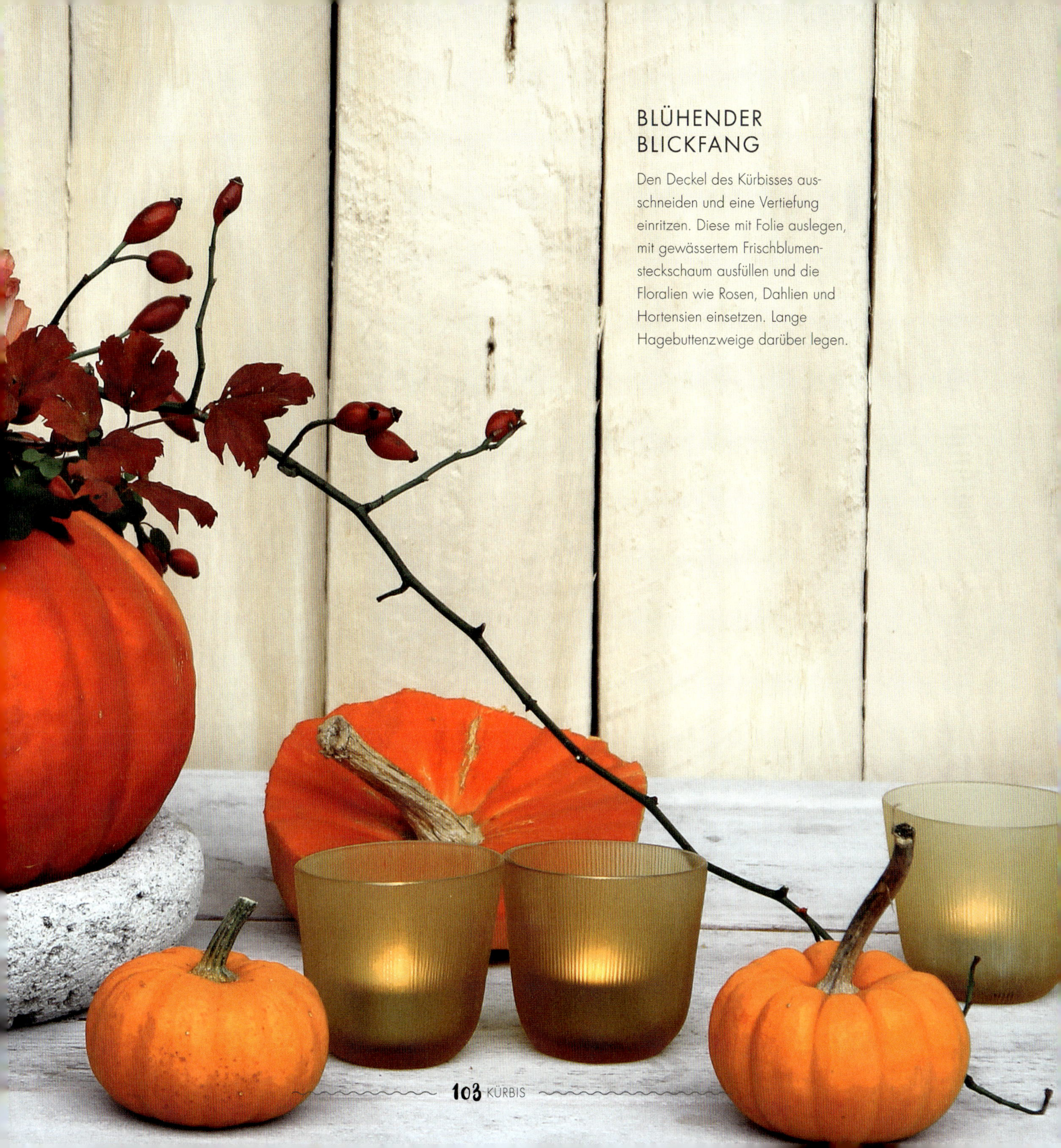

BLÜHENDER BLICKFANG

Den Deckel des Kürbisses ausschneiden und eine Vertiefung einritzen. Diese mit Folie auslegen, mit gewässertem Frischblumensteckschaum ausfüllen und die Floralien wie Rosen, Dahlien und Hortensien einsetzen. Lange Hagebuttenzweige darüber legen.

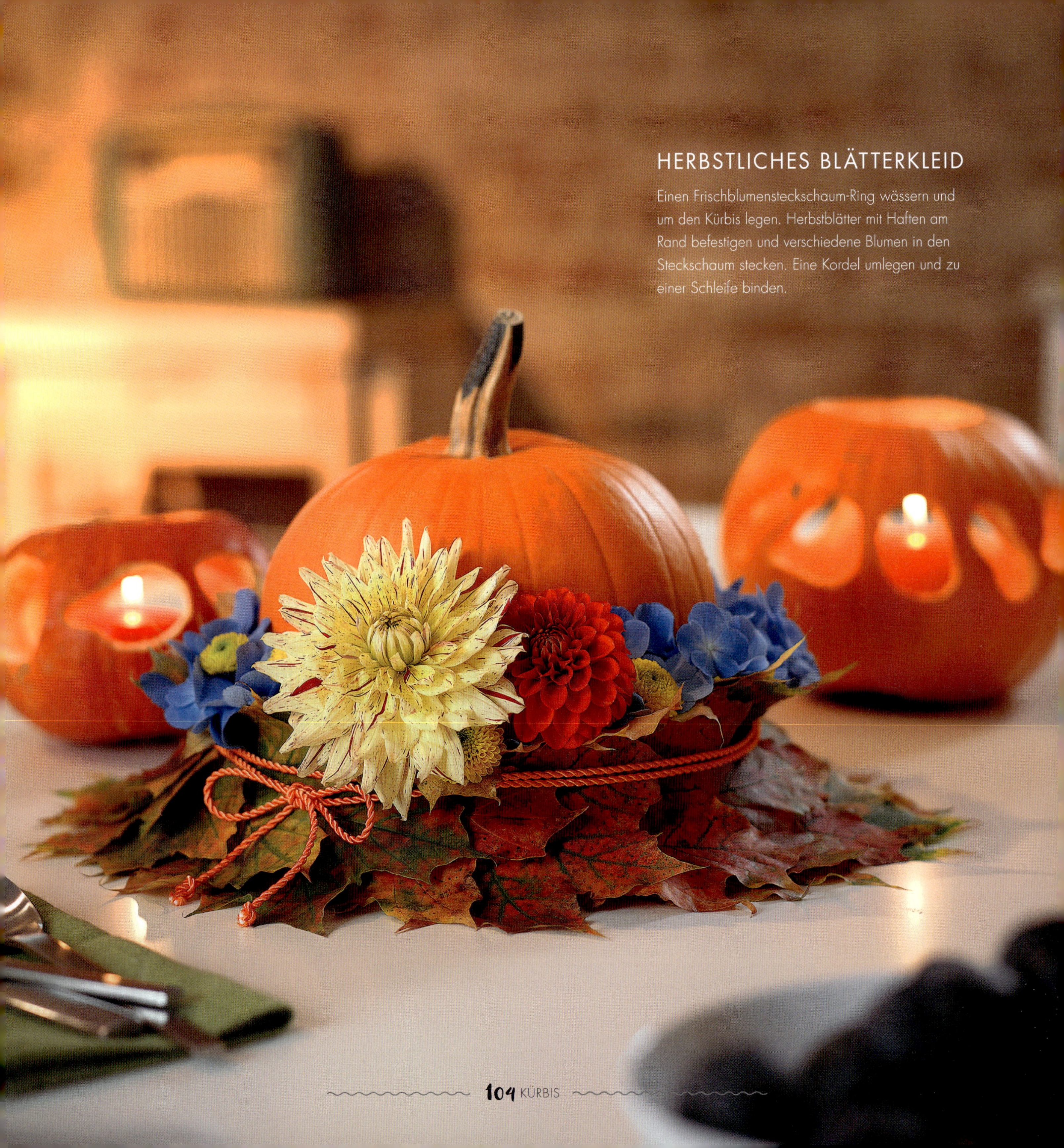

HERBSTLICHES BLÄTTERKLEID

Einen Frischblumensteckschaum-Ring wässern und um den Kürbis legen. Herbstblätter mit Haften am Rand befestigen und verschiedene Blumen in den Steckschaum stecken. Eine Kordel umlegen und zu einer Schleife binden.

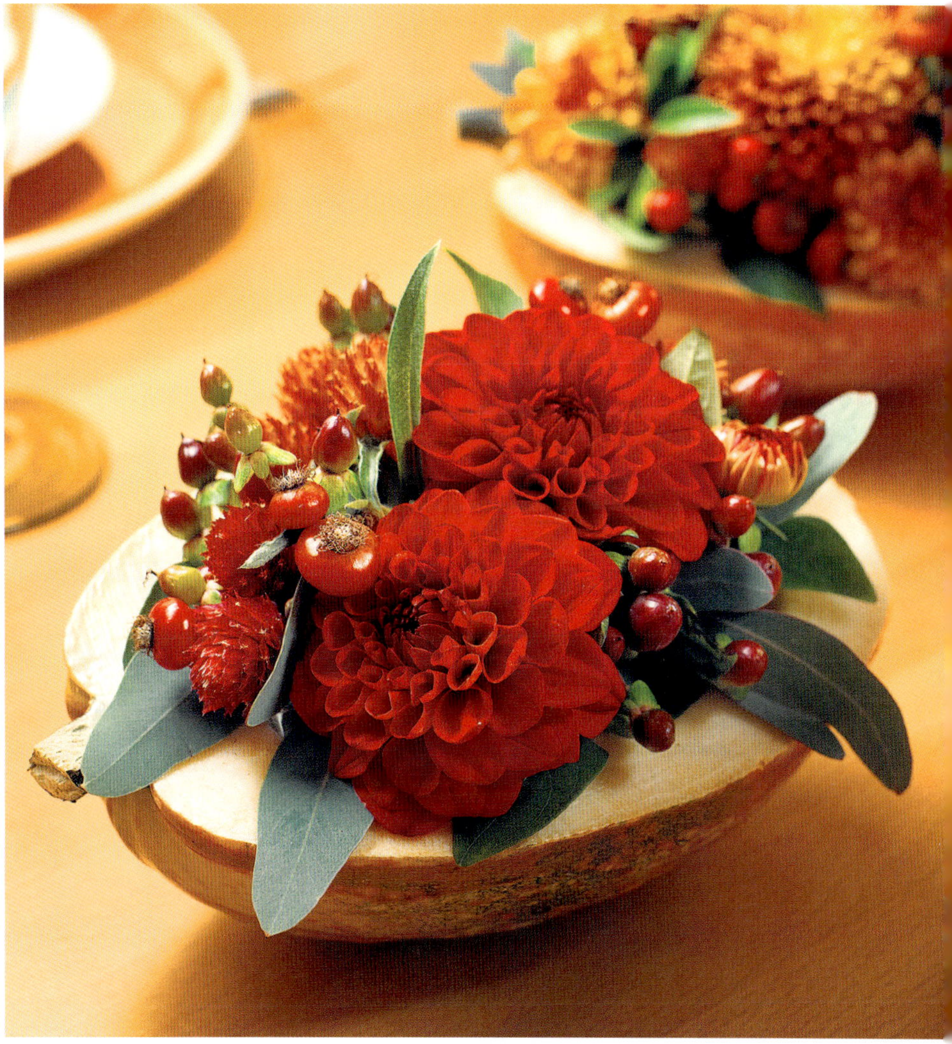

KÜRBIS-KERZENHALTER

In den Kürbis ein kleines Loch schneiden und aushöhlen. Frischblumensteckschaum wässern und in die Öffnung füllen. Kerze in die Mitte stecken und einzelne Floralien einsetzen. Herbstblätter an Zierdraht befestigen und um den Kürbis wickeln.

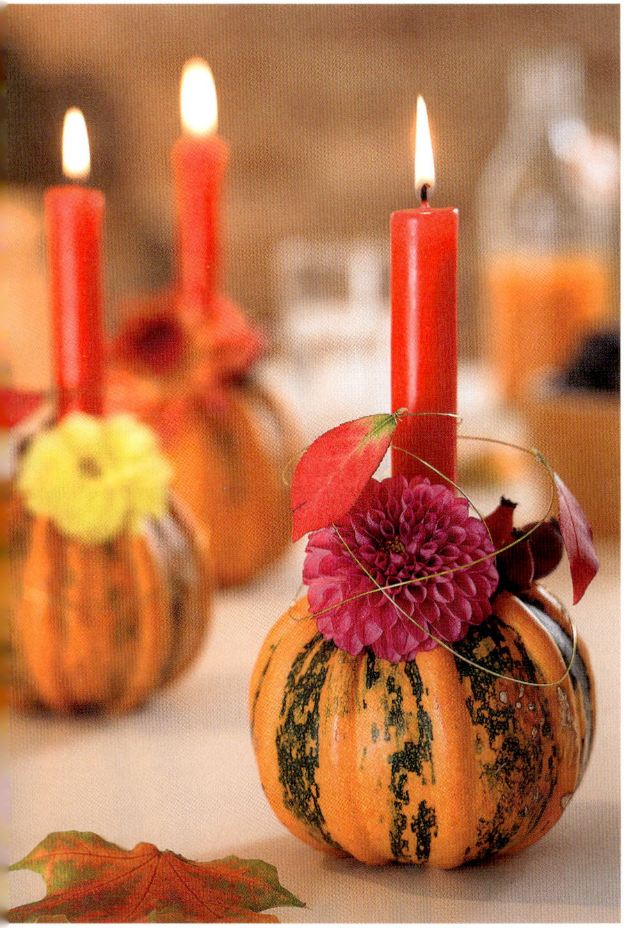

GESCHMÜCKTE RIESENBEERE

Einen ovalen Kürbis in der Mitte durchschneiden und das Fruchtfleisch einer Hälfte aushöhlen. Die entstande Kuhle mit Folie und gewässertem Frischblumensteckschaum ausfüllen. Dahlien, Hagebutten und Lorbeerblätter einstecken.

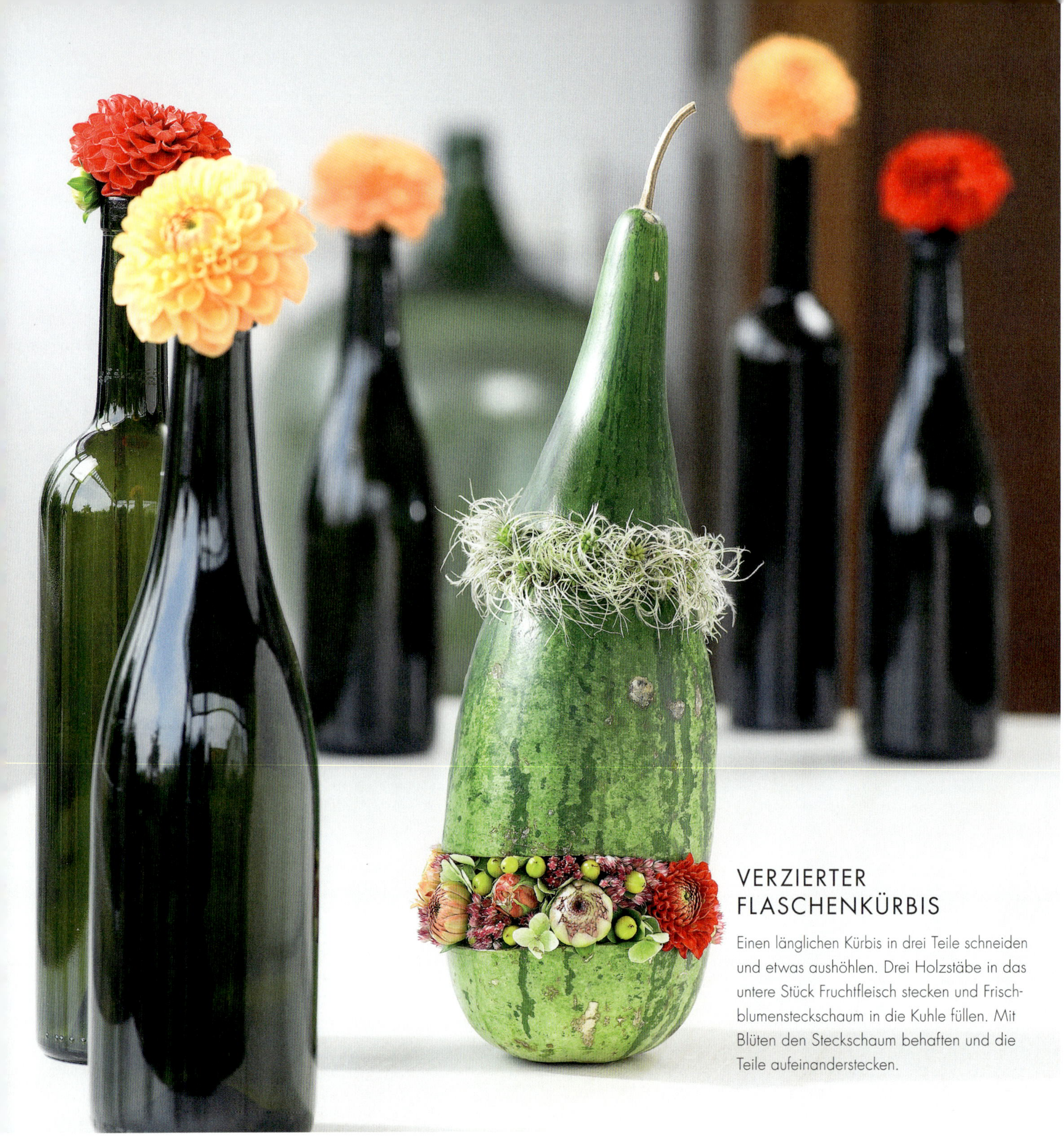

VERZIERTER FLASCHENKÜRBIS

Einen länglichen Kürbis in drei Teile schneiden und etwas aushöhlen. Drei Holzstäbe in das untere Stück Fruchtfleisch stecken und Frischblumensteckschaum in die Kuhle füllen. Mit Blüten den Steckschaum behaften und die Teile aufeinanderstecken.

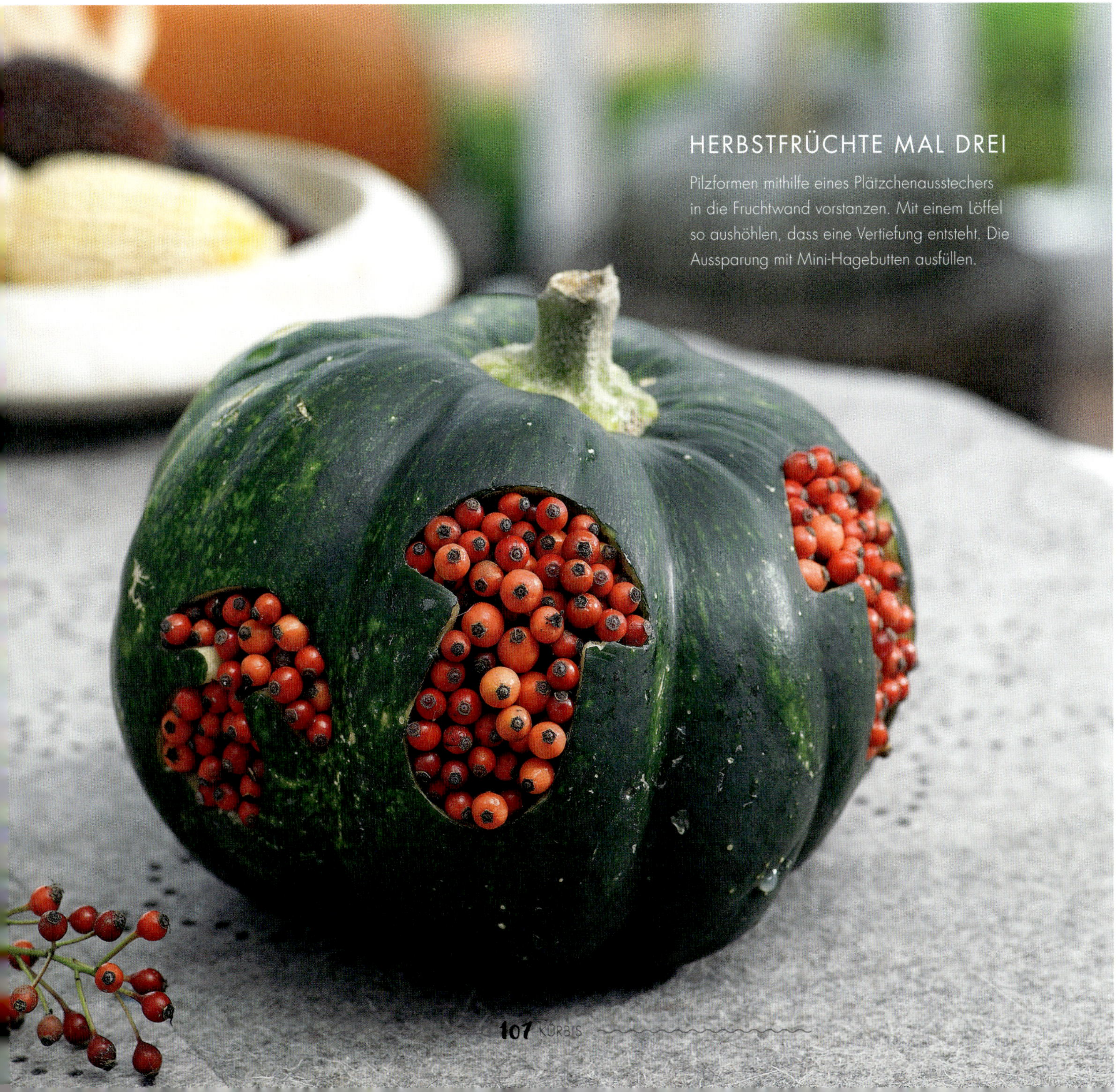

HERBSTFRÜCHTE MAL DREI

Pilzformen mithilfe eines Plätzchenausstechers in die Fruchtwand vorstanzen. Mit einem Löffel so aushöhlen, dass eine Vertiefung entsteht. Die Aussparung mit Mini-Hagebutten ausfüllen.

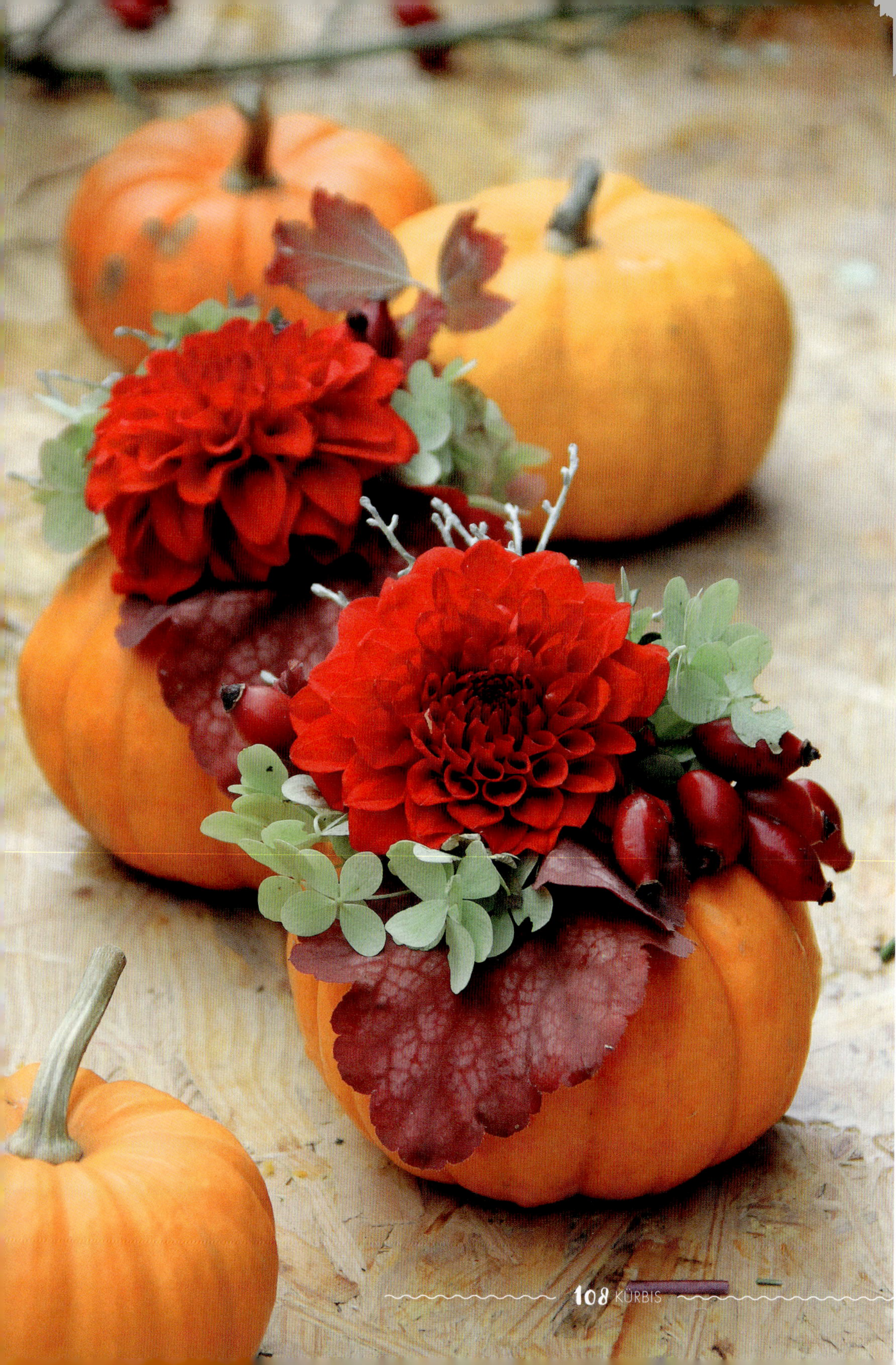

BLÜTENGEFÜLLTE SCHÖNHEIT

Vorsichtig eine Vertiefung in den Kürbis schneiden und diese aushöhlen. Gewässerten Frischblumensteckschaum dort einsetzen und mit Dahlienblüten, Hortensienblütenständen, Hagebutten und bunten Herbstblättern bestecken.

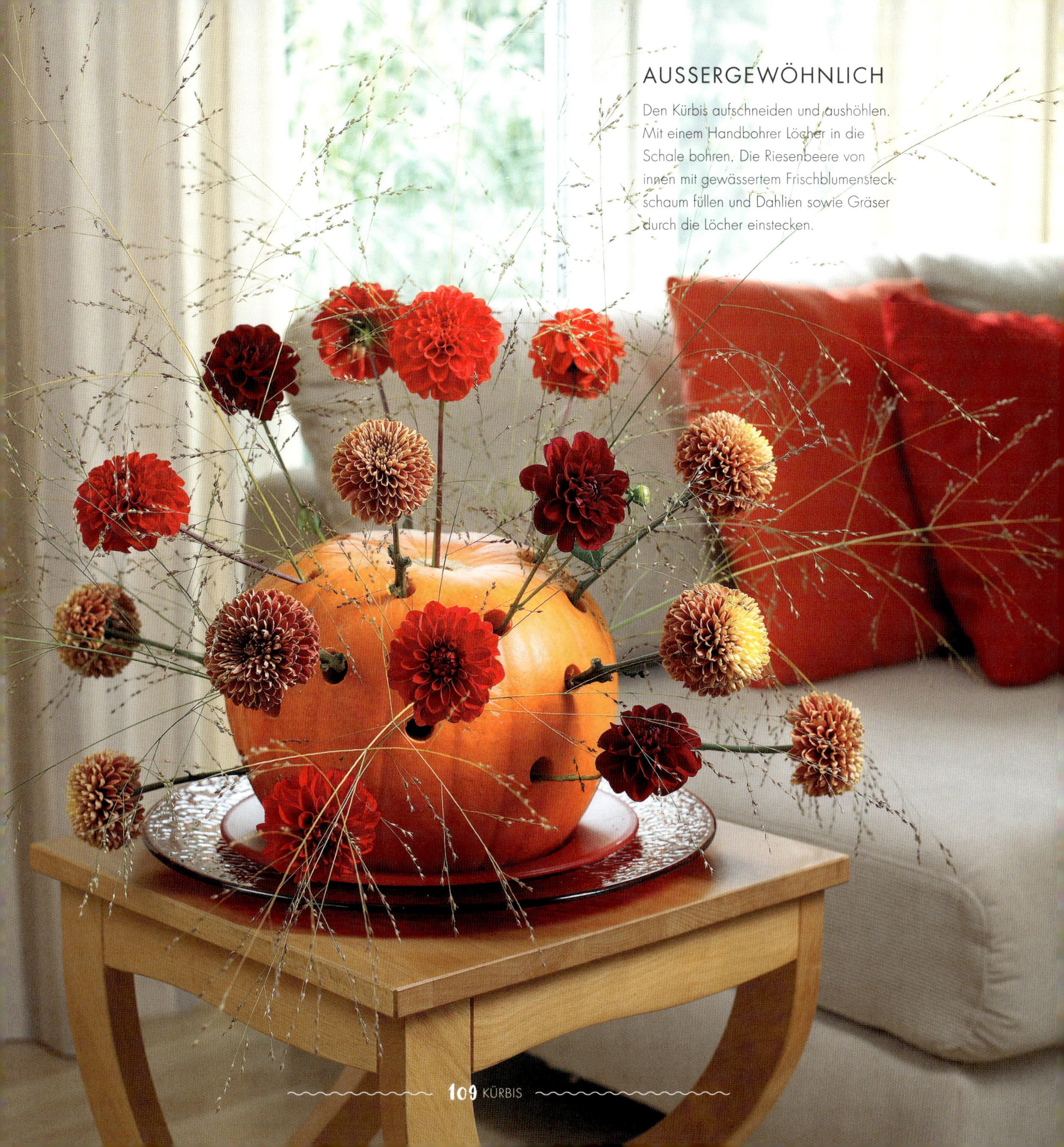

AUSSERGEWÖHNLICH

Den Kürbis aufschneiden und aushöhlen. Mit einem Handbohrer Löcher in die Schale bohren. Die Riesenbeere von innen mit gewässertem Frischblumensteckschaum füllen und Dahlien sowie Gräser durch die Löcher einstecken.

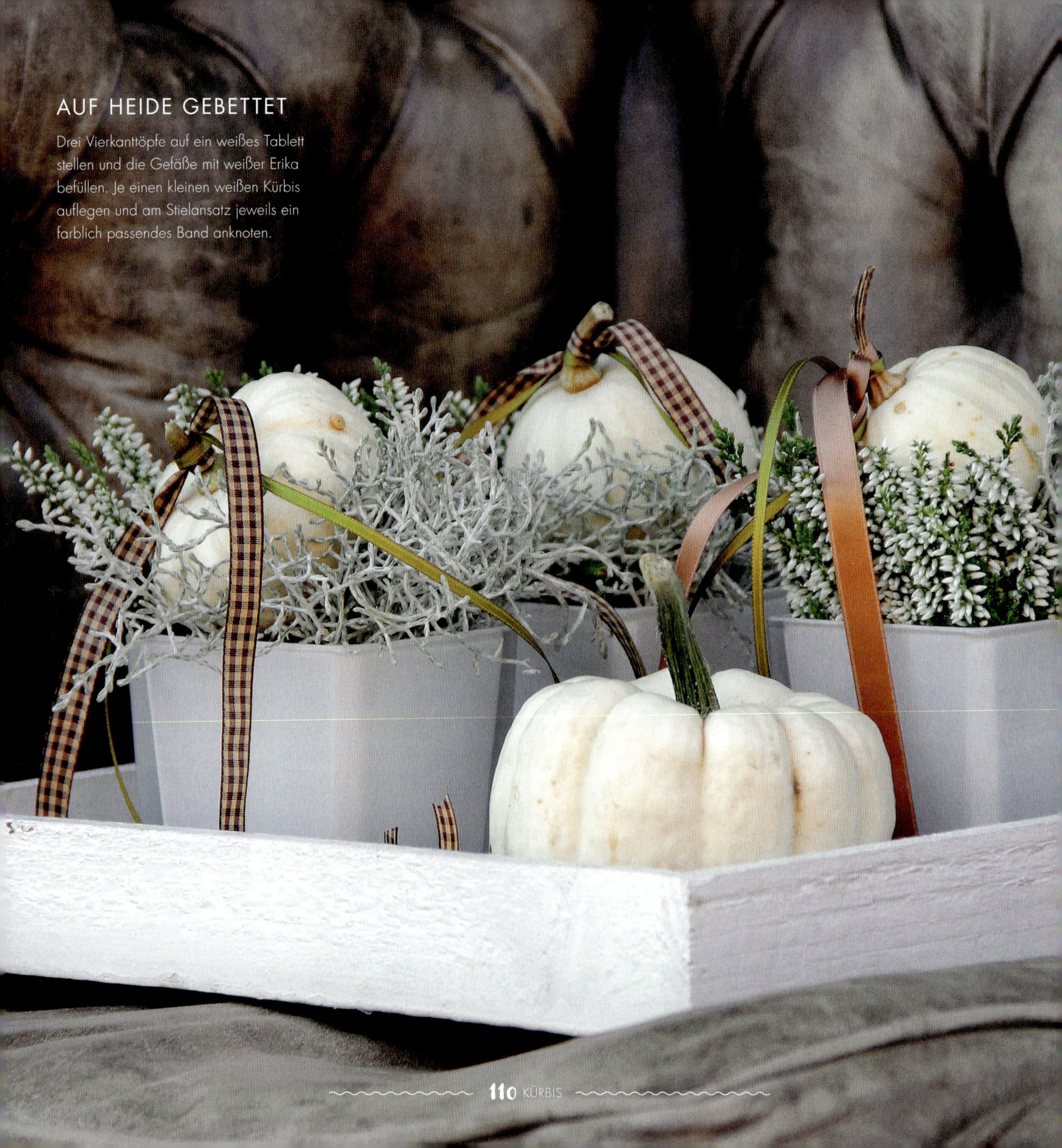

AUF HEIDE GEBETTET

Drei Vierkanttöpfe auf ein weißes Tablett stellen und die Gefäße mit weißer Erika befüllen. Je einen kleinen weißen Kürbis auflegen und am Stielansatz jeweils ein farblich passendes Band anknoten.

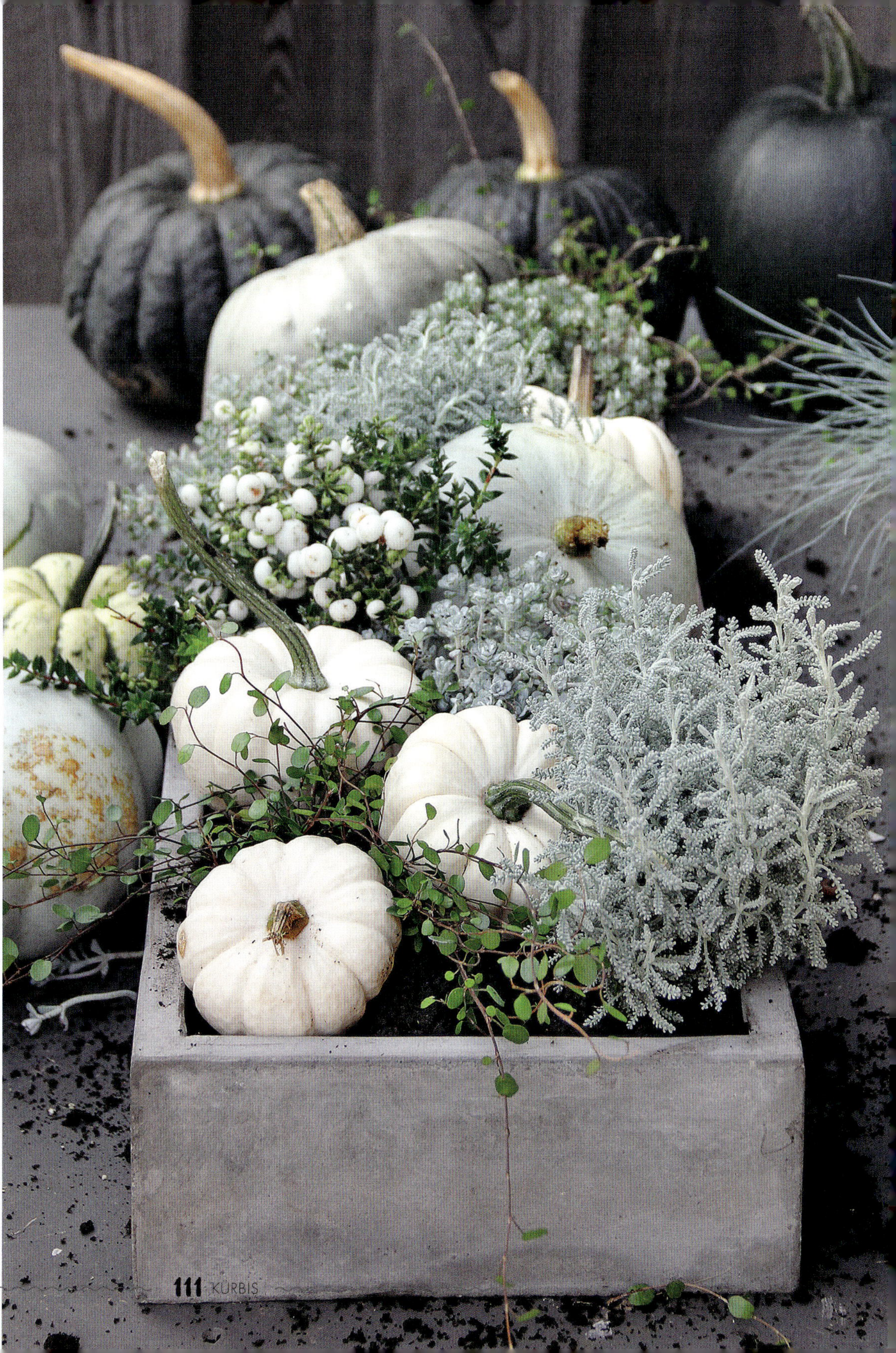

BLUMENKASTEN MAL ANDERS

Einen schlichten Betonkasten zweidrittel mit Erde befüllen, je eine Stacheldraht-, Mühlenbeckien-, Heiligenkraut-, Schneebeeren- und Chinesische Narrenkappenpflanze gegeneinander versetzt einstellen und in die Zwischenräume sowie auch neben den Kasten einige weiße und hellgraue Kürbisse legen.

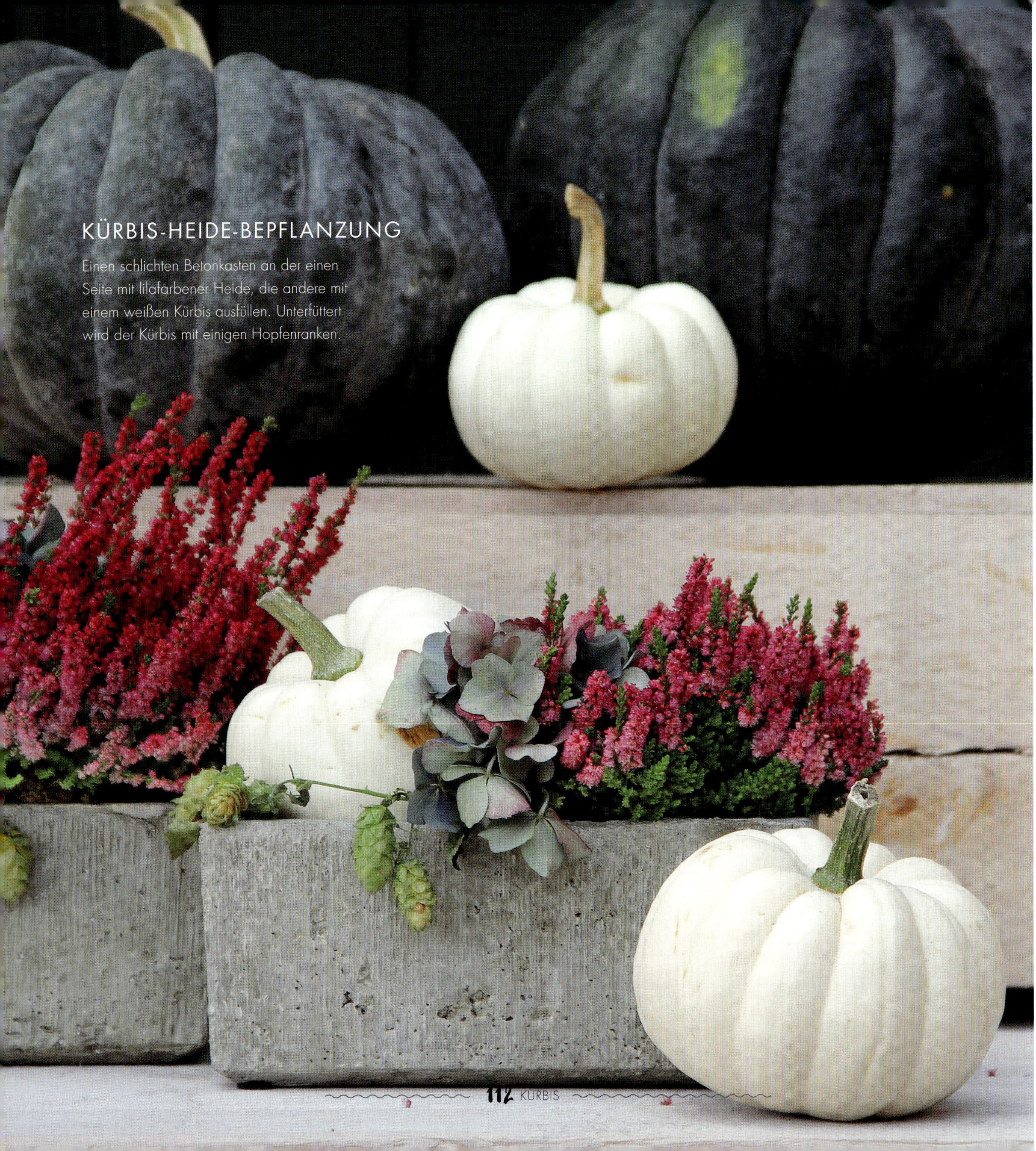

KÜRBIS-HEIDE-BEPFLANZUNG

Einen schlichten Betonkasten an der einen Seite mit lilafarbener Heide, die andere mit einem weißen Kürbis ausfüllen. Unterfüttert wird der Kürbis mit einigen Hopfenranken.

Was du brauchst:

Betonkasten, Erde, Hortensienblütenstand, Zierkürbis, Hopfen, Heide im Topf

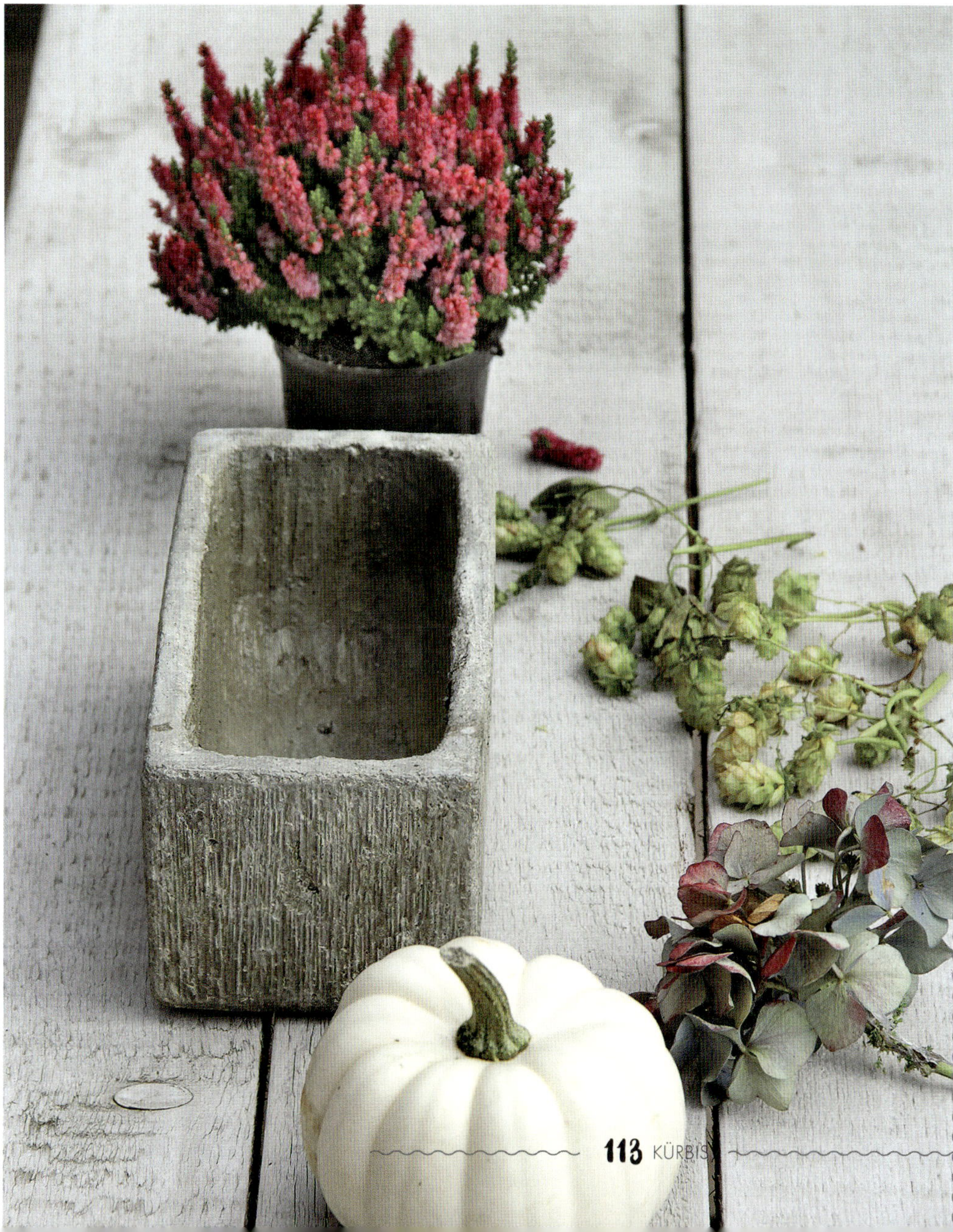

1. Den Betonkasten mit Erde und zur Hälfte mit Heide befüllen.

2. In die andere Hälfte einen weißen Zierkürbis legen und mit Hopfen unterfüttern. Zuletzt einen Hortensienblütenstand einsetzen.

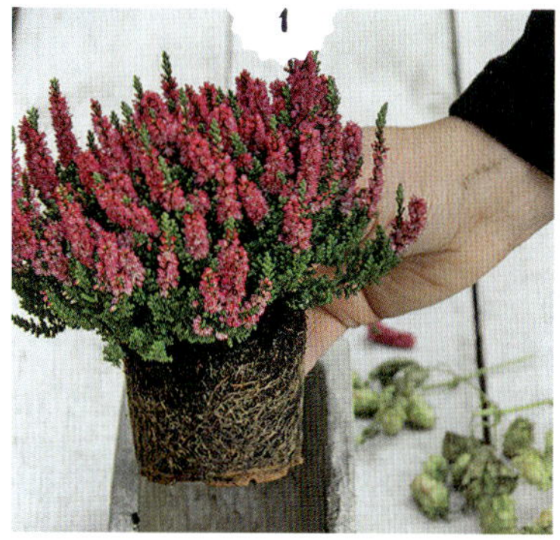

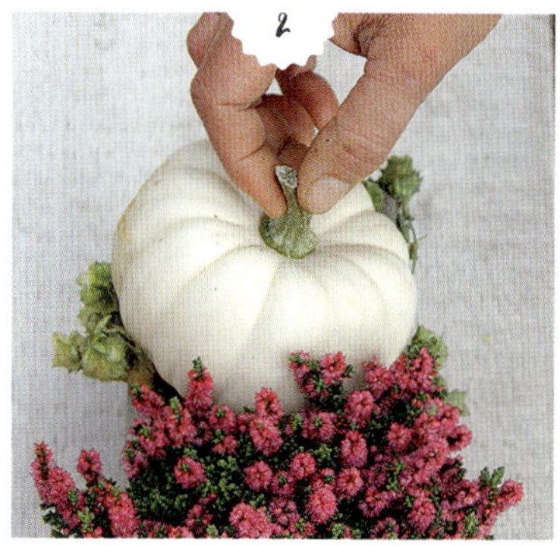

ROMANTISCHES ENSEMBLE

Einen Strohrömer komplett mit Band umwickeln. Einen Frischblumensteckschaum-Ring wässern, in Folie einschlagen, auf den Strohrömer setzen und mit Holzstäben fixieren. Den Steckschaum-Ring mit Floralien und Ranken bestecken. In die Mitte einen Keramikkürbis einsetzen.

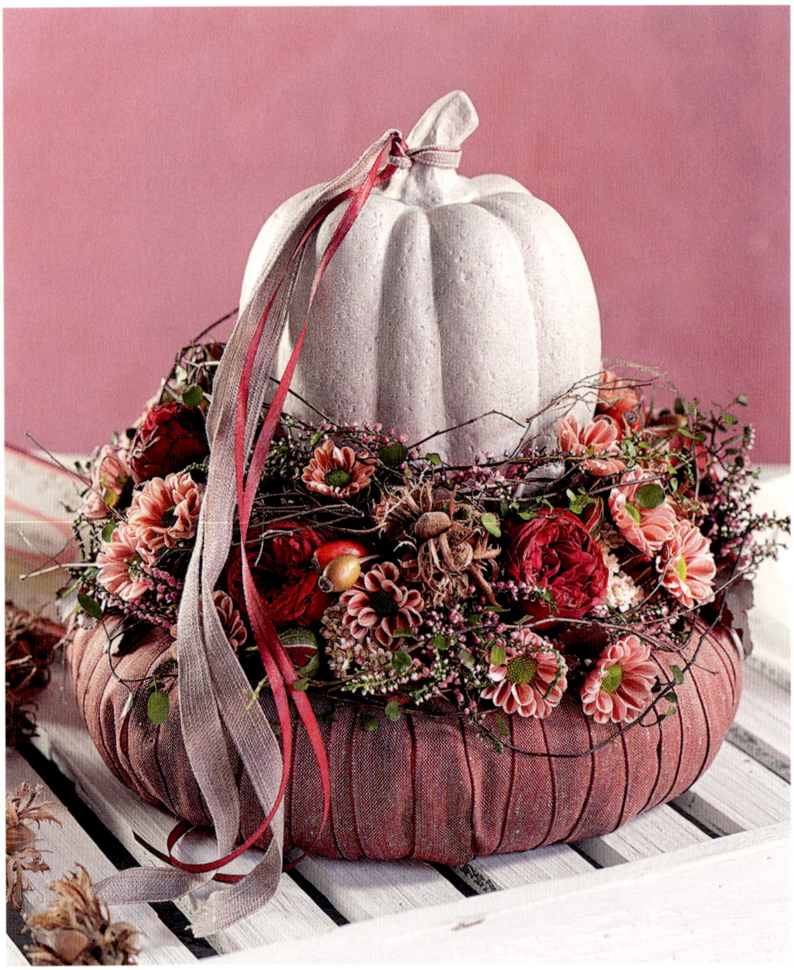

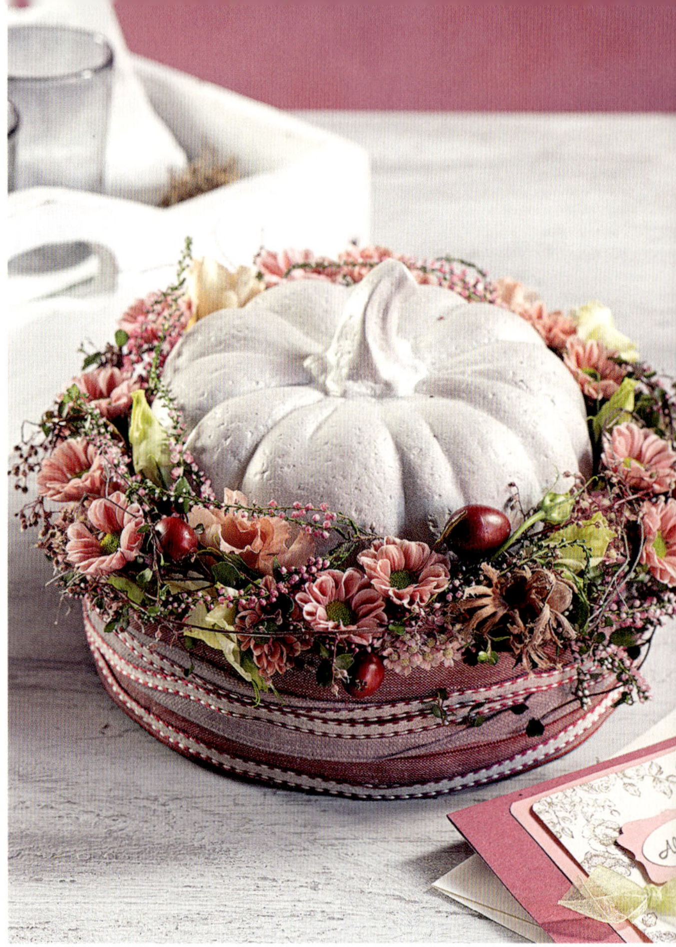

BLÜTENREICH EINGEBETTET

Um ein mit gewässertem Frischblumensteckschaum gefülltes Gefäß doppelseitiges Klebeband kleben. Mit beerenfarbigem Band verkleiden. Einen Keramikkürbis in die Mitte der Schale setzen und den Rand mit herbstlichen Floralien ausschmücken.

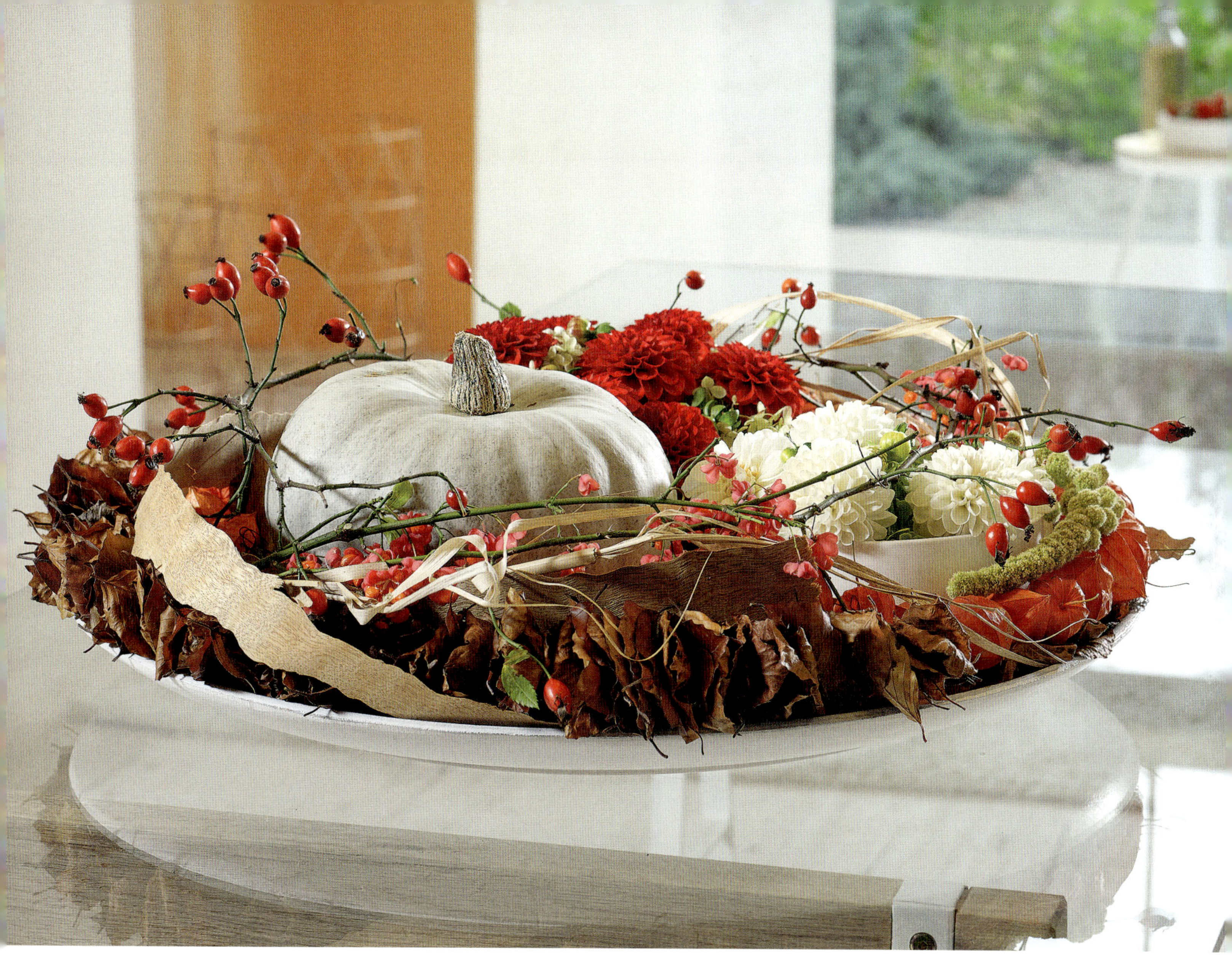

HERBST-ARRANGEMENT

Kleine Schälchen in ein großes, flaches Gefäß stellen, mit Wasser füllen und mit Dahlien sowie Hortensien bestücken. Kürbis grau streichen und dazulegen. Blätter und Physalis zu einer Kette auf einen Wickeldraht fädeln und um die Schälchen legen. Pfaffenhütchen-, Hagebuttenzweige und Furnierstreifen dazwischenlegen.

SCHWIMMENDE VASEN

Glasgefäß mit Wasser füllen und Wasserlinse einsetzen. Kürbisse mit einem Esslöffel aushölen und den Rand mit einem Messer in Zacken schneiden. Das Gefäß mit Wasser aufgießen und die Dahlie mit einem *Galax*-Blatt einstellen. Alle Kürbisse in die Glasschale stellen.

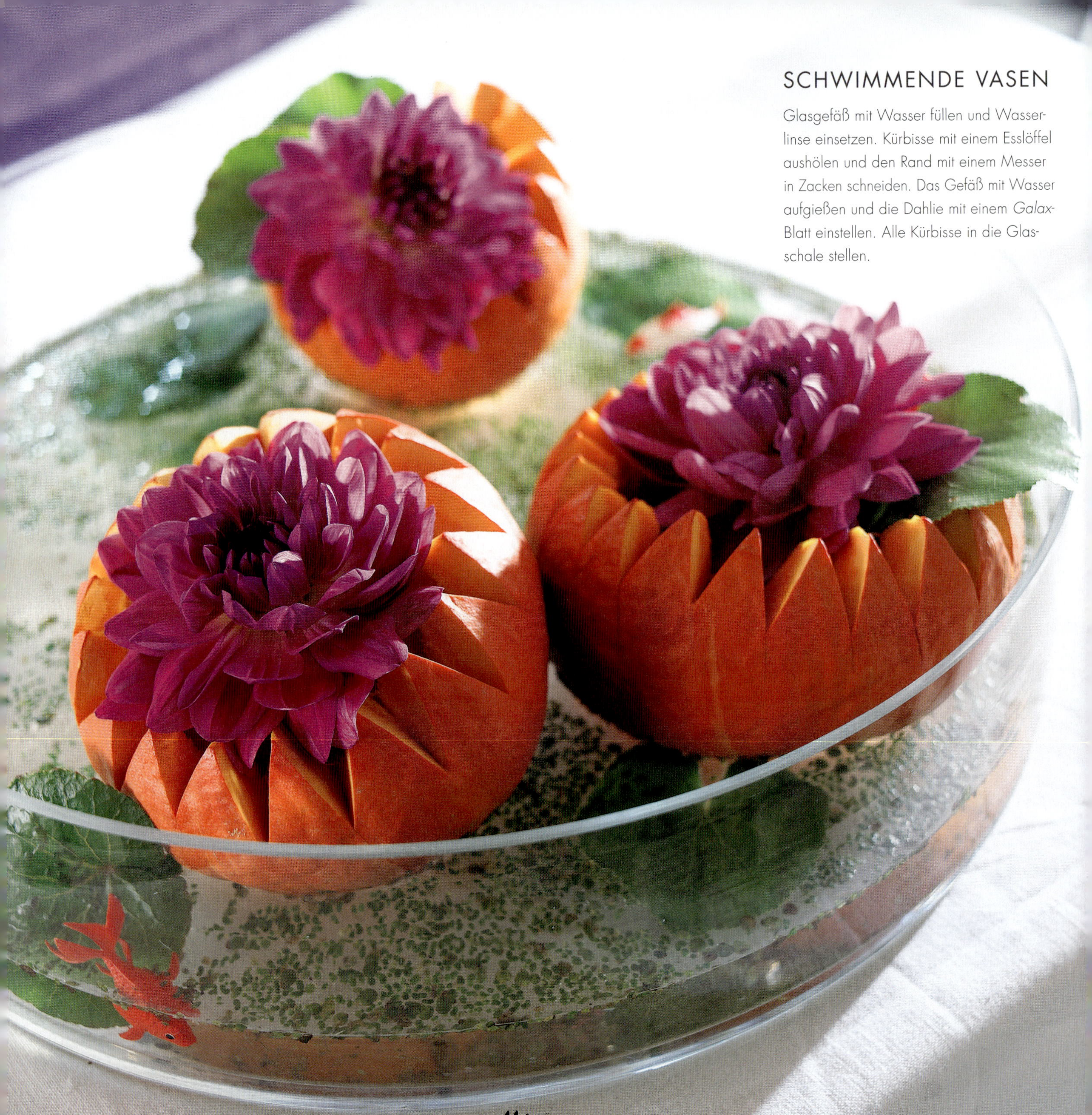

ÜPPIG GEFÜLLT

Die Spitze des Kürbisses abschneiden und die Frucht mit einem Esslöffel aushölen. Gewässerten Frischblumensteckschaum einfüllen und Chrysanthemen manschettenartig hineinstecken. Abschließend mit Hagebutten und Dahlien ausfüllen.

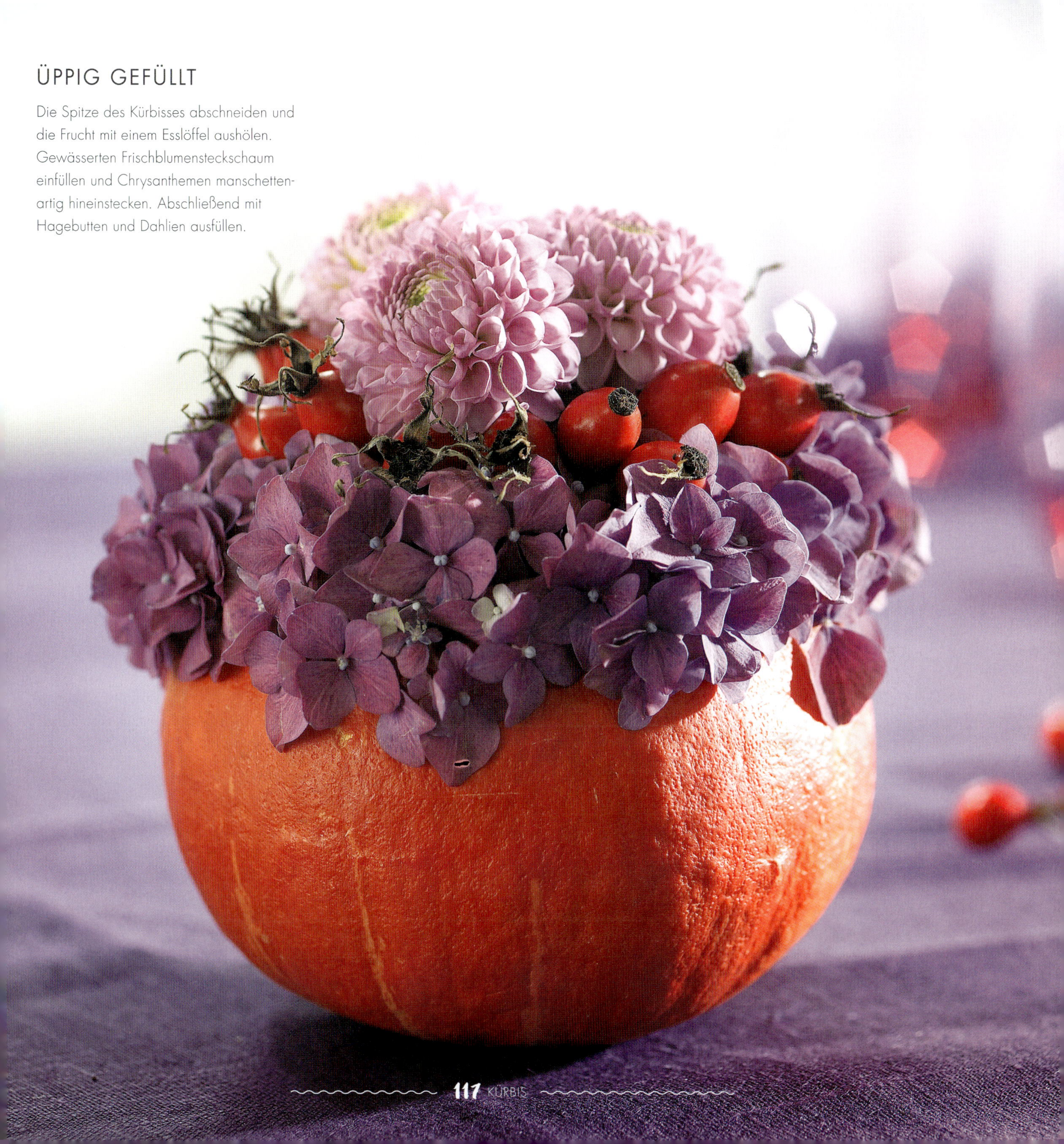

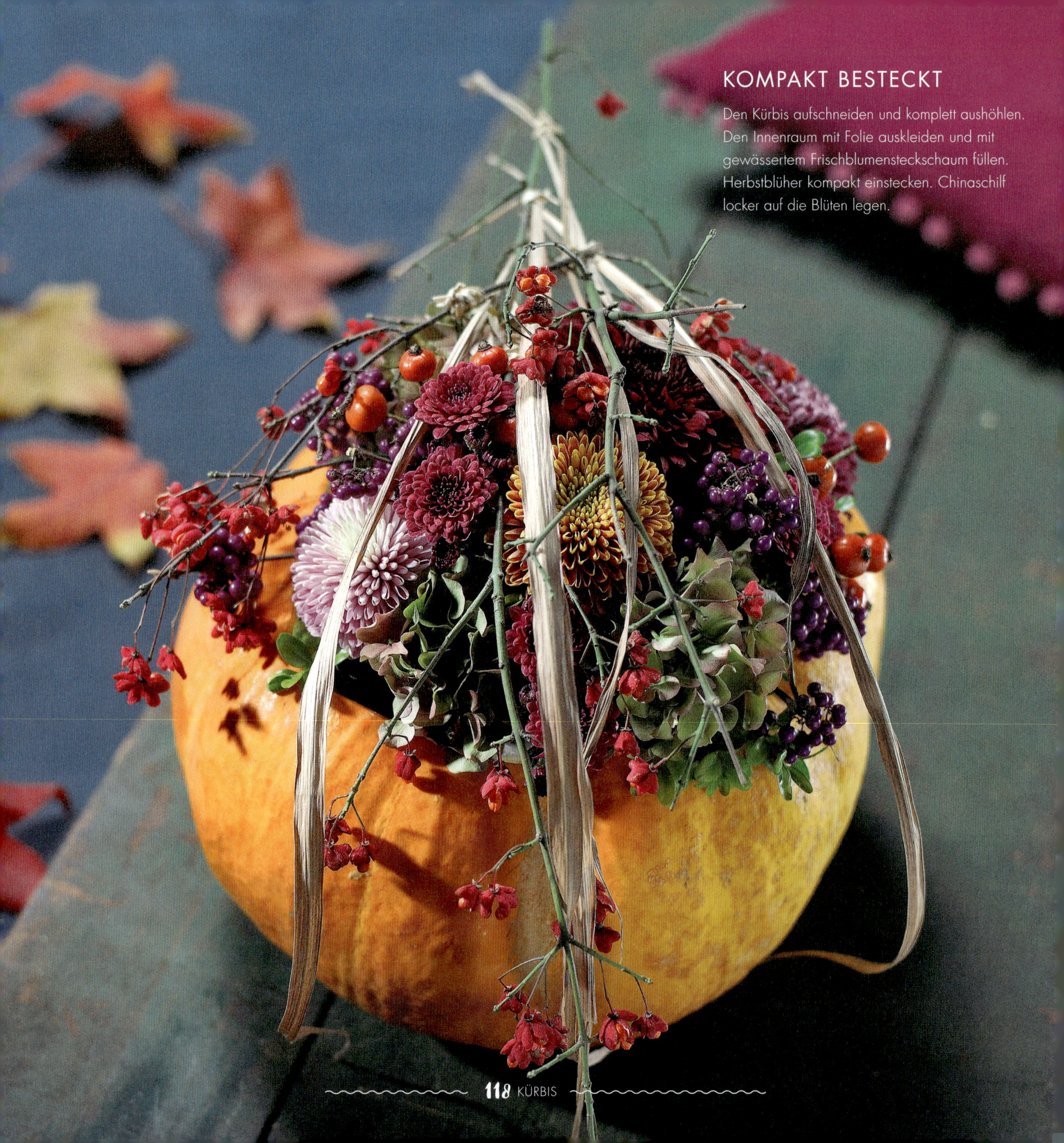

KOMPAKT BESTECKT

Den Kürbis aufschneiden und komplett aushöhlen. Den Innenraum mit Folie auskleiden und mit gewässertem Frischblumensteckschaum füllen. Herbstblüher kompakt einstecken. Chinaschilf locker auf die Blüten legen.

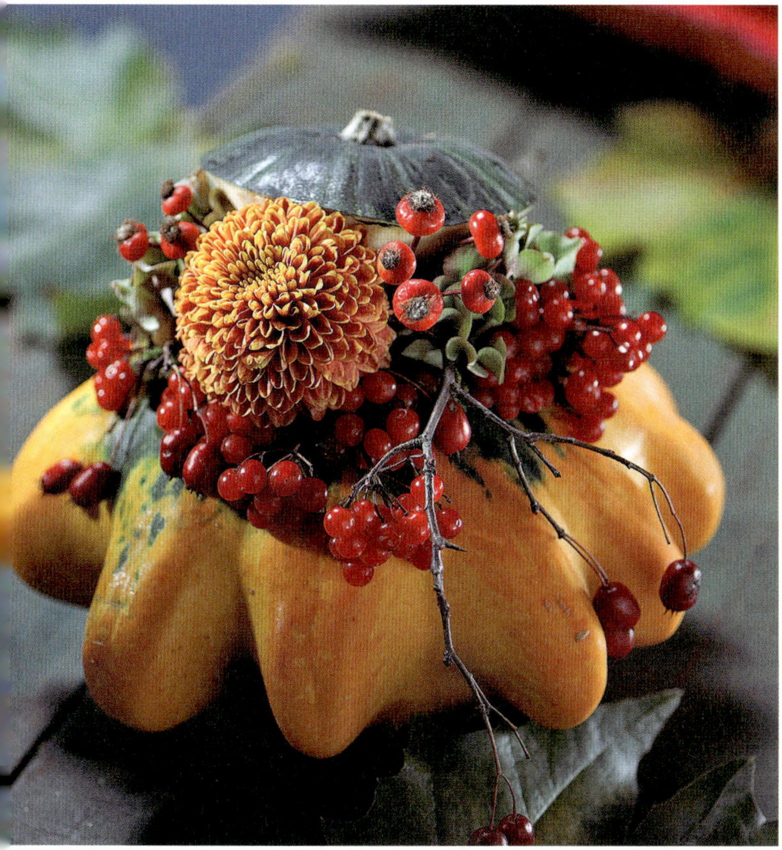

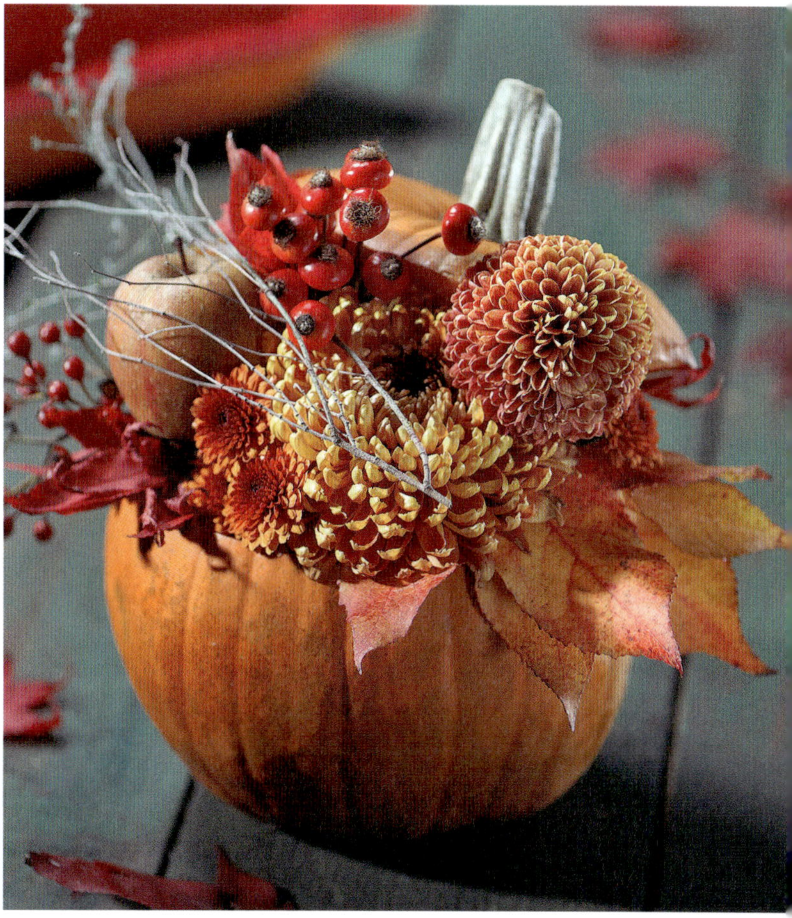

FLORALE HINGUCKER

Einen Patisson aufschneiden und aushöhlen. Folie einlegen und gewässerten Frischblumensteckschaum einsetzen. Hagebutten und herbstliche Floralien hineinstecken. Den Deckel des Kürbisses mit einem Holzspieß befestigen.

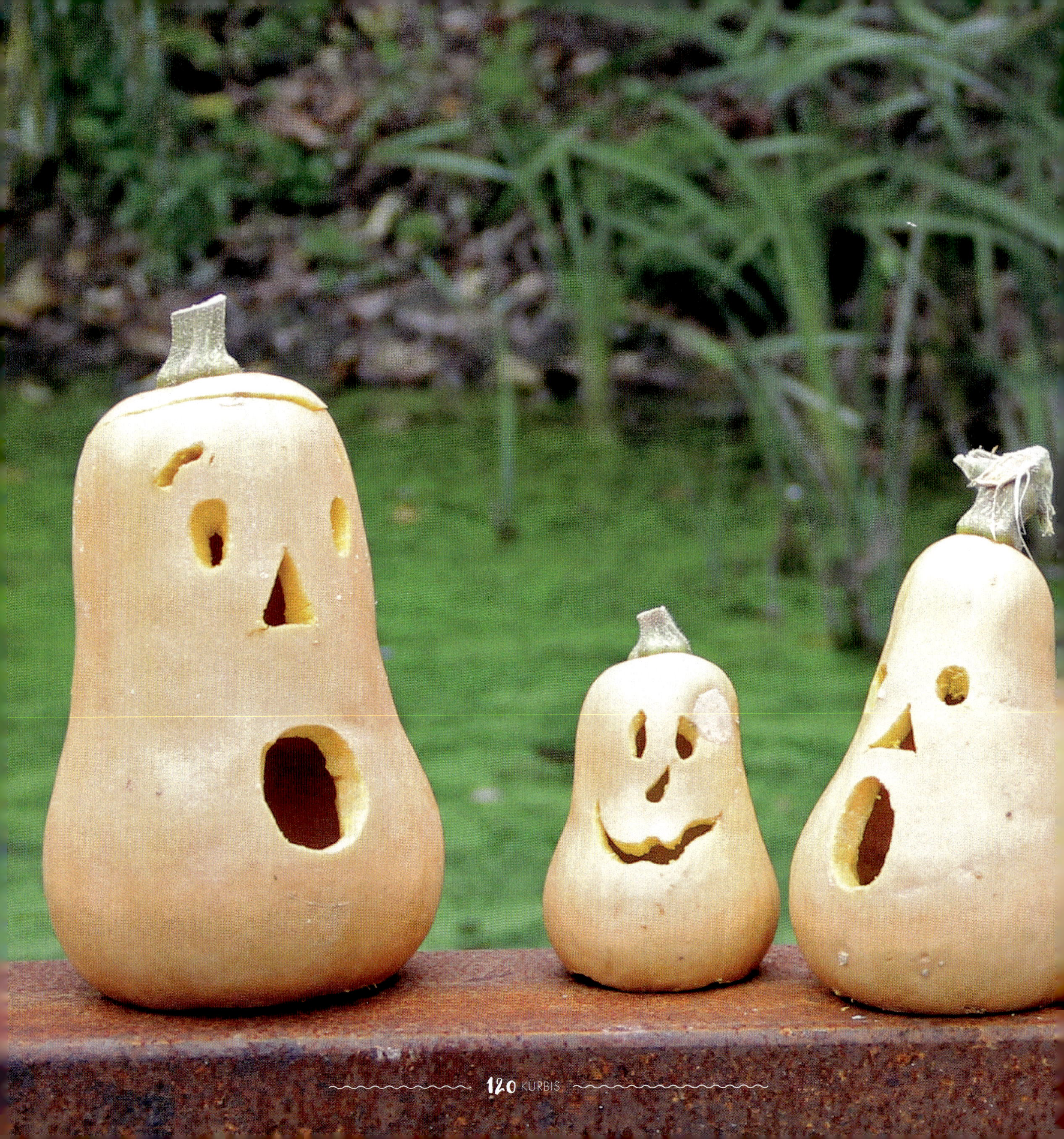

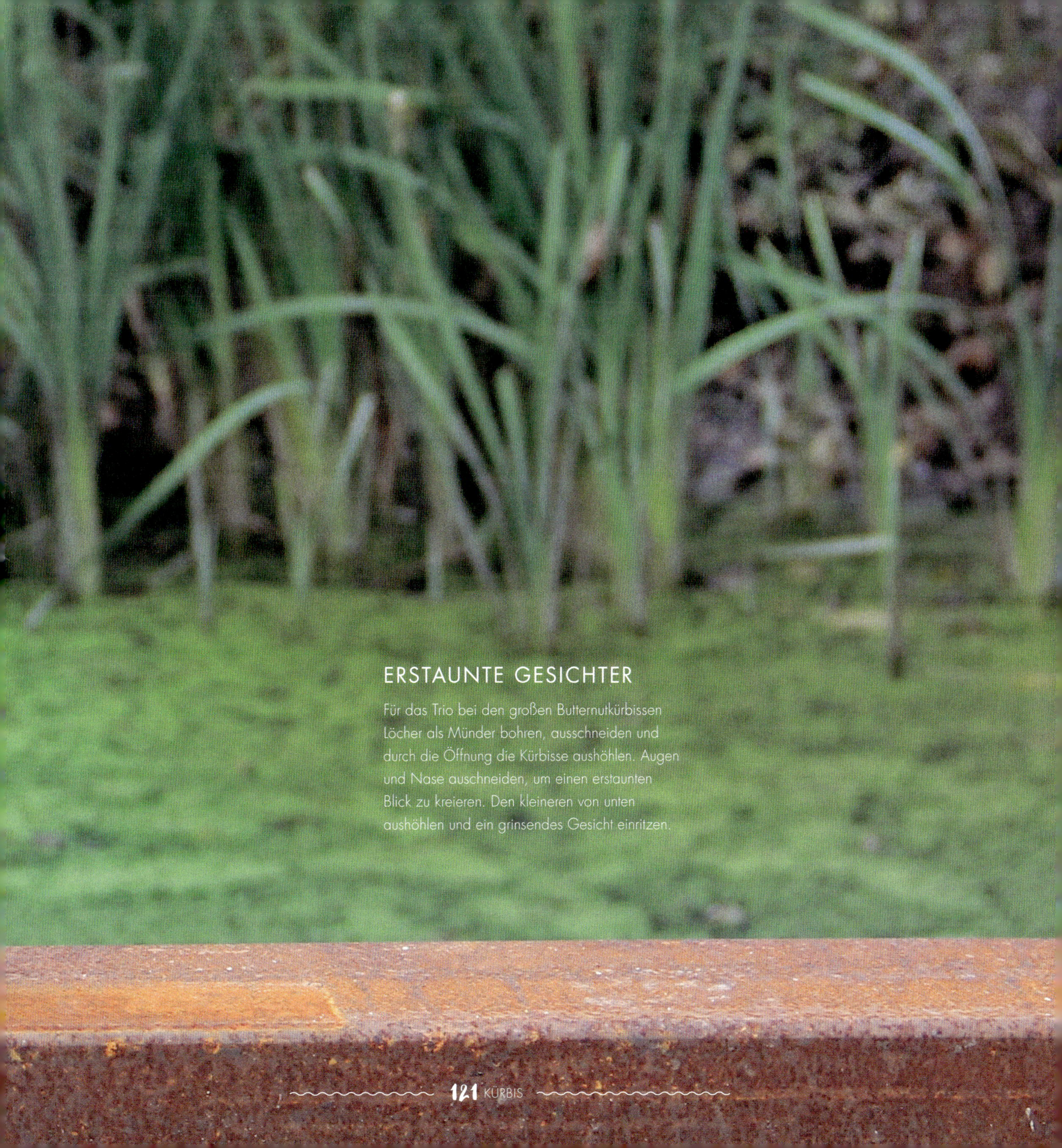

ERSTAUNTE GESICHTER

Für das Trio bei den großen Butternutkürbissen Löcher als Münder bohren, ausschneiden und durch die Öffnung die Kürbisse aushöhlen. Augen und Nase auschneiden, um einen erstaunten Blick zu kreieren. Den kleineren von unten aushöhlen und ein grinsendes Gesicht einritzen.

SONNENUNTERGANG

Mit einem Messer eine Sonne und Ornamente in den Kürbis schneiden. Von unten aushöhlen und mit einem Teelicht zum Leuchten bringen.

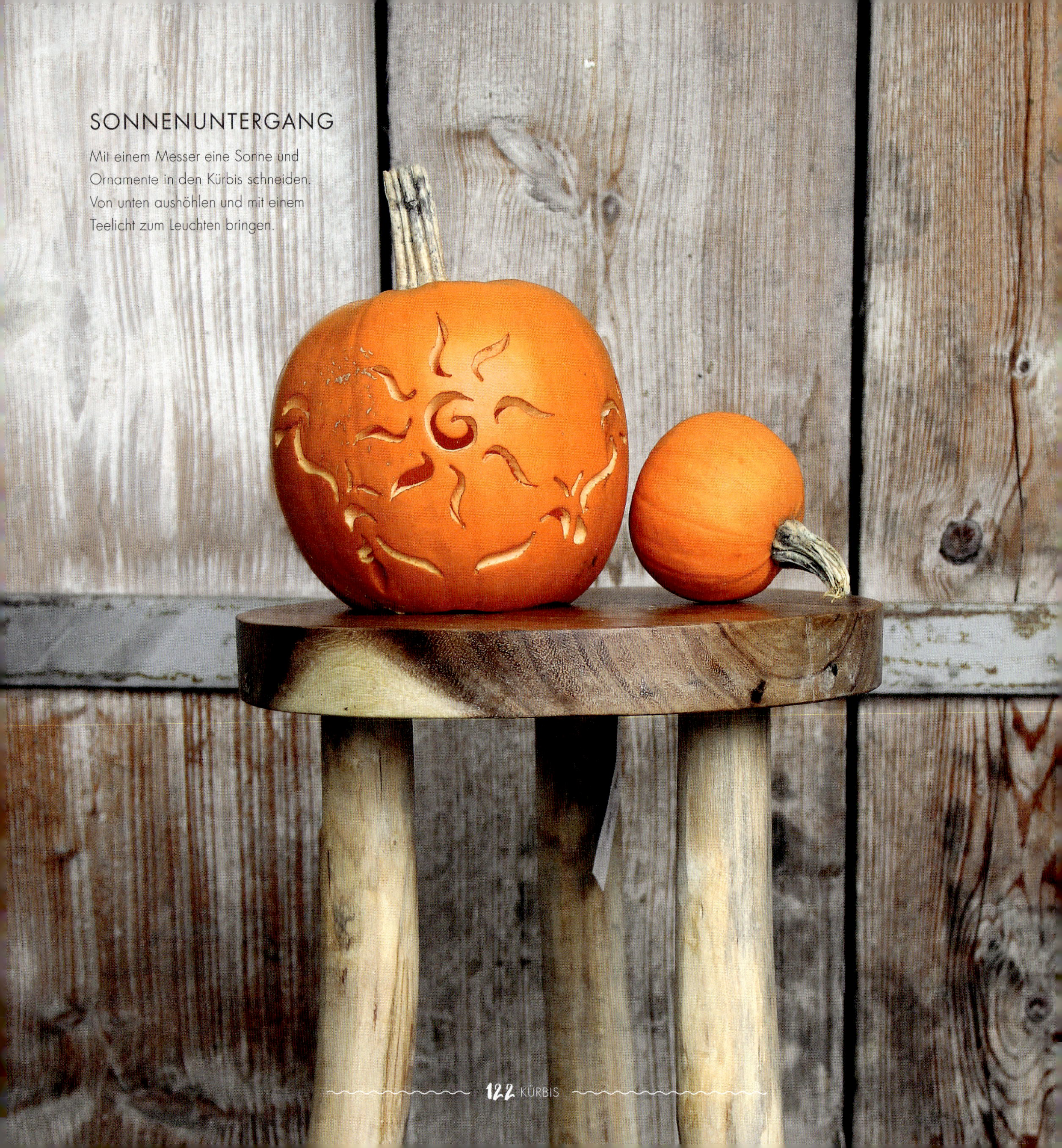

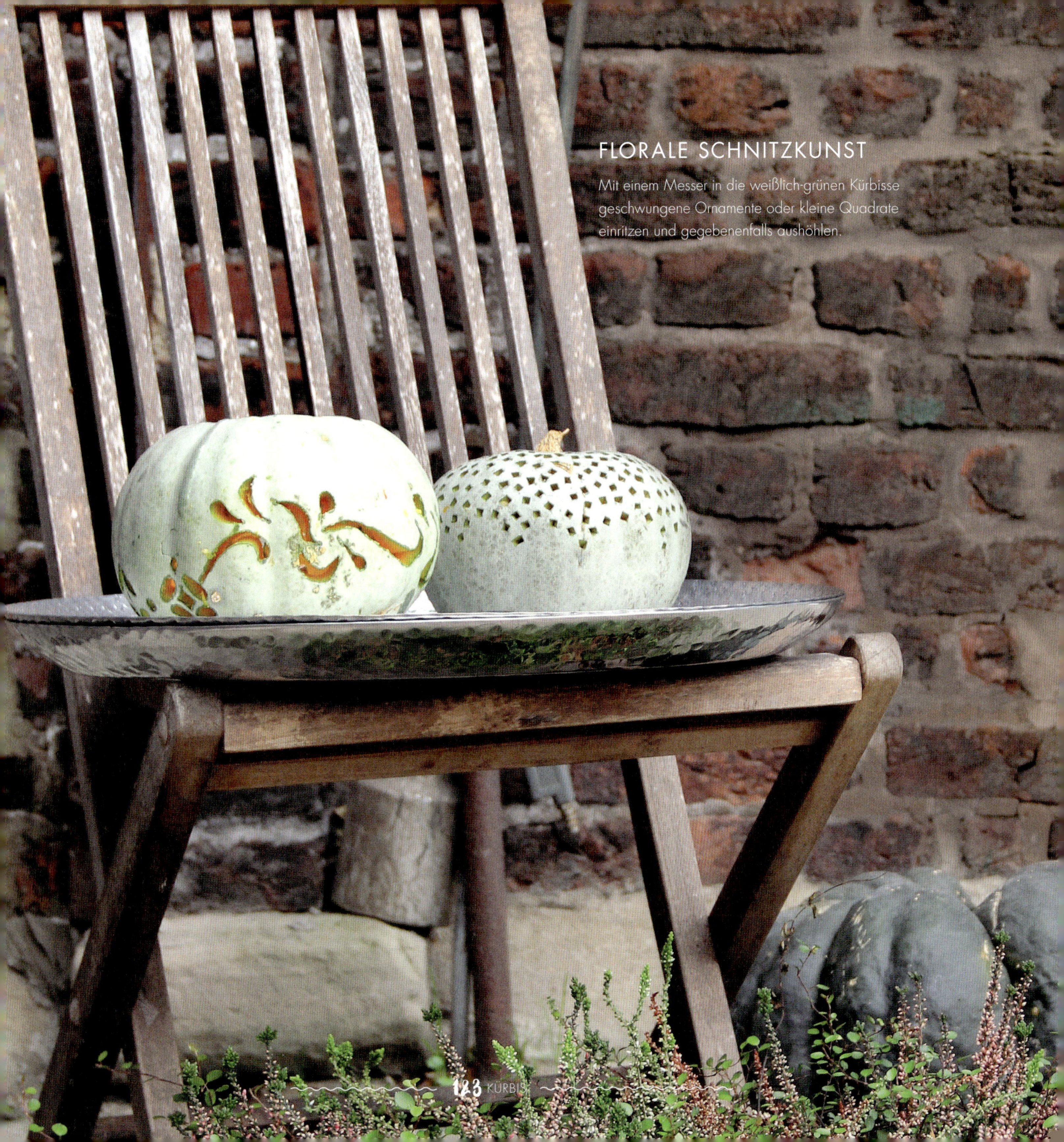

FLORALE SCHNITZKUNST

Mit einem Messer in die weißlich-grünen Kürbisse geschwungene Ornamente oder kleine Quadrate einritzen und gegebenenfalls aushöhlen.

SCHAURIG SCHÖN

Den Kürbis von unten aufschneiden und aushöhlen. Einen breiten Mund und rechteckige Augen leicht einritzen und zwei Vampirzähne und einzelne Zähne herausarbeiten. Bei den Augen kleine Dreiecke ausschneiden, die die Puppille darstellen.

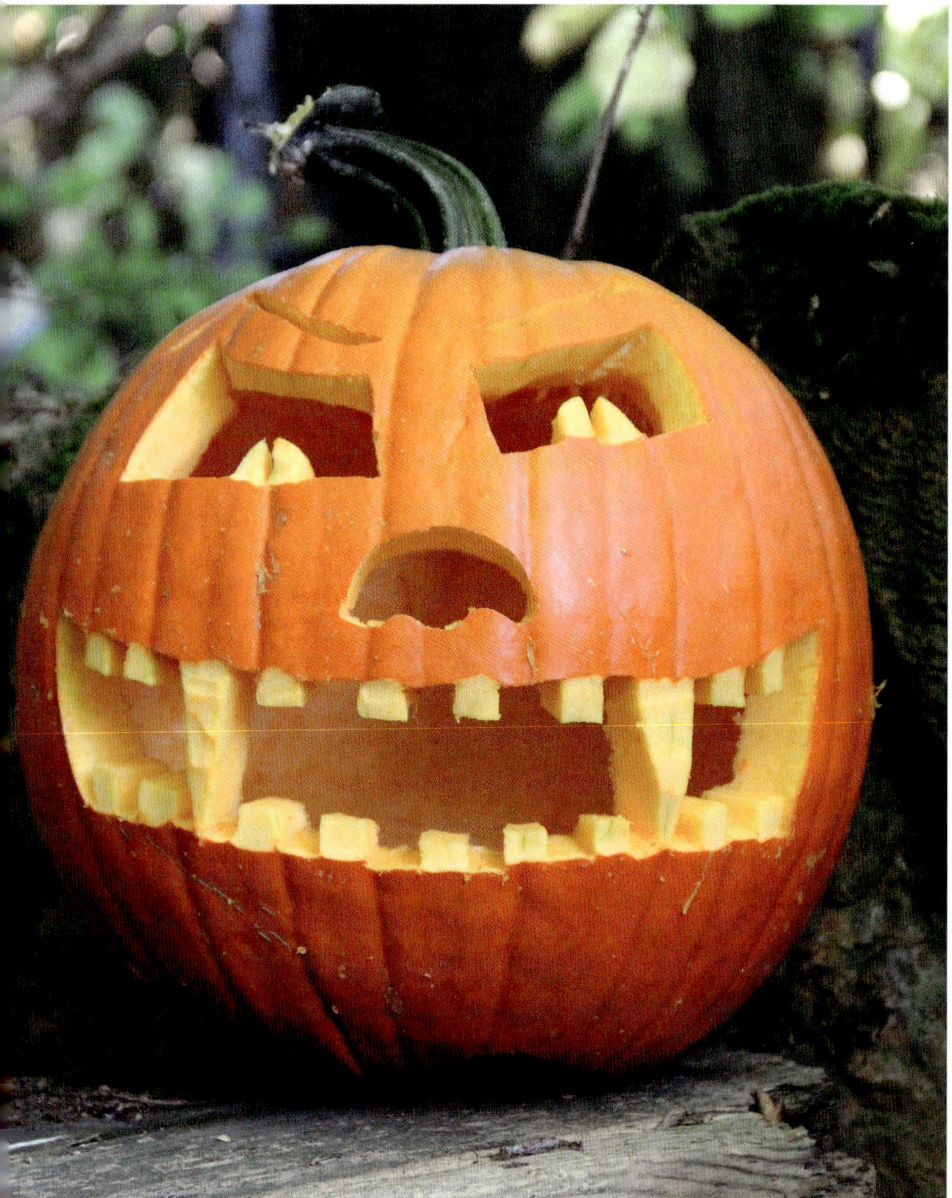

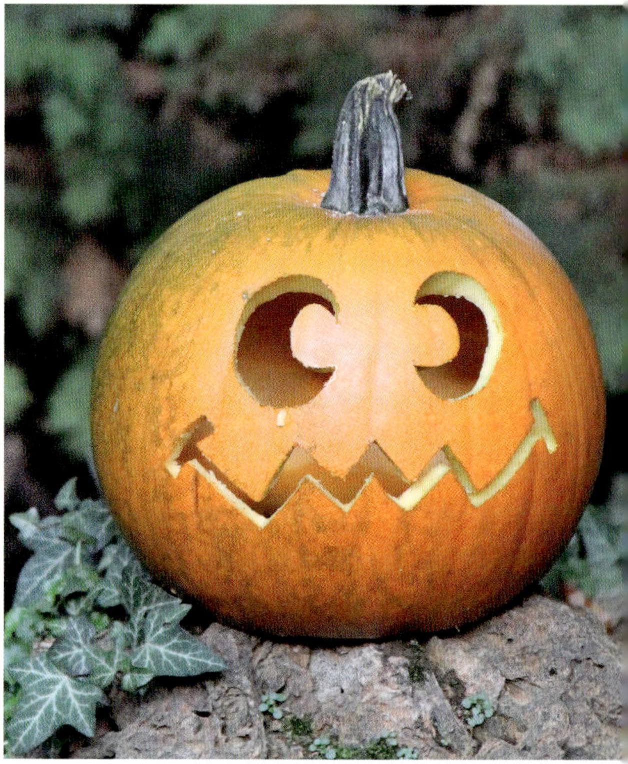

KLEINER SCHELM

Den Kürbis von unten aufschneiden und aushöhlen. Mangaaugen mit einem Messer ausritzen. Einen gezackten Mund vorzeichnen und ebenfalls ausschneiden.

GRUSELIGE FRATZE

Die Grimasse orientiert sich am Stiel, der als Nase verwendet wird. Mit einem Messer die Form des Mundes vorritzen und außen und unten vom Mund ausschneiden. Am oberen Teil des Mundes weniger tief schneiden und Zähne herausarbeiten. Dreieckige Augen ebenfalls ausschneiden.

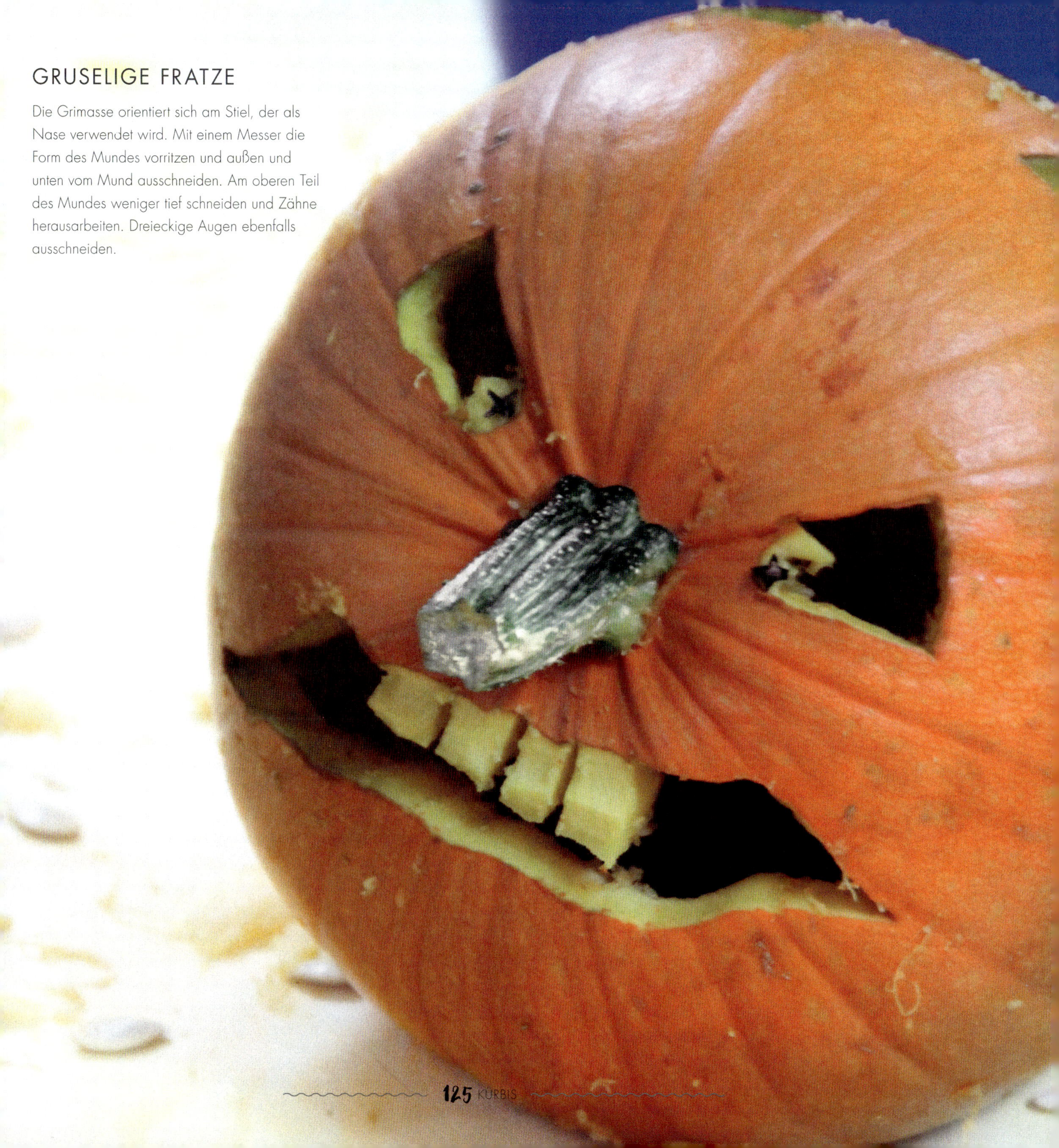

FURCHTEINFLÖSSENDES INSEKT

Eine Spinne grob in den Kürbis ritzen und vorsichtig das Fruchtfleisch und die Kerne entfernen. Danach die Beine der Spinne zackig schneiden und weiter herausarbeiten.

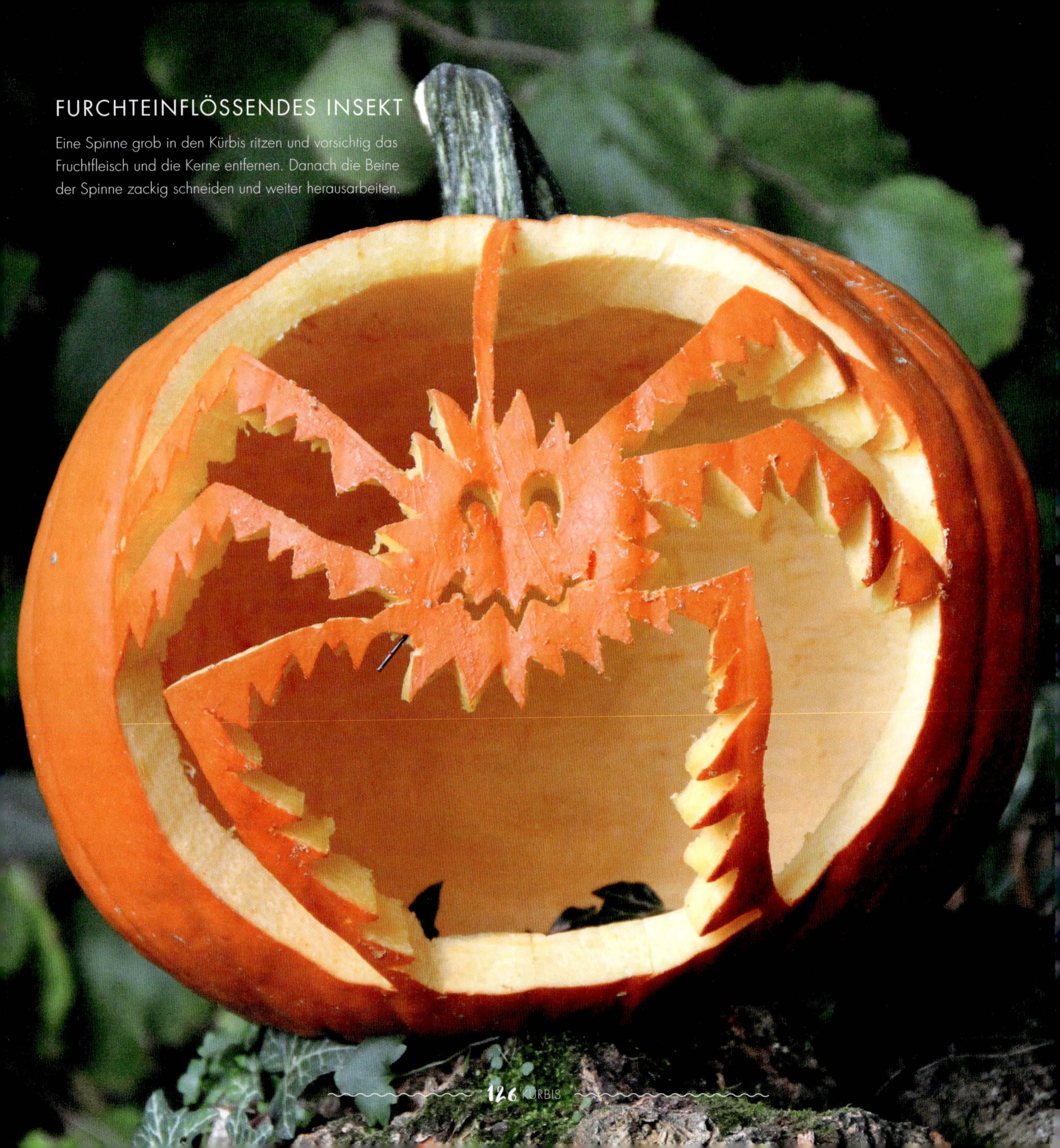

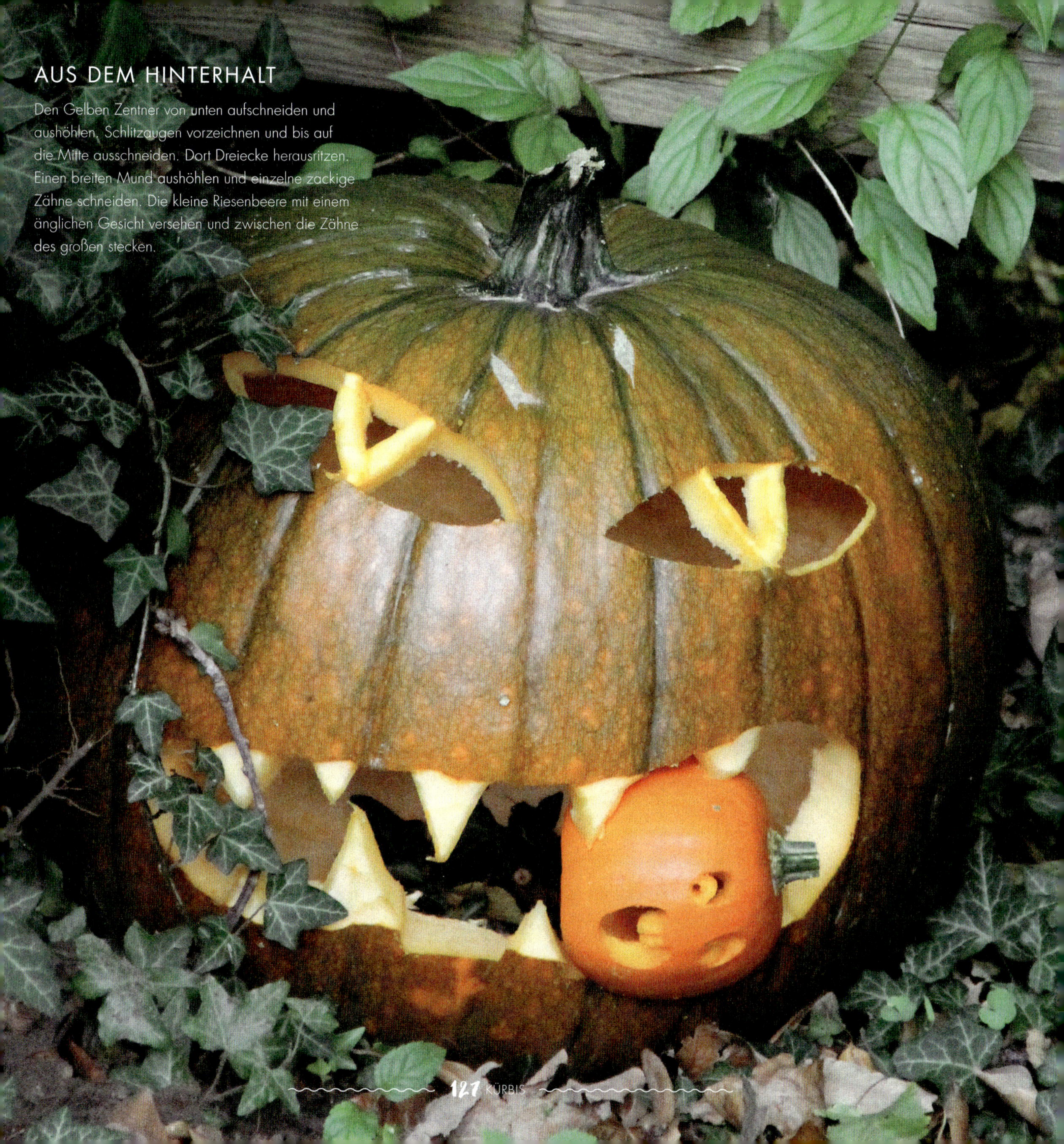

AUS DEM HINTERHALT

Den Gelben Zentner von unten aufschneiden und aushöhlen. Schlitzaugen vorzeichnen und bis auf die Mitte ausschneiden. Dort Dreiecke herausritzen. Einen breiten Mund aushöhlen und einzelne zackige Zähne schneiden. Die kleine Riesenbeere mit einem änglichen Gesicht versehen und zwischen die Zähne des großen stecken.

Impressum

HERAUSGEBER
BLOOM's GmbH, Ratingen (D)

REDAKTION
Hella Henckel

FLORALE GESTALTUNG
Team BLOOM's

TEXT
Evelyn Schinckel

GRAFIK DESIGN
Riswane Abdurachmanov, Britta Baschen

DTP
Britta Baschen

FOTOS
Patrick Pantze Images GmbH, Lage (D),
Kerstin von Broich:
S. 102, 108, 110–113, 120–127

DRUCK
Firmengruppe APPL, aprinta Druck,
Wemding (D)

BLOOM's MEDIENMARKETINGEVENTS

Am Potekamp 6 | D-40885 Ratingen
T +49 2102 9644-0 | F +49 2102 896073
info@blooms.de | www.blooms.de
1. Auflage 2018
ISBN 978-3-945429-21-1